브랜드만족
1위
박문각

2025

KB196924

9·7급 교정·보호직 및 승진 시험대비

박문각
공무원

요 약 집

이준
마법형사정책
요약 필독서

이준 편저

마법처럼 술술 읽히는 마법형사정책

합격까지 함께하는 형사정책 필독서

10년간 출제된 영역 중심으로 이론 압축정리

동영상 강의 www.pmg.co.kr

박문각

이 책의
머리말

마법형사정책에 끊임없는 관심과 사랑을 베풀어 주신 수험생님께 감사합니다.

해가 갈수록 변화되는 문제 유형과 지엽적인 지문 출제로 다양한 학습이 요구되는 시점에 맞춰, 방대한 형사정책 기본서의 양을 압축하여 반복하여 회독할 수 있도록 필독서를 출간하게 되었습니다.

요약 필독서는 단순 요약이 아닌 10년간 출제되었던 영역을 중심으로 기본서와 법령집 학습이 이뤄진 수험생들께서 빠르게 회독할 수 있도록 기본서 압축 형태의 교재로 구성하였으며, 교정직 및 보호직 공무원에 입문하려는 수험생을 위해 부담 없이 형사정책 과목에 접근할 수 있도록 구성하였습니다.

아울러, 보안처분 주요 5법과 소년사법은 빠른 회독이 될 수 있도록 법령을 문장 형태로 구성하여 누구나 쉽게 읽을 수 있도록 편재하였습니다.

끝으로, 마법형사정책 요약 필독서를 통해 수험생들의 합격에 지름길이 될 수 있기를 간절한 마음으로 기도하며, 수험생 여러분의 최적의 길잡이가 되기를 기원합니다.

언제나 응원과 격려를 해주시는 이언담 박사님, 그리고, 항상 곁에서 함께 해주는 윤희선, 이기욱님께 감사 인사를 전합니다.

2024년 12월

이준 드림

CONTENTS

이 책의 차례

Part 01 서론

제1장 형사정책과 범죄학 8

제1절 형사정책 개념의 연혁 8
제2절 형사정책학의 연구대상 및 특성 9

제2장 형사정책의 연구방법론 11

제1절 형사정책의 연구방법 11
제2절 암수범죄 15
제3절 암수범죄의 측정(조사)방법 16
제4절 형사정책의 국제성 19

Part 02 범죄원인론

제1장 범죄원인론 개요 22

제1절 범죄원인에 대한 인식 22

제2장 고전주의 24

제1절 배경 24

제3장 초기 실증주의 30

제1절 이탈리아의 초기 실증주의 30
제2절 초기 범죄사회학적(환경학파·리용학파)
　　　실증주의 32
제3절 독일 및 오스트리아의 초기 실증주의 36

제4장 개인적 범죄원인론(1) :
　　　생물학적 요인 39

제1절 신체적 특징과 범죄 40
제2절 체형과 범죄 41
제3절 유전과 범죄 43

제5장 개인적 범죄원인론(2) :
　　　심리·성격적 요인 47

제1절 서론 47
제2절 프로이드의 정신분석학 48
제3절 성격과 범죄 51
제4절 정신병리적 결함과 범죄 53

제6장 사회적 범죄원인론 56

제1절 배경 57
제2절 사회해체론(문화전달이론) 57
제3절 사회적 긴장이론 내지 아노미이론 60
제4절 범죄적 하위문화론(비행적 부문화이론) 65
제5절 학습이론 70
제6절 통제이론 74
제7절 낙인이론 81

제7장 갈등론적 범죄론(비판범죄론) 85

제1절 개요 85
제2절 보수적 갈등론 86
제3절 급진적 갈등론 88

CONTENTS

이 책의 차례

제8장 **발달범죄이론**   91

제1절 개요   91

제2절 잠재적 특질이론   91

제3절 생애과정(경로)이론(인생항로이론)   93

제9장 **범죄 현상론(유형론)**   96

제1절 지역사회의 환경과 범죄   96

제2절 시간적 환경과 범죄   97

제3절 경제환경과 범죄   98

제4절 문화갈등과 범죄   99

제5절 인구사회학적 특성과 범죄   100

제6절 기타 개별인자와 범죄   102

Part 03 **범죄피해자**

제1장 **피해자학**   108

제1절 피해자학의 의의   108

제2절 범죄피해자의 분류   109

제3절 범죄피해이론   111

제2장 **피해자 보호**   113

제1절 「범죄피해자 보호법」상 범죄피해자 보호
     및 보상제도   113

제2절 「소송촉진 등에 관한 특례법」상
     배상명령제도   118

제3장 **비범죄화론**   121

제1절 비범죄화와 신범죄화   121

제2절 다이버전   123

Part 04 **범죄대책과 형사제재**

제1장 **범죄예방**   126

제1절 개관   126

제2장 **범죄예측**   131

제1절 개요   131

제3장 **형벌론**   133

제1절 형벌이론   133

제2절 양형의 합리화와 판결 전 조사제도   134

제4장 **형벌의 종류**   138

제1절 사형제도   138

제2절 자유형제도   139

제3절 재산형제도   142

제4절 명예형제도   150

제5절 각종 유예제도   151

제6절 형의 실효   155

제5장 **보안처분론** 156

제1절 개관 156

제2절 형벌과 보안처분의 관계 156

제3절 보안처분(보호관찰)의 발달 157

제6장 **보안처분 주요 5법** 160

제1절 보호관찰 등에 관한 법률
　　　(약칭 : 보호관찰법) 160

제2절 치료감호 등에 관한 법률
　　　(약칭 : 치료감호법) 169

제3절 전자장치 부착 등에 관한 법률
　　　(약칭 : 전자장치부착법) 177

제4절 성폭력범죄자의 성충동 약물치료에
　　　관한 법률(약칭 : 성충동약물치료법) 186

제5절 스토킹범죄의 처벌 등에 관한 법률
　　　(약칭 : 스토킹처벌법) 193

Part 05 **소년사법 정책론**

제1장 **소년사법론** 198

제1절 소년사법 정책론 개관 198

제2절 소년사법의 현대적 동향과 처우모델 200

제3절 소년사법 관계법령 203

제4절 보호소년 등의 처우에 관한 법률
　　　(약칭 : 보호소년법) 215

이준 마법형사정책
요약 필독서

합격까지 박문각

서론

제1장 형사정책과 범죄학

제2장 형사정책의 연구방법론

서론

제1장) 형사정책과 범죄학

제1절 형사정책 개념의 연혁

1 개념

1. 형사정책학

(1) 형사정책이라는 용어는 독일의 형법학자이자 근대형법학의 아버지라고 불리는 포이에르바하 (Feuerbach, 1775-1833)에 의해 처음 사용되었다.

(2) 초기에는 단지 '형사입법을 위한 국가의 예지', 즉 형사입법정책이라는 좁은 의미로 사용되었으나, 점차 범죄의 원인 및 실태를 규명하여 이를 방지하는 일반대책의 개념으로 확대되었다. [2014. 7급]

2. 범죄학

(1) 프랑스 인류학자 토피나르(Topinard)가 처음 사용하였고(1879), 이탈리아 법학자 가로팔로가 저술한 책명을 「범죄학, Criminolgia」(1885)라고 명명하였다. 이외 범죄학을 포함하는 것으로 범죄심리학(1792년 이후), 범죄사회학(1882년 이후), 범죄생물학(1883년 이후)이라는 용어가 사용되고 있다.

(2) 범죄학(Criminology)은 범죄의 현상과 원인을 규명해서 효과적인 범죄방지대책을 수립하는 학문으로, 범죄와 범죄자, 사회적 일탈행위 및 이에 대한 통제방법을 연구하는 경험과학 혹은 규범학이 아닌 사실학의 총체를 의미한다(경험과학 : 관찰과 실험에 기초한 탐구방법). [2014. 7급] 총 2회 기출

2 우리나라

1. 협의의 범죄학과 형사정책학

(1) 범죄학 : 범죄의 현상과 원인을 규명하는 것을 주된 내용으로 하는 사실학 내지 경험과학을 '범죄학' 또는 '사실학으로서의 형사정책학'이라고 한다.

(2) 형사정책학 : 범죄방지대책을 '협의의 형사정책학' 또는 '규범학으로서의 형사정책학'이라고 한다. 즉 범죄자에 대한 형사법상의 강제시책으로 형벌과 이와 유사한 수단을 통하여 범죄자 및 범죄의 위험성이 있는 자에 대하여 직접 범죄를 방지하기 위한 국가의 입법·사법·행정상의 활동을 말한다. [2014. 7급] 총 2회 기출

(3) 형사정책학 연구의 한계를 명확히 할 수 있다는 장점이 있으나, 학문으로서 형사정책을 형법적 수단에 의한 정책만으로 한정하는 것은 스스로 논의의 한계를 축소시킨다는 비판이 있다.

2. 광의의 범죄학과 형사정책학

(1) **형사정책학** : 범죄현상과 원인을 과학적으로 규명하고, 현재 발생하였거나 발생할 염려가 있는 범죄에 대하여 현존하는 형벌제도가 범죄의 대책으로서 가치가 있는지를 살피면서 형벌제도 자체의 개혁방안 및 보완대책을 수립하는 국가적 활동이다.

(2) 넓은 의미 형사정책은 범죄방지에 관한 국가시책으로 강제적 시책뿐 아니라 비강제적 시책(노동정책, 주택사업, 사회복지시책 등)을 포함하는 것으로(통설), 이는 범죄예방과 관계되는 각종 사회정책을 포괄한다. Liszt의 "가장 좋은 사회정책이 가장 좋은 형사정책"이라는 표현이 이를 대변한다(사회정책과 형사정책의 연관성을 중시하는 표현). [2012. 7급]

(3) 범죄방지를 간접적·종속적 목적으로 하는 활동을 의미한다. [2012. 7급]

제2절 형사정책학의 연구대상 및 특성

1 형식적 의미의 범죄와 실질적 의미의 범죄

1. 형식적(형법적) 의미의 범죄

(1) 순수한 법적 개념으로 범죄란 형법상 범죄구성요건으로 규정된 행위(절도, 사기, 살인, 명예훼손, 통화위조 등)를 의미하며, 범죄는 형법규범의 파괴행위라는 규범종속적 개념이 되는 것이다. [2015. 9급] 총 2회 기출

(2) 형식적 의미의 범죄는 형법해석과 죄형법정주의에 의한 형법의 보장적 기능의 기준이 된다. [2016. 7급]

(3) 법의 명확성을 기할 수 있는 장점이 있는 반면, 입법적 지체현상에 따라 언제나 법적 허점이 야기되는 문제점이 있다.

2. 실질적 의미의 범죄

(1) 범죄란 법 규정과는 관계없이 범죄의 실질을 가지는 '반사회적인 법익침해행위'를 말하며, 이를 미국의 범죄사회학에서는 '일탈행위'라고 보고 있다. [2015. 9급]

(2) 형사정책의 대상으로 실질적 의미의 범죄개념을 포함하는 이유는 범죄개념에는 시간적·공간적 상대성과 가변성이 있기 때문이다. 이는 범죄개념에 탄력성을 부여하는 이점이 있으나 입법자에게 그 기준을 제시할 뿐 법해석에 관하여는 간접적인 역할을 할 뿐이라는 한계가 있다.

(3) 형사정책의 중요한 목표의 하나는 현행법상 가벌화되지 않은 반사회적 행위를 신범죄화하는 것과 사회의 변화에 따라 이제는 가벌화할 필요가 없는 행위에 대하여 비범죄화하는 것을 포함한다. 이의 척도가 되는 범죄개념이 실질적 범죄개념이다. [2016. 7급]

2 일탈행위

1. 의의

(1) 형사정책의 대상을 규범의존성에서 벗어나 몰가치적인 것으로 바라보는 시도로, 일탈행위란 일반적으로 기대되는 행위와 모범적 행위에서 벗어나는 행위를 말한다.

(2) 일탈행위는 형식적 범죄에 한정되지 않고 알코올남용, 자살기도, 가출, 학교자퇴 등과 같은 비정상적인 행위를 포함한다. [2016. 7급] 총 2회 기출

3 형사정책학의 특성

1. 사실학으로서의 형사정책

(1) 규범학 : 형법이나 형사소송법, 행형학 등은 규범의 의미내용을 밝히는 것을 임무로 하는 규범학에 속한다.

(2) 사실학 : 형사정책학은 범죄원인과 각종의 범죄현상, 피해자행동에 관한 이론 및 형벌효과 등을 연구내용으로 하는 점에서 사실학에 속한다.

2. 형사정책학의 학문적 특성

(1) 경험과학성과 규범학 : 형사정책학은 범죄의 현상과 원인에 대해서 실증적·인과적 연구를 지향한다는 점에서 경험과학이면서, 범죄현상에 기초하여 바람직한 범죄대책까지 연구대상으로 포함하므로 규범학적 측면도 지니고 있다.

(2) 종합과학성과 독립과학 : 형사정책학은 법학, 심리학, 정신의학, 인류학, 교육학, 사회학, 통계학 등 다양한 주변 학문영역에서의 성과를 기초로 하는 종합과학성을 지니며, 이를 기초로 범죄방지를 위한 체계적인 대책을 확립하는 것을 목표로 하므로 독립과학성도 아울러 지니고 있다. [2014. 7급]

(3) 종합과학성의 강조 : 레크리스(Reckless)는 '범죄학자는 학문계의 영원한 손님이다.', 셀린(Sellin)은 '범죄학은 영토를 가지지 않은 제왕의 학문이다.'고 표현하여 종합과학성을 강조하였다.

제2장 형사정책의 연구방법론

제1절 형사정책의 연구방법

1 범죄통계표의 분석

1. 의의

(1) 사회 내에서 "얼마나 많은 범죄가 발생하는가."를 중심내용으로 하는 연구방법이다.

(2) 수사기관 등 정부기관이 범죄와 범죄자에 대한 다각적인 분석결과를 집계한 것으로, 범죄현상에 대한 대량적 관찰을 가능하게 하는 기초자료이다. [2024. 7급]

(3) 오늘날 형사정책에서 범죄상황을 파악하는데 가장 일반적이고 기본적인 수단으로 활용된다. [2018. 7급] 총 4회 기출

(4) 통계상 차이가 발생하는 이유 : ㉠ 사회에서 발생하는 전체 범죄 수, ㉡ 수사기관에 의해 인지된 범죄 수(암수범죄의 누락), ㉢ 검찰이 기소한 범죄 수(기소편의주의에 의한 불기소처분 건수 탈락), ㉣ 법원의 유죄판결을 선고한 범죄 수, ㉤ 집행유예 등 석방된 건수, ㉥ 형 집행 건수로 점점 감소하게 되어 있다.

2. 범죄율

(1) 범죄통계와 관련하여 인구 100,000명당 범죄발생건수를 계산한 것을 범죄율이라고 하며(범죄수/인구수×100,000), 인구대비 범죄발생건수 및 특정기간별 범죄발생을 비교할 수 있다는 점에서 유용한 자료이다. [2020. 7급]

(2) 다만, 중요범죄와 상대적으로 가벼운 범죄가 동등한 범죄로 취급되어 통계화된다는 문제점이 있어 범죄의 중요도를 구분한 범죄율 조사를 주장하기도 한다(Sellin, Thorsten, Wolfgang).

3. 범죄시계

(1) 범죄시계란 미국범죄통계에서 나온 것으로 매 시간마다 범죄의 종류별 발생빈도를 수치로 표시하는 것을 말한다.

(2) 인구성장률을 반영하지 않고 있고 시간을 고정적인 비교단위로 사용하는 문제점이 있기 때문에 통계적 가치는 크지 않으나, 일반인들에게 범죄경보기능을 하고 있다는데 그 의의가 있다. [2018. 7급]

4. 공식통계의 유용성과 한계

유용성	① 자료획득이 용이하고, 범죄현상의 양적·외형적·일반적 경향 파악에 유용하다. [2018. 7급] ② 통계표는 통상 1년 단위로 작성되므로 계절적·시간적 상황 등 일정기간의 범죄발생 동향 및 특성을 파악하는데 유용하다(특정시점의 범죄발생 동향 파악×).
한계	① 통계에는 암수범죄가 나타나 있지 않기 때문에 객관적인 범죄상황을 정확히 나타내 주지는 못한다. [2019. 7급] 총 4회 기출 ② 범죄통계는 일선경찰서의 사건처리방침과 경찰관들의 재량행위로 인하여 범죄율이 왜곡되고 축소될 가능성이 있다. [2013. 7급] ③ 범죄의 구체적 상황이나 범죄자의 개인적 특성 등 질적 파악 및 범죄의 인과관계의 해명이 어렵다. [2019. 7급] 총 2회 기출 ④ 범죄학적 연구를 위한 통계라기보다는 수사기관의 독자적인 목적을 우선시하여 사회과학적 연구를 위한 자료로는 한계가 있다. [2024. 7급]

❷ 실험적 방법

1. 의의

(1) 설정된 가정을 검증하기 위하여 제한된 조건하에서 반복적으로 이루어지는 관찰을 의미한다. 경험과학적 연구에서 실험은 가장 효과적인 방법 중의 하나로 인정되고 있다. [2019. 7급] 총 5회 기출

(2) 보통 새로운 제도의 효율성을 미리 점검할 때 이용되는데, 가택구금제도 시행 시 그 안에서의 피구금자의 행동상 반응을 교도소 내에서의 경우와 비교하여 살펴보는 것 등이다.

(3) 집단의 등가성 확보, 사전과 사후조사, 대상집단과 통제집단이라는 세 가지 전제조건을 특징으로 하고, 연구의 내적 타당성에 영향을 미치는 요인들을 통제하는데 유리한 연구방법이다. [2024. 7급] 총 3회 기출

(4) 실험집단과 통제집단에 대한 사전검사와 사후검사를 통해 종속변수에 미치는 처치의 효과를 검증한다. [2020. 7급]

(5) 인과관계 검증과정을 통제하여 가설을 검증하는 데 유용한 방법이다. [2020. 7급]

(6) 집단의 유사성을 확보하기 위해 무작위 할당방법이 주로 활용된다. [2020. 7급]

(7) 실험적 관찰방법은 암수범죄의 조사에도 이용될 수 있다.

2. 유용성과 한계

유용성	적은 비용으로 원하는 내용을 신속하고 쉽게 자료화할 수 있다.
한계	① 실험여건이나 대상의 확보가 쉽지 않고 자연사실이 아닌 인간을 대상으로 한다는 점에서 실행의 곤란함이 있다. [2019. 7급] ② 조사대상자의 수가 소수에 그칠 수밖에 없어 그 결과를 일반화하기 어렵다.

❸ 참여적 관찰방법

1. 의의

(1) 현장조사라고도 하는 것으로 관찰자(연구자)가 직접 범죄자 집단에 들어가 함께 생활하면서 그들의 생활을 관찰하는 조사방법을 말하며, 서덜랜드(Sutherland)는 이를 '자유로운 상태에 있는 범죄자의 연구'라고 불렀다. [2020. 7급]

(2) 체포되지 않은 자와 체포된 자 등 모두 참여관찰의 연구대상이 되며, 참여관찰의 초점은 그 대상이 아니라 직접적으로 관찰하는지의 여부이다.

(3) 인류학자들이 즐겨 사용하는 연구방법이다. [2012. 7급]

(4) 참여적 관찰방법은 암수범죄의 조사에도 이용될 수 있다.

(5) **구체적 사례**: 오스본이 1주일간 자원수형자로 오번 감옥에 들어가 당시 감옥제도의 문제점을 지적하고 수형자자치제를 주장하였다.

2. 유용성과 한계

유용성	① 체포되지 않은 범죄자들의 일상을 관찰할 수 있으므로 범죄인에 대한 생생한 실증자료를 얻을 수 있다. [2019. 7급] 총 2회 기출 ② 다른 연구방법에 비하여 직접적인 자료의 획득이 용이하다. ③ 일반적인 범죄통계나 시설수용자의 설문조사 등의 방법보다 타당성이 높다.
한계	① 조사방법이 소규모로 진행되기 때문에 연구결과를 일반화할 수 없다.(→ 관찰의 대상이 한정되어 다양한 범죄인의 전체적인 파악에 한계가 있으므로 그 결과를 일반화할 수 없다) [2019. 7급] 총 2회 기출 ② 대상이 범죄자 개인이기 때문에 집단현상으로서의 범죄 원인 및 대책에 대하여 원용하는 데에는 한계가 있다. ③ 피관찰자들의 인격상태에 관한 객관적 관찰이 불가능하기 때문에 연구 관찰자의 주관적인 편견이 개입될 우려가 있다. [2010. 7급] ④ 조사방법의 성격상 많은 시간이 소요된다. [2012. 7급] ⑤ 객관성을 유지하지 못한 채 조사대상자들에게 동화되거나 반대로 이들을 혐오하는 감정을 가질 수 있다.

❹ 개별적 사례조사

1. 의의

(1) 범죄자 개개인에 대해 인격과 환경 등 여러 요소를 종합적으로 분석하여 상호연결관계를 규명하는 방법이다. [2020. 7급] 총 2회 기출

(2) 조사대상자에 대한 개별적 사례조사나 그의 과거사를 조사하는 것으로 일기나 편지 등 개인의 극히 내밀한 정보의 획득이 요구된다. [2019. 7급]

(3) 미시범죄학적인 연구방법이며 하나 또는 몇 개의 대상에 대한 깊이 있는 정밀조사를 목표로 한다. [2012. 7급]

(4) **구체적 사례**: 1937년 서덜랜드(Sutherland)가 실시한 직업(전문)절도범 연구가 있다. [2012. 7급] 총 2회 기출

2. 유용성과 한계

유용성	참여적 관찰법과 마찬가지로 조사대상자에 대해 가장 깊이 있는 이해를 할 수 있으므로 조사대상자의 장래에 관한 대책수립이 용이하다.
한계	① 연구자의 인적 범위가 지나치게 협소하므로 연구자의 편견, 선택된 사례의 부정형성의 소지, 집단현상으로서의 활용이 곤란하다. ② 전형적인 대상이 아니면 다른 상황에 일반화할 수 없다. [2012. 7급]

5 표본집단조사(= 계열조사)

1. 의의

(1) 전체 범죄자를 관찰하는 것이 현실적으로 불가능한 데에서 나온 방법으로, 일반적으로 범죄인군에 해당하는 실험집단과 정상인군에 해당하는 대조집단을 선정하여 양 집단을 비교하는 방법을 취한다.

(2) 범죄자의 일부를 표본으로 선정(실험집단)하여 이들을 정밀 관찰한 결과를 전체 범죄자에게 유추 적용하여 그 전체상황을 파악하는 조사방법을 말한다. [2014. 7급] 총 4회 기출

(3) 구체적 사례: 글룩(Glueck)부부의 비행소년(실험집단. 500명)과 일반소년(대조집단. 500명)의 비교분석 연구가 있다.

2. 유용성과 한계

유용성	① 비교적 쉽게 자료를 계량화하여 실험집단과 대조집단 간의 차이를 찾아낼 수 있다. ② 정보수집의 방법이 체계적이고 객관성이 높다. ③ 비교적 많은 사람들을 대상으로 다량의 자료를 한꺼번에 수집할 수 있다.
한계	① 편중성없는 표본선정이 쉽지 않다. ② 표본조사의 결과와 사실사이의 상호연결 관계를 명확히 규명하기 어렵다. ③ 통계조사가 갖는 일반적 허상을 그대로 안고 있으며(일반적 경향만 파악할 수 있음) 표본집단이 얼마나 대표성을 갖고 전체 집단을 대표할 수 있는지 의문시 된다. ④ 시간적 차원에서 변화를 분석할 수 없다.

6 추행조사(Follow-up Study)

1. 의의

(1) 일정 수의 범죄자 또는 비범죄자를 일정 기간 계속적으로 추적·조사하여 그들의 특성과 사회적 조건의 변화상태를 분석하고, 그 변화상태와 범죄자 또는 범죄와의 연결관계를 살펴보는 방법이다. [2014. 7급]

(2) 시간적 간격: 표본조사시 실험집단과 비교되는 대조집단을 동일한 시간적 범위 내에서 상호비교하는 것이 아니라 일정시점과 일정한 시간이 경과한 다음 시점 간의 추적적인 비교방법을 말한다.

(3) 표본조사가 수평적 비교(실험집단과 비교하는 대조집단을 동일한 시간적 범위 내에서 상호비교)라면, 추행조사는 수직적 비교방법이라고 할 수 있다.

2. 유용성과 한계

유용성	① 일정한 시간적 연속성 속에서 조사대상자들의 변화를 관찰하기에 용이하다. ② 추행을 당하는 사람들의 사실관계를 정확히 밝힐 수 있어 오랜 시간의 경과 후에도 그 사실을 파악할 수 있다. [2010. 7급]
한계	① 개인에 대한 추행이 인권적 측면에서 사생활 침해라는 결과를 가져올 수 있다. ② 대상자의 심리상태를 정확히 파악하는데 한계가 있다. ③ 대상자가 추행되는 사실을 알게 되면 의식적인 행동을 하게 되어 자연적 상태에서의 동정을 파악할 수 없게 된다.

제2절 **암수범죄**

1 암수범죄

1. 의의

(1) 실제로 범죄가 발생하였으나 수사기관에 인지되지 않았거나, 인지되기는 하였으나 해명(해결)되지 않아 공식적인 범죄통계에 나타나지 않는 범죄를 말한다. [2018. 7급] 총 4회 기출

(2) **절대적 암수범죄와 상대적 암수범죄** : 실제로 범하여졌지만 어느 누구도 인지하지 않았거나 기억조차 하지 못하는 범죄를 절대적 암수범죄, 수사기관에서 인지는 되었으나 해결되지 않은 범죄를 상대적 암수범죄라 한다. [2024. 9급 보호]

(3) **범죄경력의 암수** : 유죄판결을 받은 범죄자들이 형사소추기관에 의해 입증된 것보다 훨씬 더 많은 범죄를 저지른 경우에 대해 범죄경력의 암수라고 한다.

2. 연혁

(1) **정비례의 법칙** : 범죄통계학이 발달한 초기부터 케틀레(Quetelet)·외팅겐(Oettingen)·페리(Ferri) 등에 의해 암수범죄가 지적되었지만, 보고된 범죄와 암수범죄의 관계가 일정한 비율을 지닌다고 보아 20C 초반까지는 특별히 문제 삼지 않았다.

> **Plus** ➕
>
> 케틀레(Quetelet)는 암수범죄와 관련하여 정비례의 법칙을 주장하면서 명역범죄(공식적으로 인지된 범죄)와 암역범죄 사이에는 변함없는 고정관계가 존재한다고 보고, 명역범죄가 크면 그만큼 암역범죄도 크며, 명역범죄가 작으면 그만큼 암역범죄도 작다고 하였다. [2010. 7급]

(2) 서덜랜드(Sutherland)·셀린(Sellin)·엑스너(Exner) 등에 의해 암수율은 항상적인 것이 아니고 불규칙적으로 변화한다는 사실이 밝혀지고, 범죄나 비행이 사회의 정상적이고 필요한 현상이라는 인식과 함께 진정으로 개선·교화해야 할 대상을 찾기 위한 노력이 진행되면서 그 필수적인 전제로 등장하였다.

❷ 암수범죄 발생의 원인

1. 절대적 암수범죄의 발생(수사기관에서 인지 ×)

(1) 성매매, 낙태, 도박, 마약매매와 같은 피해자가 없거나 피해자와 가해자의 구별이 어려운 범죄에 많이 발생하게 된다. 이러한 범죄에 대한 국민의 고소·고발은 거의 기대될 수 없기 때문이다.

(2) 강간, 강제추행 등과 같은 성범죄의 경우 피해자가 수치심 때문에 범죄신고를 하지 않는 경우가 많고, 범죄신고에 따른 불편과 범죄자에 의한 보복의 두려움 등이 절대적 암수범죄의 발생 원인이 된다. [2018. 7급] 총 2회 기출, [2024. 9급 보호]

2. 상대적 암수범죄의 발생(수사기관에서 인지 ○ → 해결 ×)

(1) 수사기관에 인지는 되었으나 해결되지 않은 범죄로 수사기관과 법원과 같은 법집행기관의 자의 내지 재량 때문에 발생하는 암수범죄이다. 즉 경찰, 검찰, 법관 등이 범죄의 혐의가 명백히 존재함에도 개인적인 편견이나 가치관에 따라 범죄자에 대하여 차별적인 취급을 함으로써 암수범죄가 발생한다. [2018. 7급] 총 2회 기출, [2024. 9급 보호]

(2) 미국의 경우 소수민족이나 유색인종에 대한 엄격한 태도, 백색인종에게의 관대한 처우가 이에 해당하고, 우리나라의 경우 여성이나 화이트칼라 범죄률이 비교적 낮은 것도 이 때문이라는 지적이 있다.

(3) 기사도 가설: 여성범죄 연구가 폴락(O. Pollak, 1950)은 여성범죄율이 적은 이유는 여성이 남성에 못지않은 범죄를 하지만, 단지 여성의 범죄는 은폐되거나 편견적인 선처를 받기 때문에 통계상 적은 것으로 보일 뿐이라는 기사도정신가설(chivalry hypothesis)을 주장하였다. 경찰은 여성을 체포하기를 꺼려하고, 검찰은 기소하기를 꺼려하며 재판관이나 배심원은 유죄로 하기를 꺼려한다.

제3절　암수범죄의 측정(조사)방법

❶ 직접적 관찰 [2020. 7급] 총 2회 기출

1. 개요

(1) 직접적 관찰이란 조사자가 암수범죄를 직접 실증적으로 파악하는 방법이다.

(2) 실제로 일어나는 암수범죄를 직접 관찰하는 자연적 관찰과 인위적인 실험을 통하여 암수범죄를 직접 실증하려는 인위적 관찰인 실험이 있다.

2. 자연적 관찰과 실험적 관찰

(1) 자연적 관찰: 범죄행위에 직접 참가함으로써 관찰하는 참여적 관찰과 유리벽을 통해 백화점 절도를 관찰하거나 숨겨진 카메라로 촬영하는 방법인 비참여적 관찰이 있다.

(2) 실험적 관찰(인위적 관찰): 의도적으로 범죄상황을 실현하여 관찰하는 방법으로, 위장된 절도범과 관찰자를 보내 상점절도의 발각 위험성을 알기 위한 블랑켄부르그(Blankenburg)의 연구가 대표적이다.

2 간접적 관찰(설문조사)

1. 자기보고 조사(Self-report Survey)

(1) 행위자 조사, 가해자 조사라고도 하는 것으로, 미국과 스칸디나비아제국에서 많이 행해졌다.

(2) 일정한 집단을 대상으로 개개인의 범죄나 비행을 면접이나 설문지를 통하여 스스로 보고하게 하여 암수범죄를 측정하는 방법이다.(→ 스스로 보고하기 때문에 강력범죄의 실태파악이 어렵다)
[2020. 7급]

(3) 장점 및 단점

장점	단점
① 공식통계상 기록되지 않은 범죄의 암수를 파악하는데 유용하다. ② 공식적 통계에 나타난 범죄인과 자기보고에 기초한 범죄인의 특성을 비교·연구할 수 있다. ③ 보다 객관적인 범죄 실태와 실제로 발생한 범죄량 및 빈도 파악에 도움이 된다. ④ 우리사회의 범죄분포에 관한 포괄적인 이해가 가능하며 범죄성과 범죄통계상 존재할 수 있는 계급적인 편견을 파악할 수 있다. ⑤ 피조사자의 인격, 특성, 가치관, 태도 등을 조사할 수 있어 범죄이론을 검증하고 범죄원인을 파악할 수 있다.	① 보고자가 자신의 추가범죄사실에 대한 발각이 두려워 사실을 은폐하는 등 진실성에 문제가 있을 수 있으므로, 조사대상자의 정직성과 진실성에 따라 조사결과의 타당성 여부가 달라질 수 있다. ② 조사방법이 한정적이고 조사결과가 추상적이라 조사결과를 일반화하기 곤란하고, 다양한 종류의 실태파악이 어렵다. ③ 경범죄(경미범죄)의 실태파악은 가능하지만, 처벌에 대한 두려움 등으로 중범죄(강력범죄)에 대한 실태파악은 곤란하다. ④ 범죄자가 자기가 범한 범죄를 인식하지 못한 경우나 범죄를 범하지 않았다고 오신하는 경우에는 실태파악이 곤란하다. [2010. 7급]

2. 피해자조사(Victim Survey)

(1) 실제 범죄의 피해자로 하여금 범죄의 피해경험을 보고하게 하는 방법으로, 암수범죄의 조사방법으로 가장 많이 활용된다. [2018. 7급] 총 4회 기출, [2024. 9급 보호]

(2) 경미범죄보다 강력범죄를 더 오래 기억하므로 강력범죄의 실태파악에 용이하다.

(3) 피해자 조사의 목표

① 범죄의 범위·분포 및 발전 정도를 확인할 수 있고 범죄피해의 빈도, 범행장소 및 시간, 범죄자와 피해자 사이의 관계 및 사회통계학적 특징을 탐구한다.

② 개인 또는 어떠한 사회단체(가정)가 범죄로 인해 침해될 수 있는 여지를 조사한다.

③ 신체적·정신적 피해와 물적 피해의 범위를 확인한다.

(4) 장점 및 단점

장점	단점
① 피해자 중심의 통계를 이용한 범죄현상 파악과 연구를 가능하게 한다. ② 피해자를 직접 조사함으로써 정확한 범죄현상 파악이 가능하고 전국적 조사가 가능하므로 대표성 있는 자료를 수집을 할 수 있다. ③ 암수범죄의 규모를 파악할 수 있게 하여 실제의 범죄발생량을 추산할 수 있고, 범죄유형 간의 상대적 비교도 가능하므로 공식통계의 문제점을 보완할 수 있다. ④ 피해자의 역할 등 범죄발생 과정을 밝혀 줌으로써 범죄예방 특히 피해의 축소와 범행기회의 제거 측면에서 유용한 자료로 제공된다. ⑤ 자기보고식 조사보다는 대표성 있는 자료를 수집할 수 있고, 사회전체의 범죄비용을 산출해낼 수 있다.	① 피해자 조사는 주로 전통적인 중범죄인 대인범죄나 재산범죄가 대상이 되므로 사회 전체의 범죄파악이 곤란하다. 즉 국가적·사회적 법익에 관한 범죄의 암수 파악이 곤란하다. ② 마약범죄, 경제범죄, 정치범죄, 조직범죄와 가정에서 일어나는 범죄에 대한 자료를 거의 제공하지 못한다. [2018. 7급] 총 4회 기출 ③ 피해자 없는 범죄, 법인이나 집단의 범죄, 화이트칼라 범죄 등은 조사가 거의 불가능하며 수치심과 명예심 등으로 인한 과소·과대 보고로 실제 피해와 다를 수 있다. ④ 가해자가 아닌 피해자가 대상이므로 범행원인에 대한 필요한 정보를 얻을 수 없다. ⑤ 피해자 조사 결과를 공식통계와 직접 비교하기에는 곤란하다. [2024. 7급] ⑥ 피해자가 피해를 인식하지 못한 경우나 피해자가 범죄피해가 없었다고 오신하는 경우에는 조사결과의 정확성이 결여된다. [2010. 7급] ⑦ 기억의 부정확성으로 인하여 오류가 발생할 수 있다. ⑧ 피해자의 기억에 의존하므로 피해자의 특성에 따라 달라질 수 있는 등 객관적 자료를 수집하기 곤란하다. ⑨ 범죄구성요건에 대한 응답자의 지식이 충분하지 못하고, 질문 문항이 잘못 작성될 가능성이 있다는 등의 문제점이 지적된다. [2013. 7급]

3. 정보제공자 조사

(1) 법집행기관에 알려지지 않은 범죄나 비행을 인지하고 있는 자로 하여금 이를 보고하게 하는 것으로서 피해자 조사에 의해서도 밝혀지지 않는 범죄를 밝히기 위한 보조수단으로 사용된다.

(2) 자기보고나 피해자조사에서 발생할 수 있는 문제점이 나타날 수 있다.

제4절   형사정책의 국제성

● **국제형사단체의 조직과 활동**

국제형사학협회(IKV)	1889년 독일의 리스트(Liszt)를 중심으로 네덜란드의 하멜(Hamel), 벨기에의 프린스(Prins) 등에 의해 창설되었으며, 1937년까지 제11회의 국제회의를 개최하고, 25권에 달하는 보고서를 발간하였다. [2019. 5급 승진]
국제형법 및 형무회의(CIDP 또는 IPPC)	1872년 런던에서 '국제형무회의'라는 명칭으로 정부 간의 공적인 대표들로 구성·개최되었으며, 5년마다 소집되어 초기에는 행형문제를 중심으로 토의를 하다가 점차 형법을 포괄한 광범위한 형사정책상의 문제를 다루게 되었다. [2019. 5급 승진]
국제형법학회(A.I.D.P)	제1차 세계대전에 의해 활동이 일시 중단되었던 국제형사법학회(IKV)를 계승하여 1924년 파리에서 결성되었으며, 5년마다 형법총론, 형법각론, 형사소송법·법원조직법, 국제형법 등 4개 분과로 나누어 학술대회를 개최하고 있다. [2019. 5급 승진]
국제범죄학회(I.S.C)	① 1934년 파리에서 '범죄과학회'라는 이름으로 결성, 1938년 로마에서 학회 명칭을 '국제범죄학회'로 변경하였다. ② 5년마다 열리고 있으며, 범죄의 과학적 연구와 사회방위를 연구하려는 목적으로 '국제범죄학연보'를 발간하고 있고, 범죄학분야의 우수한 논문에 대해 캐롤상(Denis Carrol Award)을 수여하고 있다. [2019. 5급 승진]
국제범죄인류학회(I.K.K)	롬브로조의 범죄인류학적 연구를 기초로 한 범죄방지대책을 토의하기 위하여 개최된 국제회의로서 각국의 학자들이 개인 자격으로 참석하였다.
유엔범죄방지회의	① 'UN 범죄예방 및 범죄인처우회의'라고도 하는 것으로, '국제형법 및 형무회의'를 계승한 정부단위의 현존하는 최대규모의 형사정책에 관한 국제협력체로서, 1948년 유네스코 산하에 창설된 'UN 사회방위국'과 개최국 정부의 공동협력으로 주최하고 있다. [2019. 5급 승진] ② 1955년 스위스 제네바에서 제1차 회의를 개최한 이래 2015년 제13차 회의를 카타르 도하에서 개최하여 오늘에 이르고 있다. [2019. 5급 승진]

이준 마법형사정책
요약 필독서

합격까지 박문각

PART

02

범죄원인론

제1장   범죄원인론 개요

제2장   고전주의

제3장   초기 실증주의

제4장   개인적 범죄원인론(1) : 생물학적 요인

제5장   개인적 범죄원인론(2) : 심리·성격적 요인

제6장   사회적 범죄원인론

제7장   갈등론적 범죄론(비판범죄론)

제8장   발달범죄이론

제9장   범죄 현상론(유형론)

PART 02 범죄원인론

제1장 범죄원인론 개요

제1절 범죄원인에 대한 인식

1 소질론과 환경론

1. 소질론

(1) 생물학적 원인론과 심리학적 원인론은 범죄를 불변하는 개인의 기본특성, 즉 범죄인의 선천적 기질을 가장 중요한 범죄원인으로 보고 있다.

(2) 롬브로조(Lombroso)의 생래적 범죄인설에서 시작되어 그 후 번스타인(Viernstein), 렌츠(Lenz), 메츠거(Mezger), 크레취머(Kretschmer) 등이 인류유전학・체질생물학・ 성격학・정신병리학 등의 학문을 동원하여 발전시켰다.

(3) 생물학적 원인론과 심리학적 원인론은 비록 개인의 소질을 강조한다는 점에서는 같지만, 생물학적 원인론은 주로 외부적으로 인식될 수 있는 신체적 혹은 유전적 요인들을 다루는 반면에 심리학적 원인론은 잠재적이고 외부적으로 파악하기 힘든 인간의 심리상태, 성격 등을 주요 범죄원인으로 다루는 입장이다.

2. 환경론

(1) 사람들은 같은 조건의 환경이 주어지면 동일한 행동을 할 것으로 보는 것이 사회학적 원인론의 입장이다.

(2) 게리(Guerry)와 케틀레(Quetelet)에 의해 시작되었고 페리(Ferri)에 의해 계승・전개되었으며 라까사뉴(Lacassagne)・따르드(Tarde)・뒤르껨(Dukheim) 등에 의해 발전되었다.

> **Plus⁺**
>
> ① 거시사회환경론과 미시개인환경론은 개인보다는 각자가 처해 있는 상황을 주요한 범죄발생원인으로 고려한다는 점에서는 유사하지만, 그 중에서 미시개인환경론은 환경 중에서 개인의 생활에 보다 밀접히 연관된 생활환경을 강조하는 입장이며 거시사회환경론은 생활환경보다는 보다 광범위한 사회환경을 강조하는 입장이다. [2012. 7급]
>
> ② 소질설은 범죄인 개인의 생리적・정신적인 내부적 특질이 범죄발생원인의 주요원인이라고 보는 입장이고, 환경설은 범죄인을 둘러싼 환경을 범죄원인으로 본다. 빈곤, 가정해체 등은 환경설에서 중시한다.

2 비결정론과 결정론

1. 비결정론(고전주의)

(1) 사람은 동물과는 달리 지능과 합리적인 판단능력을 가졌으며 자유로운 의사에 따라 자신의 운명을 지배하고 자기생활을 영위하는 존재라고 보는데 범죄를 포함한 모든 인간행위를 이러한 관점으로 이해하는 이론이다. [2024. 9급]

(2) 비결정론은 법률적 질서를 자유의사에 따른 합의의 산물로 보고 법에서 금지하는 행위를 하거나 의무를 태만히 하는 행위 모두를 범죄로 규정하며, 범죄의 원인에 따라 책임소재를 가리고 그에 상응하는 처벌을 부과해야 한다는 견해이다. [2012. 7급]

(3) 인간의 자유의지를 중시한 고전주의는 비결정론적의 입장이다.

2. 결정론(실증주의)

(1) 인간은 자신이 희망하는 사항이나 이성적 판단에 따라 행동하는 자율적 존재가 아니라 이미 행위하도록 결정된 대로 행동하는 존재로 보는 입장으로 인간의 행위는 개인의 특수한 소질조건과 그 주변의 환경조건에 따라 결정된다고 이해한다.

(2) 결정론에 따르면 인간의 사고나 판단은 이미 결정된 행위 과정을 정당화하는 것에 불과하므로 자신의 사고나 판단에 따라 자유롭게 행위를 선택할 수 없다고 본다. [2012. 7급] [2021. 7급 보호] 총 2회 기출

(3) 소질과 환경을 중시한 실증주의는 결정론적 입장을 취하고 있다.

제2장 고전주의

제1절 배경

1 서론

1. 중점 사항

(1) 형벌제도와 법제도 개혁 : 18C 중엽 공리주의 사회철학자인 베카리아와 영국의 벤담으로 대표되는 고전학파가 중점적으로 관심을 둔 사항은 범죄행위에 대한 설명보다는 형벌제도와 법제도의 개혁에 관한 것이었다.

2. 기본 주장

(1) 인간은 기본적으로 자유의지를 가진 합리적·이성적 존재이다.

(2) 범죄는 개인의 의지에 의해 선택한 규범침해이다.

(3) 개인의 자유의지에 따른 범죄행위에 대한 개인의 책임 및 처벌을 강조한다.

(4) 형벌은 계몽주의, 공리주의에 사상적 기초를 두고 이루어져야 한다.

(5) 효과적인 범죄예방은 형벌을 통해 사람들이 범죄를 포기하게 만드는 것이다.

(6) 범죄를 효과적으로 제지하기 위해서는 처벌이 엄격·확실하고, 집행이 신속해야 한다. [2024. 9급 보호]

(7) 자의적이고 불명확한 법률은 합리적 계산을 불가능하게 하여 범죄억제에 좋지 않다.

(8) 법과 형벌제도의 개혁에 관심(범죄원인에는 관심 ×)

2 형법개혁운동

1. 베카리아(Beccaria)

(1) **범죄와 형벌**

① 18C 고전학파의 선구자이자, 형법개혁운동의 개척자인 베카리아는 1764년 「범죄와 형벌」을 통하여 자의적인 형사사법제도의 개혁을 주장하였다.

② 판사의 독단적인 형벌부과, 잔인하고 야만적인 처벌방식에 대해서 비판하였고, 형사사법제도 내에서의 개인의 권리를 강조하였다. [2018. 9급]

(2) 베카리아의 형사사법제도 개혁안

계약사회와 처벌의 필요성		법은 사회를 형성하기 위한 조건이고 이를 위반하면 처벌해야 한다는 계약사회와 처벌의 필요성을 강조하였다.
죄형법정주의		입법의 역할을 강조한 것으로, 판사는 이미 설정되어 있는 범위를 넘어 범죄자들에게 형벌을 부과할 수 없도록 하여야 한다.
죄형균형론	범죄의 중대성	범죄의 속성은 사회에 미친 해악에 따라 판단되어야지 범죄자의 의도에 의해 결정되어서는 안 된다.
	비례적 형벌	범죄는 사회에 대한 침해이며 침해의 정도와 형벌 간에는 적절한 비례관계가 성립하여야 한다. [2019. 7급] 총 2회 기출
	형벌의 정도	형벌이 그 목적을 달성하기 위해서는 형벌로 인한 고통이 범죄로부터 얻는 이익을 약간 넘어서는 정도가 되어야 한다. [2024. 9급 보호]
처벌의 효과성	확실성	① 범죄를 예방할 수 있는 가장 확실한 장치는 처벌의 가혹성이 아니라 처벌의 완벽성이라는 처벌의 확실성을 강조하였다. ② 집행자는 용서없이, 입법자는 관용적이고 인간적이어야 한다. ③ 처벌의 확실성 개념은 범죄자가 확실하게 체포되고 처벌을 받을 가능성을 의미한다. 범죄자를 확실하게 처벌한다는 구체적인 의미는 범죄자의 체포, 유죄판결, 그리고 제재까지 포함하며 체포, 유죄판결 그리고 제재의 확률이 클수록 범죄율이 틀림없이 감소할 것이라는 의미까지 내포하고 있다. ④ 처벌의 확실성은 엄격성보다 범죄억제에 더 효과적이라는 것이 일반적인 견해로, 처벌의 확실성 개념은 범죄자가 확실하게 체포된다는 의미를 가장 우선시한다.
	엄중성	① 해악의 정도에 맞는 확고한 행위결과에 상응한 처벌이어야 한다. ② 억제이론의 전제는 범죄의 유형이 동일하다면, 그것으로부터 얻는 이득이나 쾌락의 양은 모든 사람에게 거의 동일하다는 것이다. 따라서 범죄에 상응하는 처벌은 그가 누구인가와는 아무런 관계가 없다. ③ 범죄억제 이론은 일반적으로 처벌이 엄격할수록 범죄율은 감소할 것이라고 가정한다. 처벌 수준을 높이면 범죄율은 감소한다고 보는 것이다. ④ 그러나 처벌의 엄격성은 범죄의 해악의 크기에 따라서 처벌도 그만큼 엄격해야하며, 형사법에 근거하여 이루어져야 한다는 것을 본질로 한다.
	신속성	① 범죄가 일어난 후 처벌이 신속하여 처벌과 범죄가 근접할수록 처벌은 더욱 공정해지고 효과적이다. ② 범죄자에 대한 처벌이 신속하고 확실하게 이루어져야 억제효과가 있다는 가정을 한다. 처벌의 신속성은 범행 후에 범죄자가 얼마나 빨리 처벌되는가를 의미한다. ③ 범행 후에 범죄자가 즉각적으로 처벌을 받을수록 처벌은 정당하고 유용할 것이다. 범행과 처벌 사이의 시간적 간격이 짧을수록 범죄와 처벌이라는 두 관념의 결합은 더 긴밀하고 지속적인 것이 될 것이다.
		형벌의 제지효과 3요소의 중요도: 확실성 > 엄중성 > 신속성

범죄예방주의	① 범죄를 처벌하는 것보다 범죄를 예방하는 것이 더욱 중요하며 처벌은 범죄예방에 도움이 된다고 판단될 때에 정당화된다. [2019. 7급] [2024. 9급 보호] ② 법에 대한 공포심을 강조하였다.
사형과 사면의 반대 [2024. 9급 보호]	**사형 폐지**
	① 범죄의 심각성과 형벌의 강도는 합리적인 연관성이 없다고 생각했기 때문에 사회계약설에 의거 사형제도를 폐지하고 대신에 구금형으로 대체되어야 한다. [2024. 9급] ② 사형은 예방 목적의 필요한 한도를 넘는 불필요한 제도로서 폐지되어야 한다.

범죄예방주의		① 범죄를 처벌하는 것보다 범죄를 예방하는 것이 더욱 중요하며 처벌은 범죄예방에 도움이 된다고 판단될 때에 정당화된다. [2019. 7급] [2024. 9급 보호] ② 법에 대한 공포심을 강조하였다.
사형과 사면의 반대 [2024. 9급 보호]	사형 폐지	① 범죄의 심각성과 형벌의 강도는 합리적인 연관성이 없다고 생각했기 때문에 사회계약설에 의거 사형제도를 폐지하고 대신에 구금형으로 대체되어야 한다. [2024. 9급] ② 사형은 예방 목적의 필요한 한도를 넘는 불필요한 제도로서 폐지되어야 한다.
	사면 폐지	사면은 형사제도의 무질서와 법에 대한 존중심의 훼손을 초래한다고 보고, 자비라는 얼굴을 한 가면이라고 혹평하였다. [2024. 9급 보호]
공리성		형사사법제도 내에서 개인의 권리를 강조하고 처벌에 대한 유일한 정당화와 진실한 목적은 공리성에 있다고 주장하였다.

[구체적 주장]
① 범죄예방의 가장 좋은 방법의 하나는 잔혹한 형의 집행보다 확실하고 예외 없는 처벌이다. [2010. 9급] 총 3회 기출
② 처벌은 공개적이어야 하고 신속하며 필요한 것이어야 한다.
③ 범죄와 처벌 사이의 시간적 길이가 짧을수록 범죄 예방에 더욱 효과적이다. [2016. 9급] 총 2회 기출
④ 법관의 재량권 인정을 거부하고 형법 적용의 도구로 보았다. 즉 범죄에 대한 형벌은 법률로서만 정할 수 있고, 형사사건에서 법관은 형법을 해석할 권한이 없다.
⑤ 고문이나 밀고주의는 폐지되어야 한다.
⑥ 교도소는 더욱 인간적인 시설이 되어야 하며, 범죄자는 배심원들에 의해 평결되어야 하며 범죄자와 피해자 사이에 계급적 차이가 있을 경우에는 배심원의 절반은 피해자 계급에서 나머지 절반은 범죄자 계급으로 구성되어야 한다.
⑦ 형벌은 자유를 남용하는 사람들로부터 사회구성원 전체의 자유를 지키기 위해서 존재해야 한다고 보았다.
⑧ 형벌은 성문의 법률에 의해 규정되어야 하고, 법조문은 누구나 알 수 있게 쉬운 말로 작성되어야 한다. [2019. 7급]

2. 벤담(Bentham)

(1) 최대다수의 최대행복
① 법의 목적은 최대다수의 최대행복을 보장하여 주는 것이라고 보았다.
② 형벌부과의 목적은 범죄예방에 있으며, 이를 위해 가장 적은 비용을 사용하여야 한다고 주장하였다. [2022. 7급 보호]
③ 범죄란 악을 낳는 것, 즉 실제적 범죄이어야 하는 것으로 보면서 그렇지 아니한 상상(관념)적 범죄와는 엄격히 구별하였다.

(2) 행복지수계산법과 채찍이론
① 범죄로 인한 이익, 고통, 완화상황 등을 고려하여 적절한 형벌이 부과되도록 형벌을 계량화하는 행복지수계산법을 주장하였다.
② 벤담은 범죄와 형벌의 비례성을 논증하면서 채찍의 비유를 든다.

(3) 파놉티콘 교도소

① 최소비용으로 최대효과를 거둘 수 있는 유토피아적인 파놉티콘(Panopticon)형 교도소건립계획을 수립하였다. [2018. 9급] 총 3회 기출, [2021. 7급 보호]

② 그리스어로 '모두'를 뜻하는 'pan'과 '본다'를 뜻하는 'opticon'을 합성한 것으로, 벤담은 소수의 감시자가 모든 수용자를 자신을 드러내지 않고 감시할 수 있는 형태의 감옥을 제안하면서 이 말을 창안했다.

③ 야간에 감시자는 중앙의 원형감시탑에서 한 감방에 8명씩 수용된 수용자를 훤히 들여다볼 수 있지만, 수용자는 감시자가 있는지, 감시하는지 여부를 알 수 없어 실제로 감시자가 항상 있는 것과 같은 효과를 낸다.

(4) 국제형법

① '국제형법'이라는 용어를 처음으로 사용하였다.

② 범죄피해자구조의 필요성을 강조하였다.

3. 포이에르바하(Feuerbach)

(1) 심리강제설 [2024. 7급] 총 4회 기출

① 심리강제설과 비결정주의의 사상을 바탕으로 국가는 시민의 자유를 보장함에 그 목적이 있는 것으로 보았다.

② 법률에 위반하는 경우 물리적 강제를 가해서는 안 되고, 심리적 강제로 위법행위와 고통을 결부하여야 한다. [2021. 7급 보호] [2024. 7급]

(2) 형법의 보조수단으로서의 형사정책

① 형사정책을 '입법을 지도하는 국가의 예지'로 이해하고, 집행기관은 형벌목적에 대한 정당성을 고려하여 인간적·자유주의적으로 법을 집행하여야 한다.

② 형사정책은 이러한 정책적 목적을 유지하기 위한 형법의 보조수단으로서 의미가 있다. [2022. 7급 보호]

4. 존 하워드(J. Howard)의 감옥개량운동

(1) 감옥상태론

① 영국의 박애주의자 존 하워드는 「영국과 웰스의 감옥상태론」(1777)을 통해 인도적인 감옥 개혁을 주장하였다. [2018. 9급]

② 다섯 번에 걸쳐 전 유럽 300여 감옥을 직접 둘러보고 자기가 체험한 것을 내용으로 저술한 것으로 경험적 범죄학 연구의 효시가 되었다.

(2) 주요 주장 내용 [2010. 9급]

① 위생시설의 확충: 전염병으로 사망한 수용자가 사형집행으로 사망한 자보다 많은 점을 지적하며 통풍과 채광이 잘되는 구금시설을 확보할 것

② 분류수용: 수형자를 연령층과 성별에 따라서 분리수용할 것

③ 공적운영: 교도관을 공적임명하고 충분한 보수를 지급할 것

④ 독립된 행정관청에 의해 수형자를 통제하고, 수형자의 인권을 보장할 것

⑤ 교육적 노동: 강제노동은 응보적·약탈적 목적이 아니라 교육적·개선적 목적으로 시행할 것

⑥ 감옥 내에 교회당을 설치하고 성서나 기도서를 비치할 것

⑦ 수형실적에 따른 형기단축제도를 도입하여 수형자의 자력개선을 촉진할 것

⑧ 최초로 독거제 실시를 주장하였다.

❸ 현대적 고전학파

1. 억제이론

억제이론(제지이론)으로 발전시킨 학자들은 현대 인간행동과학의 지식을 바탕으로 고전학파의 주장대로 형벌이 확실하게 집행될수록(확실성), 형벌의 정도가 엄격할수록(엄격성), 형벌집행이 범죄발생이후에 신속할수록(신속성) 사람들이 형벌에 대한 두려움을 더욱 느끼고 이에 따라 범죄를 자제하는가를 연구한 것이다.

2. 범죄억제 모형

일반억제	① 일반억제 또는 일반예방은 합리적 선택이론의 관점과 깊은 관계가 있는데, 범죄를 범하기로 동기 부여된 합리적인 사람은 자유롭고 제약이 없다면 법을 위반할 수밖에 없으므로, 이러한 잠재적인 범죄자들의 범죄를 억제하기 위해 형벌이 필요하다. [2024. 9급 보호] ② 일반억제는 범죄자들에 대한 처벌의 위협에 의해서 잠재적인 범죄자들의 범죄행위를 억제할 수 있다는 관점으로, 이러한 불특정 일반다수의 잠재적인 범죄자들은 법 집행기관이 범죄자를 확실히 체포하여 신속하고 엄격하게 처벌할 경우에 범죄를 범할 생각을 포기하게 되기 때문에 결과적으로 범죄가 억제된다. [2012. 9급] ③ 소극적 일반예방은 잠재적인 범죄자들이 범죄를 범하지 못하도록 형벌에 의해 위협을 가하는 것을 말하고, 적극적 일반예방은 형벌에 의해 잠재적 범죄자의 범죄의지를 억제하고 일반시민들의 법 집행기능에 대한 신뢰감을 향상시키는 기능을 하는 것을 말한다.
특별억제	① 특별억제는 강력한 처벌에 의해 경력 범죄자들, 즉 전과자들이 범죄를 되풀이하지 못하도록 대책을 강구하는 것을 목적으로 한다. ② 범죄자에 대한 극형이나 무능력화 같은 처벌 위주의 소극적 억제전략과 교화·개선 위주의 적극적 억제전략이 범죄의 종류나 범죄인의 특성에 따라서 차별화되어야 한다.

3. 일상생활이론과 합리적 선택이론

(1) **코헨과 펠슨**(Cohen & Felson)**의 일상생활이론**(일상활동이론. Routine Activities Theory) [2024. 9급] 총 2회 기출

① 일상생활이론은 시간의 흐름에 따른 범죄율의 변화를 설명하기 위해 등장한 이론으로, 어느 시대나 사회에도 범죄를 범할 개연성이 있는 사람의 수는 일정하다고 가정한다.

② 범죄발생의 원인에 대하여 범죄자의 동기적 측면을 주로 강조하는 기존의 범죄이론과 달리 일상활동(생활)이론은 피해자를 둘러싸고 있는 범행의 조건을 강조한다.

③ 범행을 촉발하는 요인으로 ㉠ 동기화된 범법자의 존재(범행을 동기화한 사람), ㉡ 범행에 적합한 대상(적절한 범행 대상), ㉢ 범행대상에 대한 경찰, 집주인, 이웃, 친구, 친척 등과 같은 보호자의 부존재(범행을 막을 수 있는 사람의 부존재)를 들고 있다. [2016. 9급] 총 2회 기출

④ 범죄의 세 가지 요소가 동일한 시간과 장소에 모아졌을 때 범죄 발생률이 증가할 것이라는 가설을 전제로 한다.

⑤ 공헌: 경제적 불평등, 실업률 등 범죄를 자극하거나 동기를 부여하는 구조적 조건이 저하됨에도 불구하고 범죄율이 지속적으로 증가하고 있는 이유에 대한 설명을 가능하게 한다.

(2) **하인드랑과 갓프레드슨**(Hindelang & Gottfredson)**의 생활양식 · 노출이론**(Lifestyle-Exposure Theory)
[2023. 7급 보호]

① 생활양식 · 노출이론은 사람들이 범죄자들에게 노출되는 생활양식 때문에 범죄 피해자가 된다는 점을 강조한다.

② 범죄자와의 접촉이나 노출이 많은 생활양식을 가진 사람은 범죄의 대상이 되기 쉬우며, 특히 범죄집단이나 비행집단의 구성원들은 범죄자가 되기도 쉽지만 범죄의 대상도 되기 쉽다고 주장한다.

③ 범죄피해자화의 위험은 범죄자와의 접촉 및 노출수준에 의해 결정되고, 접촉과 노출수준은 개인의 생활양식에 따라 달라진다.

● **일상활동이론 VS 생활양식 · 노출이론**

일상활동이론	생활양식 · 노출이론
① 일상생활 진행에 따른 범죄율의 변화를 설명하기 위한 이론으로 제시되었다. ② 미시적 · 상황적 요인인 '대상으로서의 매력성'과 '감시의 부재'를 강조한다.	범죄기회 구조의 내용으로서 범죄자와의 근접성과 범죄위험에의 노출이라는 거시적 요소를 중시한다.
사회생활 중 일상활동이나 생활양식의 유형이 범죄를 위한 기회구조 형성에 어떻게 기여하는가를 분석하는 '기회이론'이라는 점에서는 공통점이 있다.	

(3) **클라크와 코니쉬**(Clarke & Cornish)**의 합리적 선택이론**(Rational Choice Theory) [2023. 9급]

① 합리적 선택이론은 인간의 자유의지를 전제로 한 비결정론적 인간관에 입각하고 있다.

② 경제이론에서의 기대효용의 법칙에 기초하여, 인간은 범죄로 인하여 얻게 될 효용(이익)과 손실의 크기를 비교하여 범행여부를 결정한다고 본다. 이는 고전 범죄학에서 이해하는 인간본성에 대한 가정과 일치한다. [2010. 9급]

③ 범죄행위는 결국 각 개인이 선택한 결과이고, 이러한 선택과정에서 고려하는 요인들로는 행위자 자신의 개인적 요인(금전욕구, 가치관, 학습경험 등)과 상황적 요인(범행대상이 얼마나 잘 지켜지고 있는가, 사람들이 집에 있는가, 주위환경이 어떠한가 등)을 지적하였다.

제3장 초기 실증주의

1 등장배경

18세기에서 19세기로 이행하면서 생물학, 물리학, 화학 등 자연과학의 발전이 이루어졌고, 인문분야도 사변적인 논의와 철학적 주장에서 탈피하여 물리학과 같이 엄밀한 논리와 객관적인 자료로서 현상을 탐구해야 한다는 주장이 나타났다.

2 기본 주장

(1) 범죄는 주로 생물학적·심리학적·환경적 원인에 의해 일어난다.

(2) 소질과 환경을 중시하여, 결정론적 입장에서 사회적 책임을 강조한다.

(3) 범죄는 과학적으로 분석가능한 개인적·사회적 원인에 의해 발생하는 것이다.

(4) 범죄의 연구에 있어서 체계적이고 객관적인 방법을 추구하여야 한다.

(5) 인간에 대한 과학적 분석을 통해 범죄원인을 규명하고자 하였다.

(6) 범죄원인을 규명해서 범죄자에 따라 형벌을 개별화한다.

(7) 범죄행위를 유발하는 범죄원인을 제거하는 것이 범죄통제에 효과적이라고 본다.

(8) 법·제도적 문제 대신에 범죄인의 개선 자체에 중점을 둔 교정이 있어야 범죄예방이 가능하다.

제1절 이탈리아의 초기 실증주의

1 롬브로조(Lombroso)

1. 범죄학의 아버지

(1) 롬브로조는 실증주의 및 범죄인류학의 선구자이자 범죄학의 아버지로 불리우며, 자연과학을 바탕으로 한 생물학적 범죄원인연구의 개척자이다.

(2) 처음으로 관찰과 검증이란 과학적 방법을 동원하여 범죄유발요인을 규명하려고 하였다. [2018. 7급]
총 2회 기출

2. 범죄인론

(1) 「범죄인론」(1876)에서 범죄자에게는 일정한 신체적 특징이 있고 이러한 신체적 특징은 원시인에게 있었던 것이 격세유전에 의하여 나타난 것이라고 하며 생래적 범죄성과 신체적 특징과의 관계에 주목하였다.

(2) 생래적 범죄인 : 범죄자적 신체특성을 5가지 이상 가진 사람들을 "생래적 범죄자"라고 부르고, 이들은 원래 생물학적으로 원시적인 형질을 가지고 태어났기 때문에 범죄를 저지를 수밖에 없다고 보았다. [2010. 9급]

　　🔎 생래적 범죄인의 특징 : 두개골의 이상, 신체적·생리적 이상, 정신적 이상, 사회적 특징

(3) 형벌을 개별화하기 위해 범죄인을 유형별로 분류하여 이를 기초로 한 범죄방지대책 수립을 주장하였다.

(4) 남성성가설 : 여성범죄에 대해 범죄대상으로서의 성매매를 주장하고 이는 대부분 기회범이며 그 특징은 모성감각의 결여에서 찾았다. 여성의 전형적인 특질이 부족한 소수의 여성범죄집단은 신체적 특성이나 감정적인 면에서 범죄적 또는 비범죄적 남성과 유사하다는 남성성 가설을 주장하였다.

(5) 범죄인 분류 : 범죄인류학적 입장에서 범죄인을 분류하였으나, 이후 제자인 페리의 영향으로 범죄원인에 있어 사회적 원인에 대한 중요성을 인식하기도 하였다.

2 페리(Ferri)

1. 사회적 범죄원인

(1) 페리는 범죄인류학파에 속하면서, 초기 범죄사회학파로 범죄의 사회적 원인을 중시하였다.

(2) 마르크스의 유물론, 스펜서의 사회관, 다윈의 진화론, 롬브로조의 생래적 범죄인 등을 종합하였다. 이는 개인적 원인인 인류학적 요소, 자연적 원인인 물리적 요소, 사회환경적 요인인 사회적 요소를 중시한 것이다.

(3) 롬브로조와는 달리 생래적 범죄인에 대해서는 사형을 부정하고 무기격리할 것을 주장하였으며, 그는 범죄인류학적 입장에 기초하면서도 사회적 환경을 중시하여 '기회범죄인'을 가장 중시하였다 (대다수의 범죄자가 기회범). [2018. 7급]

(4) 롬브로조가 생물학적 범죄원인에 집중한 나머지 범죄인의 사회적 영향을 무시한다고 비판하고 범죄사회학적 요인을 고려하여 범죄인을 분류하였다. [2014. 7급]

(5) 범죄자의 통제 밖에 있는 힘이 범죄성의 원인이므로 범죄자에게 그들의 행위에 대해 개인적으로나 도덕적으로 책임을 물어서는 안 된다. [2021. 9급]

(6) 형사제재를 보안처분으로 일원화한 이탈리아 형법초안을 기초하였다.

2. 범죄 및 형벌관

범죄포화의 법칙	① 범죄원인 : 범죄원인을 인류학적 요인(나이, 성별, 신체적·정신적 상태), 물리적 요인 (자연환경), 사회적 요인(인구밀도, 관습, 종교, 정부조직, 경제조건, 산업조건)로 구분하고, 일정한 개인적·사회적 환경하에서 그에 맞는 일정량의 범죄가 있는 것은 정상이며 그 수는 증감할 수 없다. [2018. 7급] 총 3회 기출 ② 범죄대책 : 특정한 사회에 있어서의 범죄예방의 조직이나 형사정책은 무의미하며, 범죄방지를 위해서는 범죄를 발생하게 하는 원인인 사회를 변경하는 방법 밖에는 없다.
범죄과포화의 법칙	사회적·물리적 예외조건의 발생에 따라 기본적이고 전형적인 살인·강도·절도 등의 범죄에 수반하여, 반사적이고 부수적인 공무집행방해죄, 장물범죄, 명예훼손죄, 위증죄 등의 범죄가 발생한다는 법칙을 주장하였다.
형벌대용물사상 (형벌의 한계성)	① 「형법초안」(1921)에서 '형사책임 및 형벌 없는 형법전'의 제정을 통해 형사처분도 도덕적 책임(고전주의)을 배제한 사회방위처분 내지 보안처분으로 일원화할 것을 주장하였다. 다만, 범죄에 앞선 보안처분은 반대하였다. ② 인간행위는 환경에 의해 영향을 받을 수밖에 없다는 결정론에 입각하여, 형벌의 한계성을 극복하기 위해 사회정책을 통한 범죄충동방지가 효과적이라고 주장하였다.
특별예방론	형벌은 범죄자의 재사회화를 목표로 하는 특별예방에 주된 목적이 있다고 보았다.

3 가로팔로(Garofalo)

1. 심리적 측면 강조

(1) 가로팔로는 「범죄학」(1885)에서 범죄원인으로 인류학적 요소 중 정신적·심리적 측면을 중시하였다. [2018. 7급] 총 2회 기출

(2) 범죄는 인간의 근본적인 품성에 속하는 '연민과 성실의 정'을 침해하는 특성을 갖고 있다. 즉 범죄는 심리적 혹은 도덕적 변종에 의한 것이라고 하면서 정상인들은 모두 이타적인 정서를 기본적으로 가지고 있는데 범죄자들은 이러한 정서가 결핍되어 있다고 보았다. [2018. 7급]

(3) 인간의 자유의지를 부정하고 사회적 진화론과 적자생존의 원칙에 기초한 결정론적 입장에서 범죄원인을 파악하였다.

(4) 롬브로조와 달리 신체적 비정상이 아니라 정신적 비정상에 관심을 갖고 범죄행위는 심리적 혹은 도덕적 변종에 의한 것이라고 주장하였다(사회심리학적 요소).

2. 자연범과 법정범의 구별

(1) 생물학적 요소에 사회심리학적 요소를 덧붙여 범죄인을 자연범과 법정범으로 구분하고, 자연범죄의 속성은 정직성과 동정심이라는 사회의 두 가지 근본적인 감정을 침해하는 행위라고 보았다.

(2) 범죄대책 : 과실범은 처벌하지 말 것을 주장하면서, ㉠ 고질적인 심리적 비정상에 기인한 경우에는 '사형'을, ㉡ 유목생활이나 원시부족생활에 적합한 사람들은 장기구금, 무기형, 추방에 처하고, 젊은 범죄자나 개선의 가능성이 있는 사람은 외딴 식민지에 고립시킴으로써 제거하자는 '부분적 제거'를, ㉢ 재범의 가능성이 없고 이타심의 결여로 범죄를 저지른 사람들을 대상으로 피해자에게 강제적으로 보상토록 하자는 '보상'의 방법 등 세 가지 대책을 들었다.

(3) 시간적·공간적 종속성을 부정하는 자연범설은 범죄의 사회적 원인을 강조한 페리의 공격대상이 되었다.

제2절 초기 범죄사회학적(환경학파·리용학파) 실증주의

1 케틀레와 게리

1. 게리의 통계자료 활용

(1) 게리(Guerry)는 최초로 1825년부터 1830년 사이의 프랑스에서 발생한 범죄통계를 지도에 표시(1883년)하여 '범죄지리학'의 창시자가 되었다.

(2) 그에 의하면 범죄와 연령 관계는 25세~30세 사이에 범죄율이 최고인 점, 빈민구역에서 사기와 절도가 가장 적게 발생하였다는 점을 들어 범죄발생에 빈곤은 큰 영향을 미치지 않으며, 범죄발생의 가장 중요한 원인은 국민의 비도덕화로, 이는 지식교육보다 성격형성적 도덕교육에 의해서만 바로 잡을 수 있다는 점 등을 적시하였다.

2. 케틀레의 통계 활용

(1) 벨기에의 케틀레(Quetelet)는 각 나라에서 발표된 여러 통계수치를 계산하여 '일반인'이란 개념을 구상하고 이를 범죄발생 정도와 연관지었다.

(2) **범죄발생 법칙성** : 각 나라의 사회 및 자연환경으로 고려한 요인들은 지리적 위치, 기후, 연령분포, 성, 계절, 교육수준 등이었으며, 이러한 사회환경적 요인들은 범죄발생과 함수관계에 있다는 것을 밝혀 범죄발생의 법칙성을 주장하였다.

(3) **사회물리학에 관한 논문**(1836) : '사회는 범죄를 예비하고 범죄자는 그것을 실천하는 도구에 불과하다.'고 주장하여 범죄가 사회적 환경요인에 의해 유발된다는 점을 지적하였다. [2013. 9급] 총 2회 기출

(4) 이후 프랑스와 영국, 독일 등 유럽각국에 계승되어 지도학파의 탄생을 낳게 하였으며, 범죄발생에 있어 범죄자 개인뿐만 아니라 집단현상으로서의 범죄문제에 관심을 갖는 계기가 되었다.

2 라까사뉴(Lacassagne)

1. 곡물가격과 재산범죄

(1) 라까사뉴는 프랑스의 범죄사회학의 주도자로, 롬브로조의 생물학적 결정론을 반대하면서 사회환경 특히 그 중에 경제상황을 강조하였다.

(2) 통계자료를 이용하여 곡물가격과 재산범죄의 관계를 연구한 결과 물가의 앙등과 실업의 증대가 범죄의 증가를 가속시킨다고 하였다(**최초의 연구** : 메이어 ─ 곡가변동과 절도범의 상관관계 연구).

(3) '사회는 범죄의 배양기이며, 범죄자는 미생물에 해당할 뿐이다.'라고 말함으로써 범죄라는 세균도 사회적 환경이라는 배양기가 없으면 번식할 수 없다고 보고, 사회는 그 각각에 상응하는 범죄를 갖기 마련이며 처벌해야 할 것은 범죄인이 아니라 사회라고 주장하여 범죄문제를 개인의 문제가 아니라 사회적 문제로 인식하였다(범죄원인은 사회와 환경에 있다는 점을 강조). [2018. 5급 승진] 총 5회 기출

3 따르드(Tarde)

1. 환경결정론

(1) 따르드는 마르크스(Marx)주의적 세계관에 입각하여 범죄의 사회적 원인에서 강조한 자본주의 경제체제의 모순과 범죄의 상관관계를 연구하였다. '범죄인을 제외한 모든 사회에 책임이 있다.'라고 하는 극단적 환경결정론을 주장하였다. [2013. 9급]

(2) 인간은 사회생활을 하는 중에 다른 사람의 행위를 모방하는 데, 범죄행위도 그 한 예이다.

2. 모방의 법칙

(1) **모방의 법칙**(1890) : 사회는 곧 모방이라는 전제 아래 개인의 특성과 사회와의 접촉과정을 분석한 사회심리학적 연구방법을 사용하였다.

(2) 모든 사회현상이 모방이듯이 범죄행위도 모방으로 이루어진다.

3. 공헌과 비판

공헌	① 범죄행위를 생물학적 결함이나 심리적 기능장애로 설명하는 입장을 극복하고 정상행위와 마찬가지로 학습의 결과라는 사실을 최초로 지적했다는 점에서 매우 중요한 공헌을 하였다. ② 미국 범죄사회학이론의 출발점이 된 학습이론에 결정적 단서를 제공하였다. ③ 도시는 재산범죄, 농촌은 인신범죄의 특징을 가지고 있다고 주장하며, 도시직업인 범죄개념을 제시하였다.
비판	① 봉거는 경제의 영향과 같은 특별한 사회적 동기를 무시하였다고 비판하였다. ② 뒤르껭은 새로운 사회현상에 대해서는 모방으로 설명하기 어렵다고 비판하였다(농촌에서 일어난 범죄를 도시지역에서 모방하는 경우를 설명할 수 없다). ③ 생물학의 업적인 유전법칙, 사회적 도태이론을 간과하였다. ④ 학습과정에 대한 설명이 불충분하다.

4 뒤르껭(Durkheim)

1. 범죄발생의 주된 원인

(1) **배경** : 뒤르껭은 범죄문제를 사회학적 시각에서 고찰한 대표적 학자로, 프랑스혁명과 산업화과정에서 정치적·경제적인 급격한 변화가 사회적 통합력과 도덕적 권위의 훼손을 가져왔다고 보고, 범죄발생의 주된 원인을 사회적 통합의 수준과 도덕적 통합의 수준에서 찾았다.

(2) 사회적 통합의 수준이란 사람들이 일상적 사회생활을 하는 중에 얼마나 상호 간에 밀접히 연관되어 있는가에 관한 것이고, 도덕적 통합의 수준이란 자기가 속해있는 사회적 단위와 일체감을 느끼고 그것의 권위를 얼마나 인정하는가에 관한 것이다.

(3) **목표** : 그의 주된 관심은 안정적이며 도덕적인 사회를 가능하게 하는 사회적 질서를 형성하는 조건을 파악하고, 산업사회에서의 안정된 사회질서를 확보하려는 것이었다.

2. 이기주의와 아노미

(1) 개인과 사회와의 관계에 대하여 사회가 인간을 만들고 규제하는 측면을 강조하면서 사회적 규범 해체의 원인을 이기주의(egotism)와 아노미(anomie)로 파악하였다.

(2) **이기주의**: 개인이 사회로부터 독립적이며 비교적 자유롭고 사회와 통합되어 있지 않아 사회에 의해 규제를 거의 받지 않는 사회와 개인 간의 관계를 의미한다.

(3) **아노미** : 인간의 생래적인 끝없는 욕망을 사회의 규범이나 도덕으로서 제대로 통제하지 못하는 상태로, 사회적·도덕적 권위가 훼손되어 사회구성원들이 '자신의 삶을 지도할 수 있는 기준(지향적인 삶의 기준)'을 상실한 무규범 상태를 말한다. [2020. 9급] 총 3회 기출

3. 자살론(1897) [2024. 7급] 총 4회 기출

(1) 사회적 통합 및 도덕적 규제와 관련하여 당시 유럽사회의 자살률이 급격히 증가하는 것은 산업화되는 과정에서 정치·경제·기술적 사회변동으로 사회통합이 약화됨으로써 이기적 자살이 증가하였기 때문이다.

(2) 자살 유형

아노미적 자살	급격한 사회변동으로 인한 기존 규범력의 상실·혼란에 기인한 자살
이기주의적 자살	사회통합의 약화로 인해 자신의 욕망에 따라 발생(입시실패)
이타주의적 자살	사회통합이 강화된 곳에서 집단의 존속을 위해 발생(자살특공대)
숙명적 자살	사회의 외적인 권위, 즉 과도한 규제력으로부터 발생(고대순장)

4. 분업론(1893)

(1) 사회분화의 발전에 따라 과거 사회통제가 가능했던 부분이 점차 개인 스스로의 도덕적 규제가 더욱 중요한 사회통제방법이 된다.

(2) 아노미란 사회구성원에 대한 도덕적 규제가 제대로 되지 않은 상태, 즉 사회의 도덕적 권위가 무너져 사회구성원들이 지향적인 삶의 기준을 상실한 무규범 상태를 지칭한다.

(3) 아노미상태 : 갑자기 경제적으로 어려워졌다거나 반대로 갑자기 부가 형성되었을 때 사람들은 자기의 삶을 지도할 수 있는 기준을 상실함으로써 많은 반사회적 행위를 저지르게 된다.

5. 범죄론

(1) 범죄를 일반적 집합의식을 위반한 행위가 아니라 그 시대 그 사회구성원의 의식 속에 강력하게 새겨져 있고 명백하게 인지된 집합의식을 위반한 행위라고 정의하였다.

(2) 사회적 통합력의 저하 또는 도덕적 권위의 훼손을 범죄발생의 원인으로 보았다.

(3) 범죄관 : 모든 사회와 시대에 공통적으로 적용될 수 있는 객관적 범죄개념을 부정하며 특정사회에서 형벌의 집행대상으로 정의된 행위를 범죄로 보는 새로운 범죄관을 제시하였다(절대적 범죄개념의 부정). [2015. 5급 승진]

(4) 범죄정상설 : 범죄는 사회의 구조적 모순에서 자연적으로 발생하는 정상적이고 불가피한 현상으로 어느 사회든지 일정량의 범죄는 있을 수밖에 없으며, 이는 집단적 비승인이 존재하는 한 범죄는 모든 사회에 어쩔 수 없이 나타나는 현상으로 병리적이기보다는 정상적인 현상이기 때문이다. [2020. 9급] 총 8회 기출

(5) 범죄기능설 : 범죄란 이에 대한 제재와 비난을 통하여 사회의 공동의식을 사람들이 체험할 수 있도록 함으로써 사회의 유지존속을 위해 중요한 역할을 담당하며, 범죄는 사회의 규범유지를 강화시켜주는 필수적이고 유익한 기능을 한다고 하였다. [2013. 7급] 총 2회 기출

(6) 형법발전론 : 사회가 발전할수록 형벌은 억압적 형태에서 보상적 형태로 변화한다.

 **Plus** 범죄정상설과 범죄정당설

> 뒤르켐의 범죄정상설은 범죄가 도덕적으로 정당하다고 보는 범죄정당설을 의미하는 것은 아니다. 집단감정을 침해하는 것을 본질로 하는 범죄에 대해서는 강력한 대처를 주장하였던 것이다.

6. 공헌과 비판

(1) 공헌(영향)

시카고 학파의 사회해체이론	① 산업화 과정에서의 사회해체에 따른 사회통제의 약화가 일탈행위의 원인이라는 사회해체이론은 뒤르껭의 이론을 그대로 수용한 것이다. ② 뒤르껭이 산업화와 사회전체의 측면을 강조한 반면 사회해체이론은 도시화와 지역공동체의 측면을 강조하였다.
머튼의 아노미 이론	개인의 욕망에 대한 사회적 규제가 안되는 상황을 나타내는 뒤르껭의 아노미 개념을 미국의 머튼은 사회구조 내에서 문화적으로 정의된 목표와 이를 달성할 수 있는 수단 간의 불일치로 파악하여 기능주의적 범죄이론을 전개하였다. [2020. 9급]
허쉬의 사회통제이론	허쉬는 인간을 끝없는 욕망의 존재로 보고 사회통제력의 약화가 범죄를 야기한다는 뒤르껭의 견해를 수용하여 사회통제이론을 전개하였다.

(2) 비판 : 뒤르껭은 범죄가 사회적 문제로 일어나는 것임을 강조하였음에도, 그에 대응할 수 있는 사회정책을 제시하지 못했다는 비판을 받기도 하였다. [2015. 5급 승진]

제3절 독일 및 오스트리아의 초기 실증주의

1 리스트(Liszt)

1. 전형법학 사상

(1) 독일 사회학파의 대표자로, 범죄사회학과 범죄심리학을 통합하여 범죄학이라 지칭하고 형법학을 포괄하는 '전형법학(全刑法學)'사상을 주장하였다.

(2) 범죄는 범죄자의 타고난 특성과 범행 당시 그를 둘러싼 사회적 환경의 산물이라고 보고, 다원적 범죄원인론(개인과 사회)을 제시하면서도 사회적원인(환경)을 더 중시하였다. [2018. 5급 승진]

(3) 다원적 범죄원인론자인 벨기에의 하멜(Hamel), 프린스(Prins) 등과 함께 국제형사학협회(국제범죄학연맹, I.K.V, 1888)를 창설하였다.

2. 범죄예방주의

(1) 행위자의 반사회적 태도 또는 위험성 중심의 처우를 주장하여 주관주의적 입장을 취하였다.

(2) 형벌의 본질은 응보가 아니라 응보 이외의 이성적 목적을 달성, 즉 사회를 방위하기 위하여 장래의 범죄를 예방하려는 목적을 가졌기 때문에 형벌 그 자체와 목적을 상대적으로 이해하였다.

(3) 형벌의 목적은 범죄인을 개선·교육하여 그 범죄인이 장차 범죄를 저지르지 않도록 예방하는 데에 있다(특별예방주의).

(4) 사회정책과 형사정책의 연관성을 중시하여 '최선의 사회정책이 최상의 형사정책'이라고 주장하였다.

3. 범죄관

(1) 범죄원인은 소질과 환경을 종합적으로 고려하여 파악되어야 한다(범죄원인이원론, 다원론).

(2) 형벌의 대상은 행위가 아니라 행위자이다(고전주의 : 행위중심, 실증주의 : 행위자 중심). [2022. 7급 보호]

4. 형법관

(1) **인권보호기능** : 형법은 범죄인의 마그나카르타(대헌장)라고 하였다.

(2) **형법과 형사정책** : '형법은 형사정책의 넘을 수 없는 한계'라고 하여, 형법의 보장적 기능이 형사정책을 제한하고 형사정책은 민주법치국가에서 요구되는 규범적 한계 내에서 이루어져야 한다는 원칙을 강조하였다. [2013. 7급]

5. 범죄방지대책

(1) **범죄인 분류** : 범죄대책적 차원에서 범죄인을 ㉠ 법익침해 의식이 결여되었거나 희박한 범죄인, ㉡ 타인에 대한 동정으로 인한 범죄인, ㉢ 긴급범죄인, ㉣ 성욕범죄인, ㉤ 격정범죄인, ㉥ 명예심이나 지배욕에 의한 범죄인, ㉦ 특정한 이념으로 인한 사상범죄인, ㉧ 이욕, 쾌락욕 등에 의한 범죄인 등 8가지 유형으로 분류하였다.

(2) **형벌의 개별화** : 형벌을 범죄인에 따라 부과하는 형벌의 개별화를 주장하고, ㉠ 개선이 가능한자는 개선형을, ㉡ 개선이 불가능한 자는 사회로부터의 격리, 즉 무해화를, ㉢ 개선을 필요로 하지 않는 범죄인은 위하를 주장하였다. [2014. 7급]

(3) 부정기형의 채택, 단기자유형의 폐지(특별예방효과가 없기 때문에 – 실증주의), 집행유예, 벌금형, 누진제의 합리화, 강제노역의 인정, 소년범에 대한 특별처우를 주장하였다.

2 아샤펜부르그(Aschaffenburg)

1. 범죄원인의 구분

(1) 오스트리아 출신으로, 「범죄와 그 대책」(1903)에서 범죄의 원인을 일반적 원인과 개인적 원인으로 구분하여 이러한 원인들과 범죄와의 관계를 통계자료를 이용하여 분석하였다.

(2) **일반적 원인** : 계절, 장소, 인종, 종교, 도시와 농촌, 직업, 알콜, 성매매, 도박, 영화, 퇴폐문화, 미신, 경제상태, 공황 등 대부분의 사람들이 영향을 받을 수 있는 요인들이다.

(3) **개인적 원인** : 혈통, 생육조건, 교양, 연령, 배우자, 신체적 특징, 정신적 특징 등 각 개인에게만 해당하는 요인들이다.

2. 범죄인 분류와 범죄대책

(1) **범죄인 분류** : 국제형사학협회(I.K.V) 분류(3분법)를 세분화하여 7분법으로 분류하였다.

(2) **범죄대책론** : 범죄예방책, 형벌대책, 재판대책, 소년범 및 정신병질자 등에 대한 특수대책 등을 구체적으로 논의하여 실증주의에 바탕을 둔 형사정책의 방향을 제시하였다.

3 기타

1. 그로스(Gross)와 렌츠(Lenz)

(1) **그로스** : 사법실무가 및 형법학자로, 유럽 최초로 범죄학·범죄수사학연구소(1912)를 설립하였으며, 「범죄과학」, 「범죄수사학」을 통해 범죄수사를 연구대상으로 삼았다. 특히 그의 연구는 범죄자의 범죄수법에 착안하여 수법수사에 큰 영향을 미쳤다.

(2) **렌츠** : 그로스의 후계자로, 범죄생물학회를 창립하였고, 범죄인류학과 범죄심리학을 발전적으로 통합하였다. "범죄는 환경의 영향하에서의 모든 인격의 발로이며, 선천적·후천적·정신적·신체적 잠재원인이 현실화된 것이다."라는 점을 강조하였다.

2. 그 외에 연구

(1) **엑스너(Exner)** : 아샤펜부르그와 렌츠의 범죄학 체계에 자신의 형법학 지식을 통합하고 통계적 수치를 통하여 사회현상으로서의 범죄를 설명하였다.

(2) **메츠거(Mezger)** : 인과적 행위론자로, 「범죄학 교과서」(1951)에서 비정상적 인격형성에 대한 정신의학적 지식이나 유형론을 범죄학의 범죄자유형에 적용해 보고자 하는 시도를 하였다.

(3) **자우어(Sauer)** : 범죄의 원인이 되는 범죄병원체가 있다고 믿고, '모든 민족의 체질에 언제든지 나타나고 또한 언제든지 쇠퇴할 수 있는 파괴적 힘'이 이에 해당한다고 보았다.

◑ **고전주의 학파 vs 실증주의 학파** [2021. 9급] 총 5회 기출

고전주의	실증주의
① 인간은 기본적으로 자유의지를 가진 합리적·이성적 존재이다.	① 범죄는 주로 생물학적·심리학적·환경적 원인에 의해 일어난다.
② 범죄는 개인의 의지에 의해 선택한 규범침해이다.	② 소질과 환경을 중시하여, 결정론적 입장에서 사회적 책임을 강조한다.
③ 개인의 자유의지에 따른 범죄행위에 대한 개인의 책임 및 처벌을 강조한다.	③ 범죄는 과학적으로 분석가능한 개인적·사회적 원인에 의해 발생하는 것이다.
④ 형벌은 계몽주의, 공리주의에 사상적 기초를 두고 이루어져야 한다.	④ 범죄의 연구에 있어서 체계적이고 객관적인 방법을 추구하여야 한다.
⑤ 효과적인 범죄예방은 형벌을 통해 사람들이 범죄를 포기하게 만드는 것이다.	⑤ 인간에 대한 과학적 분석을 통해 범죄원인을 규명하고자 하였다.
⑥ 범죄를 효과적으로 제지하기 위해서는 처벌이 엄격·확실하고, 집행이 신속해야 한다.	⑥ 범죄원인을 규명해서 범죄자에 따라 형벌을 개별화
⑦ 자의적이고 불명확한 법률은 합리적 계산을 불가능하게 하여 범죄억제에 좋지 않다.	⑦ 범죄행위를 유발하는 범죄원인을 제거하는 것이 범죄통제에 효과적이라고 본다.
⑧ 법과 형벌제도의 개혁에 관심(범죄원인에는 관심×)이 있다.	⑧ 법·제도적 문제 대신에 범죄인의 개선 자체에 중점을 둔 교정이 있어야 범죄예방이 가능하다.

제4장 개인적 범죄원인론⑴ : 생물학적 요인

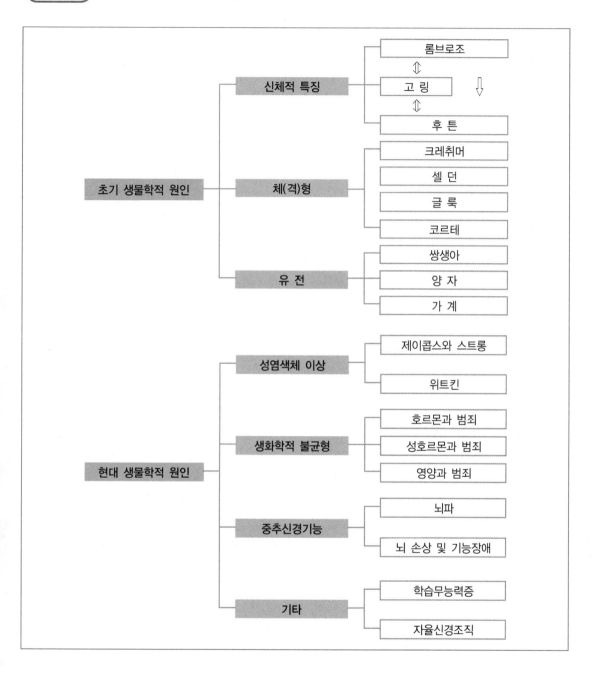

제1절   신체적 특징과 범죄

1 고링(Goring)

1. 「영국의 수형자」(1913)

영국의 수형자 3,000명과 대학생, 병원환자, 공무원과 군인 등 일반인의 신체적 특징을 상호 비교하는 방법으로 진행되었고, 연구진은 교도관, 교도소 의사, 통계학자 등이 참여했다.

2. 연구결과

(1) **롬브로조의 퇴행론 비판**: 롬브로조에 의하면 범죄자는 격세유전에 의해 원시선조의 야만성이 후대에 신체적 특징과 함께 나타났다고 하였으나, 연구결과 범죄인들의 신체적 변이징후는 나타나지 않았다. [2024. 7급]

(2) 두 집단 간 이마의 돌출, 머리의 비대칭, 코의 윤곽, 눈의 색깔, 머리카락의 색깔, 왼손잡이 등 신체적 특징을 비교했지만 주목할 만한 차이를 발견하지 못했다.

(3) **범죄인 종류별 특징비교**: 37종류의 신체특성을 기준으로 주거침입범, 위조범, 절도범 등 범죄인 종류별로 비교했으나 신장과 체중을 제외하고 신체적 차이가 나타나지 않았다.

(4) **유전학적 열등성**: 범죄자들은 다른 사람보다 키가 1~2인치 정도 작고, 몸무게도 정상인에 비해 3~7파운드 정도 적은 것으로 나타나 범죄행위란 신체적인 변이형태와 관계된 것이 아니라 이들의 유전학적 열등성에 의한 것이라고 주장하였다. [2024. 7급]

(5) **결론**: 신체적인 특성에 따라 범죄인을 구분할 수 없다.

2 후튼(Hooton)

1. 「범죄와 인간」(1939) 연구결과

(1) 1930년대 하버드대학의 인류학자인 후튼은 12년간에 걸쳐 미국 10개 주 약 17,200명(교도소 수용자 13,873명, 대학생 등 일반인 3,203명)을 대상으로 인류학적(골상학적) 연구를 실시했는데, 연구결과 범죄자는 신체의 많은 부분이 크게 구별되어, 신체적 특징과 범죄와는 관계가 없다는 고링의 주장을 반박하였다.

(2) 구별되는 특징은 신체적 열등성 내지 생물학적 열등성이라고 보고 이러한 열등성은 현실의 경쟁사회에서 성공적으로 적응하는데 장애가 되어 범죄자의 길로 전락할 수밖에 없다고 보았다.

(3) **범죄유형에 기초한 범죄자 집단비교**: 키가 크고 마른 사람은 살인범이나 강도범에 많고, 키가 작은 사람은 절도범, 작고 뚱뚱한 사람은 폭행, 강간, 기타 성범죄의 경향이 큰 것으로 나타났다.

(4) **범죄대책**: 범죄의 결정적인 요인에 대한 해답은 우생학, 즉 재생산의 사회적 통제에 놓여 있다고 하면서 단종할 필요성을 주장하였다.

2. 연구결과 범죄인의 신체적 특징

(1) 33가지 비교항목 중 19가지에서 중대한 신체적 차이가 있었는데, ㉠ 범죄자는 검은 눈과 푸른 눈이 드물고, 푸른 갈색 및 색깔이 혼합된 눈이 많았고, ㉡ 입술이 얇고 턱뼈가 짓눌린 형태가 많았으며, ㉢ 귀의 돌출이 심하고, 작은 경향이었다. 또 ㉣ 이마가 좁고 경사졌고 ㉤ 목이 길고 가늘었으며, 어깨의 경사도가 심하였다.

(2) 범죄자들은 신체적 특징에서 거의 모든 항목에서 일반인보다 열등하였는데, 이는 정신적인 열등성과 관련되어 있기 때문에 매우 중요한 사항이다.

(3) 신체적 열등성의 근본원인은 아마도 유전일 것이므로 상황이나 환경과는 관계가 없다.

제2절 체형과 범죄

1 크레취머(Kretschmer)

1. 체형과 정신

(1) 체형이론 : 범죄행위와 신체적 특징 및 그에 따른 기질에 의해 분류하는 것을 의미한다. 독일의 정신병리학자 크레취머는 일정한 체격형은 그와 병존하는 성격 내지 기질을 가지고 있고, 그에 상응하는 정신병질 및 정신병이 존재한다고 하여 체형과 범죄와의 관련성을 설명하였다.

(2) 정신질환이 있는 인간유형을 조울증 환자와 정신분열증 환자로 분류하였다.

2. 「신체구조와 성격」(1921)

(1) 체형구분 : ㉠ 근육이 잘 발달된 투사형 또는 운동형, ㉡ 키가 크고 마른 체형의 쇠약형 또는 세장형, ㉢ 키가 작고 뚱뚱한 비만형, ㉣ 발육부전형(혼합형)으로 구분하고 기질을 분열성, 점착성, 회귀성(순환성) 등으로 나누어 체형과 기질과의 관계를 설명하였다.

(2) 체형과 범죄유형 : 4,414건의 범죄사례를 분석한 바, 운동형은 폭력범이, 세장형은 절도나 사기범, 비만형은 사기범 다음으로 폭력범, 혼합형은 풍속범죄나 질서위반죄, 폭력범죄가 많았다. [2016. 7급]

(3) 크레취머의 연구는 셀던(Sheldon)의 연구에 영향을 미쳤다.

2 셀던(Sheldon)

1. 체형과 비행연구

(1) 셀던은 사람의 신체유형은 태아가 형성될 때에 기본적인 3개의 세포막, 즉 내배엽, 중배엽, 외배엽이 어떻게 구성되는가에 의해 구별할 수 있다고 보고, 이를 토대로 체형과 비행사이의 관계를 고찰하였다.

(2) 세포막의 성장 : ㉠ 내배엽은 이후 성장하여 소화기관이 되고, ㉡ 중배엽은 뼈나 근육 그리고 운동근육이나 힘줄이 되며, ㉢ 외배엽은 신경체계의 연결세포나 피부 또는 관련조직으로 분화·발전되므로 태아형성시 배엽구성의 형태에 따라 각자의 신체유형을 알 수 있다고 보았다.

2. 비행소년의 평균체형

(1) 1939년부터 10년간 메사추세츠주 소년원에 수용된 200명의 소년과 범죄경험이 없는 대학생 200명의 신체유형을 측정하여 비교분석하였다.

(2) 비행소년집단은 중배엽형, 즉 근육이나 골격의 발달이 높았고 외배엽형, 즉 신경계는 낮았으며 내배엽형, 즉 소화기 등의 발달 상태는 보통이었다. 반면 일반 대학생의 경우 중배엽형 수치는 매우 낮고, 반면 외배엽형의 수치는 주목할 정도로 높은 수치였다.

(3) 각자의 신체유형과 기질유형은 매우 밀접한 연관이 있다고 보았다.

3. 신체유형과 기질유형

체격유형	기질유형
내배엽 우월형: 상대적으로 소화기관이 크게 발달, 살이 찐 편, 전신부위가 부드럽고 둥근 편, 짧은 사지, 작은 골격, 부드러운 피부	내장긴장형: 몸가짐이 대체로 이완, 편안한 성격, 가벼운 사치품을 좋아함, 온순하지만 본질적으로 외향적
중배엽 우월형: 근육, 골격, 운동조직이 상대적으로 발달. 큰 몸통, 장중한 가슴, 손목과 손이 큼. 여윈 경우에는 각이 진 체형, 여위지 않은 경우 우람한 체형	신체긴장형: 활동적, 역동적, 걸을 때와 말할 때 단호한 제스처를 취하는 사람, 공격적으로 행동하는 사람
외배엽 우월형: 피부와 신경계통 기관이 상대적으로 발달, 여위고 섬세한 체형, 작은 얼굴, 높은 코, 몸무게는 작지만 피부면적은 넓음	두뇌긴장형: 내향적, 알레르기, 피부병, 만성피로, 불면증 등 언제나 신체불편을 호소, 소음이나 외부자극에 민감, 비사교적인 성격

● 체형이론의 정리

크레취머	투사형	세장형	비만형	발육부전형 (혼합형)
셀던	중배엽우월성	외배엽우월성	내배엽우월성	
긴장부분 (정신병형)	신체긴장 (간질)	두뇌긴장 (정신분열)	내장긴장 (조울증)	
정신병질	• 간질병질(점착성) • 촉발적 불만	• 분열병질(분열성) • 비사교적 • 변덕적	• 순환병질(순환성) • 사교적 • 정이 많음	
범죄형태	폭력적 재산범·풍속범 및 조발 상습범, 폭력·상해 등 신체상의 범죄 등 범죄자가 가장 많다.	사기, 절도 및 누범에 많다.	• 범죄가 적다. • 기회적·우발적 범죄가 많다	비폭력적 풍속범이 많다.
범죄시기	사춘기	사춘기	갱년기	사춘기 전후

- 점착성 기질: 촉발적으로 자신의 불만표출(참지못하는 사람)
- 분열성 기질: 감정의 기복이 많음(예측 곤란하고 민감·예민한 사람)
- 순환성 기질: 감정의 표현이 풍부한 사람(정이 많고 사교적인 사람)

- 중배엽 우월성: 뼈와 근육과 관련된 세포가 발달 = 투사형
- 외배엽 우월성: 피부나 신경조직과 관련된 세포가 발달 = 세장형
- 내배엽 우월성: 소화기관과 관련된 세포가 발달 = 비만형

제3절 유전과 범죄

1 유전적 요인의 범죄원인력

1. 유전적 결함과 범죄

(1) 유전이란 동일한 소질이 선조와 자손에 나타나는 현상을 말하는 것으로, 유전적 요인의 범죄원인력은 유전적 결함을 물려받은 자와 범죄성의 상관관계를 연구하는 것을 내용으로 한다.

(2) 유전부인(유전적 결함)이 부모에게 있는 경우를 직접부인, 조부모에게 있는 경우를 간접부인, 부모의 형제에게 있는 경우를 방계부인이라 한다.

(3) 범죄성이 유발되기 쉬운 나쁜 유전조건, 즉 유전적 결함으로 정신분열증, 조울증, 간질과 같은 내인성 정신병과 중독, 전염병, 외상 등에 의한 정신병 등과 같은 외인성 정신병이 있다.

2 쌍생아 연구

1. 개요

(1) 표본조사방법에 의한 대표적 연구로, 일란성 쌍생아와 이란성 쌍생아가 각기 범죄를 행하는 일치율을 비교하여 범죄에 있어 유전적 영향을 명확히 하려는 연구방법이다.

(2) 쌍생아 연구는 환경과 유전의 개별적 영향을 적절하게 밝히기 위해서 시도되었으며 행위 불일치율이 높으면 환경의 영향이 크다고 볼 수 있으며, 행위 일치율이 높게 나타나면 환경보다 소질이 더 큰 영향을 미친다고 할 수 있다.

(3) **연구학자**: 쌍생아 연구의 개척자 갈톤(Galton), 랑게, 뉴만, 크리스티안센, 달가드와 크링그렌 등이 있다.

2. 랑게(Lange)

(1) 쌍생아 연구를 체계화하고 쌍생아 연구방법을 범죄생물학(범죄학)에 도입하였다.

(2) 독일의 생리학자 랑게는 「운명으로서의 범죄」(1929)에서 일란성 13쌍과 이란성 17쌍 모두 30쌍의 쌍생아를 대상으로 연구한 결과, 일란성 쌍생아의 경우 13쌍 중에서 10쌍이, 이란성의 경우 2쌍만이 양쪽 모두 범죄를 저질러, 일란성 쌍생아에서 쌍생아 모두가 범죄를 저지른 비율이 이란성 쌍생아에서 쌍생아 모두가 범죄를 저지른 비율보다 높다는 것을 확인하였다. [2021. 9급] 총 4회 기출

(3) **결론과 한계**: '범죄란 개인이 타고난 유전적 소질에 의해 저질러지는 것'으로 이해하였지만, 이미 범죄를 저지른 쌍둥이를 대상으로 다른 쌍둥이 형제가 범죄를 행했는지 여부를 조사했기 때문에 자신의 가설을 증명하기 위해 제한적인 경우들만을 조사 대상으로 삼았다는 비판을 받는다.

3. 뉴만(Newman)

(1) 미국의 뉴만은 42쌍의 일란성 쌍생아와 25쌍의 이란성 쌍생아 등 모두 67쌍을 대상으로 범죄유형상의 일치성 여부와 상이성을 연구하였다.

(2) **연구결과**: 일란성 쌍생아에서는 양쪽 모두 범죄를 저지른 경우가 92%, 이란성 쌍생아의 경우에는 20%로 랑게와 마찬가지로 유전적 소질의 영향을 밝혀냈다.

4. 크리스티안센(Christiansen)

(1) 덴마크의 크리스티안센에 의한 쌍생아 연구는 가장 광범위한 것으로, 공공기록인 '쌍생아 기록부'를 통해 1881년부터 1910년까지 태어나서 15세까지 양쪽이 모두 생존한 쌍생아 600쌍을 연구대상으로 한 것이다.

(2) **연구결과**: 일란성의 경우 범죄를 저지른 67쌍 중 양쪽 모두 범죄를 저지른 경우는 24쌍(35.8%)이고, 이란성의 경우 범죄를 저지른 114쌍 중 양쪽 모두 범죄를 저지른 경우는 14건(12.3%)으로 범죄의 유전성을 확인하였다.

(3) **한계**: 1974년 연구에 의하면, 범죄의 일치는 범죄의 종류, 출생지역, 사회계층, 범죄에 대한 집단의 저항강도에 따라 달라진다고 보면서, 종전의 연구결과보다는 일치율이 현저히 떨어진다는 보고를 하고 있다(일란성: 남성 35.8%, 여성 21.4%, 이란성: 남성 12.3%, 여성 4.3%).

5. 달가드와 크링그렌(Dalgard & Kriglen)

(1) 노르웨이 139쌍의 남자 쌍둥이 연구에서 유전적 요인 이외에 양육과정의 차이인 환경적 요인도 함께 고려하여 연구하였다.

(2) **연구결과**: 일란성 쌍생아의 범죄일치율은 25.8%, 이란성의 경우 14.9%로 나타났다. 이러한 차이는 조사대상자들이 비슷한 양육과정에 있었기 때문인 것으로 분석하였다.

(3) **결론**: 실제 양육과정별로 분석하였을 경우 일란성 쌍생아의 일치율은 이란성 쌍생아들의 일치율과 큰 차이가 없었음을 확인하고, '범죄발생에 있어 유전적인 요소는 중요하지 않다'고 주장하였다.

[2021. 9급]

6. 평가

(1) **신뢰성**: 대부분의 연구결과 유전적 소질이 범죄발생에 중요하게 작용한다는 것을 시사하지만, 환경의 영향을 전혀 고려하지 않았기 때문에 연구결과는 충분한 신뢰성을 갖기 어렵다.

(2) **연구결과 해석의 문제**: 일란성 쌍생아의 일치율이 35.8%, 불일치율이 64.2%라는 것은 결국 유전적 소질만 가지고는 범죄현상을 충분히 이해할 수 없다는 사실을 의미한다.

(3) 쌍생아 연구는 일란성과 이란성의 분류 방법의 문제, 표본의 대표성, 공식적인 범죄기록에 의한 일치율 조사 등에 문제가 있다는 비판이 있다.

3 양자(입양아) 연구

1. 개요

(1) 범죄에 관한 유전적 영향을 판단하기 위한 또 다른 방법으로 양자들의 성장과정을 연구하는 것이다.

(2) 범죄자 중 입양아를 조사하여 그의 실제 부모와 양부모의 범죄성을 대비하였을 때 실부모 중에서 범죄를 저지른 사람의 비율이 양부모의 비율보다 높으면 타고난 소질이 양육되는 환경보다 중요하게 작용한다는 것으로 이해하고 이를 통해 유전적 범죄성향을 인정할 수 있다는 이론이다.

2. 슐징거(Schulsinger)

(1) 처음으로 양자연구를 통해 범죄의 유전성을 밝히고자 한 학자로, 양자 중에 충동적인 행동의 정신 질환자 57명, 정상적인 양자 57명을 비교 연구대상으로 하였다.

(2) **연구결과**: 알코올중독, 약물중독, 범죄경험 등의 문제가 있는 혈연관계의 비율이 정신질환 양자들 중에서는 14.4%, 정상적인 양자들 중에는 6.7%로 나타났다. 이를 통해 정신질환과 같은 정신적 결함이 혈연관계를 통하여 전수된다는 것을 확인하였다.

3. 크로우(Crowe)

(1) 미국 아이오와주에서 어머니가 범죄자였던 양자 52명과 같은 수의 정상적인 양자들을 대상으로 그 상관성을 입증하였다.

(2) **연구결과**: 어머니가 범죄자였던 양자들 중 7명이 범죄를 저질렀으며, 정상적인 양자들은 52명 중 1명만이 범죄를 저질렀고, 수감기간에서도 3년 6개월 이상 수감자가 전자의 경우에는 5명이었지 만 후자의 경우에는 아무도 없었다.

4. 허칭스와 메드닉(Hutchings & Mednick)

(1) 1927년부터 1941년까지 덴마크 코펜하겐에 입적되었던 4,068명의 양자를 대상으로 생부의 범죄기 록, 양부의 범죄기록, 본인의 범죄기록 모두를 조사 연구하였다.

(2) **연구결과**: 생부가 범죄를 저질렀을 때 양자의 범죄율은 20%, 생부가 범죄를 하지 않은 경우 양자 의 범죄율은 13.5%로 생부와 양자의 범죄관련성이 매우 높고, 생부와 양부 모두 범죄를 한 경우 양자의 범죄비율은 24.5%로 나타나 범죄유발에는 유전적 요인뿐 아니라 환경적 요인도 중요한 역할을 한다는 사실을 확인하였다.

(3) **범죄율의 차이**: 생부·양부가 모두 범죄자(유전과 환경의 복합적인 산물의 결과) > 생부만 범죄 자(유전이 우세) > 양부만 범죄자(환경이 우세) > 실부·양부가 모두 비범죄자 순으로 나타났다.
[2021. 9급] 총 2회 기출

4 범죄인 가계연구

1. 개요

(1) 특정 범죄인의 조상들에 대한 종단적 조사를 통하여 가계(혈통)의 특징인 유전조건에서 범죄의 원인을 찾으려는 데 초점을 둔 연구이다.

(2) 대표적인 연구로 덕데일의 쥬크家 연구와 고다드의 칼리카크家 연구가 있다.

2. 덕데일(Dugdale)의 쥬크家 연구(1877)

(1) 덕데일은 미국의 교도소에 수감 중인 쥬크(Jukes)의 가족 6명의 후손 1,000명 이상을 조사하여 범죄성의 유전성을 입증하고자 하였다. [2021. 9급]

(2) **연구결과**: 280명의 극빈자, 60명의 절도범, 7명의 살인범, 140명의 범죄자, 40명의 성병 사망자, 50 명의 매춘부 및 기타 일탈행위자가 확인되어 범죄성의 유전을 인정하는 조사로 평가되었다.

3. 고다드(Goddard)의 칼리카크家 연구(1912)

(1) 미국 남북전쟁 당시 민병대원이었던 칼리카크(Kallikak)는 전쟁 중에 정신박약자와의 사이에 사생아인 아들과 전쟁이 끝난 후 고향에 돌아와 정식결혼을 통해 여러 명의 자녀를 두었는데, 이 두 자손의 가계를 비교 연구한 것이다.

(2) 연구결과 : 사생아의 자손 488명 가운데 정신박약자, 사생아, 알코올중독자, 간질병자, 포주, 범죄자 등이 나타난 반면, 혼인으로 인한 자손 중에는 교육자나 의사, 변호사 등 훌륭한 시민으로 성장한 사실이 밝혀졌다. 이를 통해 유전적 요인의 중요성을 확인한 것이다.

4. 한계

(1) 이러한 연구결과는 후손의 배우자 등에 의한 영향과 동 세대의 진행과정에서 일어날 수 있는 환경적인 영향을 고려하지 못하였다는 점과 연구사례가 다양하지 못해 일반화에는 한계가 있고 과학적 기초가 부족하다는 비판이 있다.

(2) 서덜랜드(Sutherland)는 조나단 에드워드(Jonathan Edward)家의 연구를 통해 선조 중에는 살인범이 있었으나 후손 중에는 살인범이 전혀 없다는 점을 들어 범죄의 유전성을 부정하였다.

5 성염색체와 범죄

1. 염색체 구성의 비정상성

(1) 제이콥스와 스트롱(Jacobs & Strong)을 중심으로 한 연구로, 인간의 성염색체는 그 형태·구성·개수 등에 있어서 이상이 나타날 수 있고 이로 인하여 성격적 결함을 초래할 수 있으며 이것이 범죄성과 어떠한 상관관계를 갖는가에 대한 연구이다.

(2) 클라인펠터 증후군(XXY) : 정상적인 남성이 XY염색체인데 X염색체가 증가한 경우로, 신체적으로 둥그스름, 발육지체상태가 엿보이고, 고환의 왜소, 무정자증, 가슴의 확대 증상이 있다. 지능과 정신적 능력이 낮고 반사회적 성향으로 자기중심적이며 자신감 결여, 알코올중독과 동성애, 성범죄, 조폭범죄, 방화·절도죄 등과 관련이 있다.

(3) 초남성(XYY) : 남성성을 나타내는 Y염색체가 일반 남성보다 많은 XYY형 남성은 남성기질을 초과하여 지능이 낮고, 성적인 조숙, 조발성, 뇌파측정에서 간질환자의 뇌파와 유사한 이상파를 보이는 자로 폭력적이고 강한 범죄성향을 가지며 공격성이 강하여 교정교화는 불가능하다고 보고 있다.
[2016. 7급] 총 3회 기출

(4) 특징 : 이 연구는 유전적 특성이 가계전승과 같이 세습되는 것이 아니라 수태전후의 변이에 의해 유전적 특성이 형성된다고 봄으로써 유전적 결함에 관한 연구들과 차이가 있다.

제5장) 개인적 범죄원인론(2): 심리 · 성격적 요인

제1절 서론

1 의의

1. 가정

(1) 사람들은 시간의 흐름이나 상황의 변화에도 불구하고 대체로 변화하지 않는 자기 나름대로의 정신적 혹은 심리적 특성이 있다고 가정한다.

(2) 심리학적 원인론은 개인의 특성으로 자리 잡은 정신상태나 심리상태를 중심으로 범죄현상을 설명하는 입장이다.

2. 생물학적 이론과의 관계

(1) **공통점**: 생물학적 이론과 같이 환경의 영향보다는 개인의 자질이나 속성을 중심으로 하는 이론에 속한다.

(2) **차이점**: 생물학적 이론이 개인의 속성을 신체적 조건, 뇌기능, 생화학적 특성 등 유기체적 특성 측면에서 찾는 반면, 심리학적 이론들은 심리상태, 성격, 성향 등 정신적 측면을 중요시한다.

2 연구의 접근

1. 정신의학적 접근

(1) 정신병이나 정신질환을 다루는 정신과 의사들에 의해 인간의 정신상태나 심리상태를 정신과적으로 분석한 것이다.

(2) 노인성 치매, 매독에 의한 진행 마비, 간질 등 신경계통의 손상이나 장애로 규범적인 자유의사 능력이나 정상적인 의사결정력을 상실함으로써 일반인에게 기대되는 통상의 범위를 벗어나는 행위를 하게 된다는 것이다.

2. 정신분석학

(1) 프로이드에 의해 주창된 정신분석학은 개인의 성장과정이나 생활과정에서 형성된 정신심리상의 특징을 해명하고자 하였다.

(2) 개인의 콤플렉스로 인한 무의식적인 죄책감과 망상을 극복할 수 없는 경우에 범죄의 원인이 된다고 주장하였다.

제2절 프로이드의 정신분석학

1 개요

1. 프로이드(Freud)

(1) 오스트리아의 정신의학자인 프로이드는 인간의 모든 행동, 사고, 감정은 생물학적 본능의 지배를 받고, 특히 무의식의 영향을 많이 받는다고 가정하며 성적 본능과 공격적 본능의 역할을 강조하였다.

(2) **정신결정론**: 인간을 결정론적 존재로 보고, 인간의 마음 안에 일어나는 것은 무엇이라도 우연이 없고, 반드시 어떤 원인이 있다고 보았다.

2. 관심 영역

(1) **본능이론**: 본능은 순수한 생물학적 욕구이며 성격의 기본요소로, 행동을 추진하고 방향 짓는 동기이다. 프로이드는 본능을 에너지 형태로 보고 그것이 신체적 욕구와 정신적 소망을 연결한다고 하고, 성적 본능과 공격적 본능으로 구분하였다.

(2) **의식구조**: 인간의 자각수준을 의식, 전의식, 무의식으로 구분하였다.

(3) **성격구조**: 인간의 성격구조는 원초아(id), 자아(ego), 초자아(superego)로 구성되어 있다.

(4) **리비도**: 성적 에너지인 리비도에 의한 5단계 성적 발달 단계이다.

2 의식과 무의식

1. 의의

(1) 프로이드는 특별한 외형적 질환이 없음에도 비정상적인 행위를 하는 사람들을 치료할 수 있는 방법을 모색하는 과정에서 무의식의 중요성을 인식하였다.

(2) 인간의 자각수준을 의식, 전의식, 무의식으로 구분하였다.

2. 의식, 전의식, 무의식의 구분

(1) **의식**: 개인이 각성하고 있는 순간의 기억, 감정, 공상, 경험, 연상 등으로, 우리가 자각하고 있는 의식은 빙산의 일각에 불과하고 자각하지 못한 부분이 훨씬 더 많다는 것을 강조하였다.

(2) **전의식**: 특정한 순간에는 인식하지 못하나 조금만 주의를 기울이면 기억되는 것으로, 프로이드는 전의식을 의식과 무의식 사이에 두었다.

(3) **무의식**: 인간 정신의 심층에 잠재해 있으면서 가장 큰 비중을 차지한다. 의식적 사고와 행동을 전적으로 통제하는 힘이지만 거의 의식되지는 않는다. [2024. 9급 보호]

3 성격(인성)구조 : 이드 · 에고 · 슈퍼에고

1. 이드(Id. 원초아) - 무의식

(1) 생물학적 · 심리학적 충동의 커다란 축적체를 가리키는 것으로서 모든 행동의 밑바탕에 놓여 있는 동기들을 의미한다. [2024. 9급 보호]

(2) '쾌락의 원칙'에 따라 본능적 욕구를 충족시키기 위하여 비논리적이고 맹목적으로 작용한다.

(3) 무의식의 세계에 자리 잡고, 욕구 실현을 위한 사고능력은 없으나 다른 욕구 충족을 소망하고 그 것을 위해 움직일 뿐이다.

2. 에고(Ego. 자아) - 의식

(1) 현실의 원칙 : 본능적 이드와 사회적 의무감을 반영하는 슈퍼에고와의 사이에서 중재 또는 통제 · 균형 유지를 위해, 현실적이고 논리적인 사고를 하며 환경에 적응한다.

(2) 이드가 맹목적 욕구충족을 꾀하는데 비해, 자아는 주관적 욕구와 외부의 현실을 구별할 줄 아는 현실 검증의 능력이 있다.

3. 슈퍼에고(Superego. 초자아) - 무의식 [2024. 9급 보호]

(1) 쾌락보다 안전을 추구하고, 현실적인 것보다 이상적인 것을 추구하며, 양심의 자리에 속한다.

(2) 부모로부터 영향을 받은 전통적 가치관과 사회적 이상이 자리 잡고, 대부분 무의식 상태에서 영향 력을 행사한다.

(3) 도덕에 위배되는 이드의 충동을 억제하며, 에고의 현실적 목표를 도덕적이고 이상적인 목표로 유 도하려고 한다.

4. 방어기제 : 승화와 억압

(1) 죄의식 : 이드와 슈퍼에고 간의 충돌과정에서 발생하는 불안이나 죄의식을 에고가 적절히 해결할 수 없을 때, 자아를 보호하기 위한 사고 및 행동수단을 자기방어기제라고 한다. 이에는 억압, 부인, 투사, 동일시, 퇴행, 합리화, 승화, 치환, 반동형성 등이 있다.

(2) 승화 : 이드와 슈퍼에고 간의 충돌을 건전하고 정상적인 방법으로 해결하는 방법인데, 공격적이고 파괴적인 충동을 체육활동, 학습, 전문적 활동에 전념하는 등의 방법으로 승화시키는 것이다.

(3) 억압(repression) : 성폭력 등 의식하기에는 현실이 너무나 고통스럽고 충격적이어서 무의식 속으 로 억눌러 버리는 것으로, 반동형성이나 투사와 같은 다른 방어기제나 신경증적 증상의 기초가 된다. 이는 과거 사건을 기억하고 있으면서 의식적으로 생각과 느낌을 갖지 않으려고 노력하는 억제(suppression)와 구별된다.

4 리비도와 콤플렉스

1. 리비도

(1) 리비도(성적 욕망) : 인간의 욕망 가운데 가장 중요한 것이 성적 욕망, 즉 리비도인데 프로이드는 인간 정신구조의 성장과정을 구순기 → 항문기 → 남근음핵기 → 잠복기 → 성기기로 나누고, 이러한 단계별 정상적인 진행이 건전한 성인으로의 발전을 좌우한다고 한다. [2018. 5급 승진] [2024. 9급 보호]

(2) 초자아의 발달에 중요한 남근음핵기에 오이디푸스 콤플렉스와 일렉트라 콤플렉스가 형성되고, 이러한 콤플렉스로 인한 죄책감을 에고(자아)가 적절히 조절하지 못하면 이는 각자의 성격에 중요한 영향을 미쳐 향후 행동에 심각한 영향을 미친다고 보았다.

2. 콤플렉스

오이디푸스 콤플렉스 (Oedipus complex)	남성이 모친에 대한 성적 감정(근친상간의 욕망)과 부친에 대한 적대 감정(살인 욕망)을 가지는 것을 의미한다.
일렉트라 콤플렉스 (Electra complex)	여성이 페니스가 없는 자신이 남성보다 열등하다는 생각, 모친에 대한 실망과 부친의 아이를 임신하고 싶은 환상을 일으킨다.

5 정신분석학의 범죄관 및 연구

1. 에고와 슈퍼에고

(1) 범죄를 퇴행에 의하여 원시적이고 폭력적이며 비도덕적인 어린 시절의 충동이 표출한 것으로 유아적 충동과 초자아의 통제의 불균형의 표출이라고 본다.

(2) 대부분의 범죄행위는 직접적인 만족을 추구하는 이드(원초아)의 결과인데, 이를 통제할 수 있는 에고(자아)나 슈퍼에고(초자아)가 제대로 형성되지 않았거나 작동하지 않기 때문에 범죄가 발생한다.

(3) 슈퍼에고의 과잉발달 : 과도하게 발달한 슈퍼에고는 항상 죄책감과 불안 때문에 범죄에 따른 처벌을 통하여 죄의식을 해소하고 심리적인 균형감을 얻고자 하는 시도로 범죄를 저지를 수 있다고 본다.

(4) 범죄대책 : 프로이드는 형벌의 위하력에 대하여는 부정하는 관점을 취하면서, 범죄인의 치료법으로 인간의 무의식적인 동기를 의식화시키는 의학적 치료와 사회적 보호처분을 해야 한다고 주장하였다.

2. 에이크혼(Aichhorn)

(1) 오스트리아의 정신과 의사 에이크혼은 소년비행의 원인을 반사회적 행위를 준비시키는 심리적 소질에 있음을 지적하고 이것을 '비행의 잠복'이라고 불렀다.

(2) 비행소년은 슈퍼에고가 제대로 형성되지 않아 이드가 전혀 통제되지 못함으로써 반사회적 행위를 아무런 양심의 가책 없이 저지르게 된 것으로 보았다.

제3절 성격과 범죄

1 의의

1. 성격(인성)

(1) 성격이론(personality theory)에서 성격이란 지적능력과는 별도로 한 개인의 특징을 의미하는 것으로, 범죄자는 정상인과는 다른 비정상적이고 부적합하고 범죄적 성향을 가지고 있다고 본다.

(2) 성격발달은 현재의 생활경험도 중요하지만 그 발생 기원은 아동기에 있으며, 어려서 형성된 인성적 특징이 그 사람의 전반적인 행위에 영향을 끼치며, 인간의 심리적 틀 내에 존재하는 비정상적 인성이 비행을 유발시키도록 작용한다고 가정한다.

(3) 즉 범죄행위란 충동성, 폭력성, 자극추구성, 반발성, 적대감 등과 같은 개인의 성향이 표현된 것뿐이라는 것이다.

(4) 공헌 : 인성이론은 비행의 원인으로 비행자의 특성을 파악하고 아울러 비행자의 비행적 인성을 교정하거나 치료하는데 중요한 역할을 해 오고 있다.

2 기타 성격적 범죄원인의 탐구

1. 슈에슬러(Schuessler)**와 크레시**(Cressey)**의 연구**

(1) 성격분석에 관한 113건의 연구 중에서 일반소년들과 비행소년들 사이에 성격차이가 있다는 것을 밝힌 것은 42%에 불과했고, 나머지는 유의할만한 성격차이가 나타나지 않았다.

(2) 결론 : 성격과 범죄 사이에 어떤 연관성이 있다고 주장하기는 어렵다고 결론지었다.

2. 워렌(Warren)**의 대인성숙도**(I-Level)

(1) 청소년의 대인 성숙도를 1~7단계로 나누었는데, 낮은 단계인 2~4단계에 속한 사람들이 전체 비행소년의 90%를 차지하여 성숙이론의 타당성을 긍정하는 논리를 제공하였다.

(2) 비행소년의 인성은 미성숙할 뿐만 아니라 공격적이고 수동적이며 신경질적이다.

(3) 치료법 : 범죄의 원인을 인간관계의 미성숙에 있다고 보고, 치료방법으로 범죄인의 대인관계수준을 개선시키는 데에 중점을 두었다.

(4) 단점 : 이 검사법에 의해 교정효과가 향상되었다는 실증적 연구가 없고, 훈련이 잘된 전문가를 필요로 하며, 비교적 비용이 많이 든다. [2019. 9급]

3. 고프(Gough)**의 캘리포니아 성격검사**(CPI)

(1) 1956년 캘리포니아 버클리대학의 고프가 개발한 18개 척도의 성격검사도구로 MMPI와 함께 가장 널리 활용되는 성격검사이다.

(2) MMPI가 신경증이나 정신병과 같은 정서적 문제를 진단하기 위한 것인데 반해, CPI는 정상적인 사람의 심리적 특성을 이해하기 위한 것이라고 할 수 있다.

4. 아이센크(Eysenck)**의 범죄와 성격**

(1) 아이센크는 「범죄와 성격」에서 융의 내향성과 외향성의 개념을 파블로프의 고전적 조건이론을 응용하여 범죄자의 성격특성을 설명하였다.

(2) 범죄행동과 성격특성 간의 관련성을 정신병적 경향성(psychoticism), 외향성(extraversion), 신경증(neuroticism) 등 세 가지 차원에서 설명한다. [2018. 5급 승진]

5. 본능이론

(1) 본능이론은 인간의 공격성을 설명하기 위한 것으로서, 인간의 공격적 행동특징은 학습이 아니라 본능에 의존한다고 한다.

(2) 로렌쯔(K. Lorenz)는 많은 동물의 종 가운데서 공격본능은 공통적이라는 것을 실증 연구하였으며, 공격성을 파괴적이고 폭력적으로 본 프로이드와는 달리 종 안에서 나타나는 공격성은 종의 생존을 위해 필수적인 것으로 간주한다.

6. 좌절공격이론

(1) 본능이론과는 달리 공격성이 외부조건에 의해 유발된 동기로 생긴다는 이론이다.

(2) "공격성은 항상 좌절의 결과이다."라고 주장한 달라드(Dollard)는 인간의 공격성은 자연적이고 좌절 상황에 대하여 거의 자동적으로 반응한다고 설명한다. 즉 좌절하거나, 방해받고 위협받은 사람은 거의 자동적으로 공격행동을 한다는 것이다. [2018. 5급 승진]

7. 자극전달이론(찔만. Zillmann)

(1) 화풀이이론 : 어떻게 물리적인 각성이 한 상황에서 다른 상황으로 일반화할 수 있는지 설명하였다. 이전에 어떤 장소에서 존재했던 각성이 전혀 다른 장소에서 받은 짜증에 의해 더 분노가 증폭될 때 공격성을 증가시키기도 한다는 화풀이이론을 제기하였다. [2018. 5급 승진]

(2) 특히 화난 이유에 대하여 정확한 인식이 없는 경우에 다른 장소와 다른 상황에서 분노가 전환되는 것이 쉽게 발생할 수 있다.

8. 행동학습이론

(1) 행동심리학자들은 한 개인의 성격은 무의식보다는 다른 사람과 상호작용을 하는 과정에서 평생동안 배우면서 형성되는 것으로 본다. 행동이론(behavioral theory)에서는 정신분석이론가들에 의해 주장된 측정할 수 없는 무의식적인 현상이 아니라 오로지 측정할 수 있는 사건들에만 관심을 기울인다.

(2) 미국의 심리학자인 왓슨(Watson)의 연구에서 기초하였지만 스키너(Skinner)에 의해서 널리 알려지게 되고, 스키너의 주장을 발전시킨 반두라(Bandura)는 강화가 관찰되고 학습된다는 것을 강조했다.

(3) 행동의 동기요인 : 강화는 행동에 중요한 요인으로, 만일 어떤 특정의 행동이 다른 사람의 긍정적인 반응에 의해 강화가 된다면 그 행동은 지속될 것이고, 반면에 어떤 행동이 다른 사람에 의해 지지되거나 강화되지 않고, 오히려 벌을 받게 되면 그러한 행동은 점점 줄어들거나 완전히 없어진다는 것이다.

9. 인지발달이론

(1) 인지이론(Cognitive Theory)은 도덕적 판단력이 인간의 인지발달에 따라 '내재화'하는 과정을 상정하여 범죄원인을 탐구하며, 사람이 어떻게 외부 사회세계의 가치와 규범을 획득하여 내재화하는가가 비행행위의 연구에 있어서 중요한 문제가 된다고 본다.

(2) 여기에서 '내재화'는 사람이 사건이나 신념을 수용하고 그것을 자신의 사고의 일부로 만든다는 것을 의미한다.

(3) 스위스의 피아제(Piaget)는 사람의 도덕성은 일정한 단계에 따라 발전하며, 각 단계는 사람의 경험에 따라 그 전단계에 의존하여 발전한다고 하였다.

(4) 콜버그(Kohlberg)는 도덕발전 단계를 관습 이전-관습-관습 이후 등 3단계로 나누고, 그에 따라 인간의 추론능력도 발전한다고 하였다. 이후 발전단계를 6단계로 수정하였는데, 대부분의 일반청소년은 3~4단계, 대부분의 비행청소년은 1~2단계에 속한다고 주장하였다. [2018. 5급 승진], [2024 7급 보호]

10. 지능수준과 비행

(1) 일반적인 견해는 지능이 비행행위에 보다 직접적인 관련이 있는 다른 요인들에 영향을 미침으로써 간접적으로 비행행위에 영향을 미치는 것으로 이해되고 있다.

(2) 지능이 정상보다 훨씬 낮은 상태를 뜻하는 정신박약은 일반적으로 지능지수가 70 이하인 경우를 말한다.

(3) 미국의 심리학자 고다드(Goddard)는 1920년에 실시한 한 연구를 통해, 상당한 수의 수감생활을 하는 청소년들이 정신박약상태라고 주장하며, 지능적 결함이 청소년비행의 주요원인이라고 강조하였다.

제4절 정신병리적 결함과 범죄

1 의의

1. 정신병리적 성격

(1) 정신병리적 성격(사회병리적 성격, 반사회적 성격)은 성격의 이상 정도가 정상성을 크게 벗어나 거의 병적으로 볼 수 있는 경우이다.

(2) 정신병리자란 위와 같은 성격을 소지한 사람을 말한다. 다만 이는 정신분열증과 같은 정신병과는 구별된다.

2 슈나이더의 분류

1. 크레페린(Kraepelin)의 정신병질자 유형

(1) 독일의 정신의학자인 크레페린은 정신병질자 유형을 일곱 가지 성격상 결함으로 구분하였다.

(2) 정신병질자 유형: 흥분인, 의지부정인, 욕동인, 기교인, 허언과 기만인, 반사회인, 싸움을 즐기는 유형 등으로 나누었다.

2. 슈나이더(Schnerider)의 10분법

구분	성격의 특징	범죄상관성
발양성	① 자신의 운명과 능력에 대한 과도한 낙관 ② 경솔, 불안정성 [2013. 7급] ③ 실현가능성이 없는 약속 남발	① 상습사기범, 무전취식자 ② 죄의식 결여, 충동적 행동 ③ 상습누범자 중에 다수
우울성	① 염세적·회의적 인생관에 빠져 자책성 불평이 심함 ② 과거 후회, 장래 걱정, 불평	① 강박증세로 살상과 성범죄 가능 ② 자살유혹이 가능하고, 살인범
의지박약성	① 모든 환경에 저항을 상실하여 우왕좌왕하며, 지능이 낮음 [2013. 7급] ② 인내심과 저항력 빈약	① 상습누범이 가장 많음(누범의 60% 이상) ② 상습누범자, 성매매여성, 마약중독자 ③ 온순·모범생활이지만 범죄유혹에 취약
무정성 (정성박약)	① 동정심·수치심·회오 등 인간의 고등감정이 결여되어 냉혹·잔인함 [2013. 7급] ② 복수심이 강하고 완고하며 교활함 ③ 자기중심적, 죄책감 없음 ④ 사이코패스(Psychopath)	① 범죄학상 가장 문제시 됨 ② 목적달성을 위한 흉악범(살인, 강도, 강간 등), 범죄단체조직, 누범 등에 많음 ③ 생래적 범죄인, XYY범죄인
폭발성	① 자극에 민감하고 병적 흥분자 ② 음주 시 무정성·의지박약성과 결합되면 매우 위험하나 타유형에 비해 자기치료가 가능	① 살상, 폭행, 모욕, 손괴 등 충동범죄의 대부분과 관련되며 충동적인 자살도 가능 ② 간질성(뇌전증) 기질
기분이변성	기분동요가 많아 예측이 곤란	① 방화, 도벽, 음주광, 과음, 도주증상에 따른 격정범으로 상해, 모욕, 규율위반 등을 범함 ② 방화범, 상해범
과장성 (자기현시욕)	① 자기중심적, 자신에의 주목 및 관심을 유발하고자 하며 자기 기망적 허언을 남발 ② 욕구좌절시 히스테리 반응을 보임	① 타인의 사기에 걸려들 가능성 높음 ② 구금수형자 중 꾀병자가 많음 ③ 고등사기범(화이트칼라범죄)
자신결핍성 (자기불확실성)	① 능력부족의 인식으로 주변을 의식하고 강박관념에 시달림 ② 주변사정에 민감하여 도덕성은 강함	① 도덕성이 강해 범죄와의 관련은 적음 ② 강박증세로 살상, 성범죄 가능성
광신성 (열광성)	① 개인적·이념적 사항에 열중하여 그에 따라서만 행동하는 강한 성격 ② 정의감에 따라 소송을 즐김	종교적 광신자, 정치적 확신범
무력성	심신의 부조화 상태를 호소하여 타인의 동정을 바라며 신경질적임 [2013. 7급]	범죄와의 관련성은 적음

• 적극적 범죄관련: 기분이변성, 무정성, 발양성, 의지박약성, 폭발성, 과장성, 광신성(열광성)
• 소극적 범죄관련: 무력성, 자신결핍성, 우울성

❸ 사이코패스와 범죄

1. 의의

(1) **사이코패스(Psychopath)** : 로버트 헤어(R. Hare)는 '우리의 삶을 위협하는 것은 대부분 냉혹한 살인마가 아니라 달변의 사기꾼이다.'라고 사이코패스를 정의했다. 사이코패스는 다른 사람에게 비정상적으로 공격적이거나 심각하게 무책임한 행동을 하는 지속적인 성격장애 또는 정신적인 장애자이지만, 자신의 행동의 원인과 의미를 잘 인식하면서 잔인한 범죄를 통해 다른 사람과 사회를 괴롭히는 정신병질자이다.

(2) **소시오패스(sociopath)** : 반사회적 이상행동자로, 범죄적 징후가 사회적 영향과 초기 사회경험을 통해 형성된다고 보아서 사회학자나 범죄학자들은 '사회병질자', 즉 '소시오패스' 용어를 선호한다. 반면 심리학적, 생물학적, 유전적 범죄원인론자들은 '사이코패스' 용어를 사용한다.

(3) **반사회적 성격장애(Antisocial Personality Eisorder, ASPD)** : 미국의 정신진단체계(DSM-5)상의 정의로, '유년기 또는 청년기에 시작해서 성인이 된 이후로도 계속되는 타인의 권리 또는 도덕을 무시하거나 침해하는 행위'를 말하며, 반복적인 범법행위, 거짓말, 충동성, 공격성 등 특성이 있다. '사이코패스'와 '소시오패스'의 개념은 ASPD의 하위개념에 포함된다.

2. 사이코패스 특징

(1) **감정·대인관계 측면** : 달변이며 깊이가 없고, 자기중심적이며 과장이 심하다. 후회나 죄의식이 결여되어 있으며, 공감능력이 부족하다. 거짓말과 속임수에 능하고, 파상적인 감정을 가지고 있다. [2023. 7급 보호]

(2) **사회적 일탈 측면** : 충동적이고 행동 제어가 서투르며, 자극을 추구하고 책임감이 없다. 어린 시절 문제가 많고 성인기에 반사회적 행동을 하며, 둘러대기, 허풍, 과시와 과장 등의 특징이 드러나도 전혀 개의치 않는다.

3. 사이코패스 대책

(1) 사이코패스는 태어날 때부터 감정과 공감능력을 담당하는 전두엽과 측두엽이 발달되어 있지 않고, 소시오패스는 그 정도는 아니지만 타고난 유전적 성향에 어린 시절의 학대가 결합되어 만들어진다고 본다.

(2) 이들의 특징은 정서적 불안정성, 충동성, 고양된 감정, 불안장애 등이며, 고민이나 본인이 느끼는 위협감을 공격적 방법으로 대응한다.

(3) **치료** : 본인 스스로 자신에게 심리적·정서적 문제가 있다는 것을 인정하고 적극적으로 동참하여야 하지만, 이들은 자신들이 인정하지 않는 사회적 기준에 자신을 맞추어야 한다고 생각하지 않는다. 통상적인 심리치료방식은 이들에게는 적용되지 않는다는 전제에서 출발하여야 한다. [2023. 7급 보호]

4. 사이코패스 진단을 위한 심리적 척도

(1) **PCL 척도(Psychopathy Checklist)** : PCL은 남성교도소, 법의학적 또는 정신병리학적 집단에 속하는 범죄적 사이코패스를 확인하기 위하여 설계된 22개 항목의 체크리스트이다.

(2) **PCL-R(Psychopathy Checklist Revision)** : PCL의 개정판으로 자기보고, 행동관찰 그리고 부모, 가족, 친구와 같은 2차적인 원천을 포함한 20개의 다양한 측면에서 범죄적 사이코패스의 정서적·대인적·행동적·사회적 일탈 측면을 평가하는 가장 많이 사용하는 사이코패스 측정 도구이다. [2023. 7급 보호]

제6장 사회적 범죄원인론

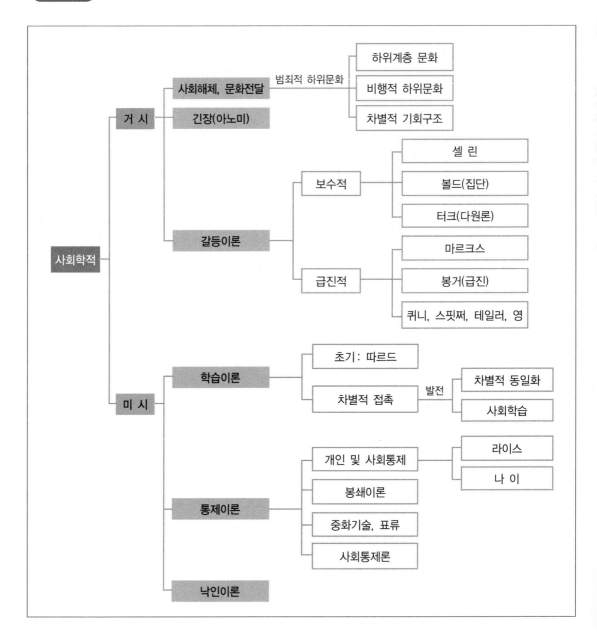

제1절 **배경**

① 환경론의 구체적 이론

(1) **거시환경론**(사회구조론) : 사회해체이론, 문화전달이론, 긴장(아노미)이론, 갈등이론 등으로, 범죄원인에 있어 개인의 생활환경보다 광범위한 정치·경제·사회·문화와 같은 구조적인 사회적 상황 자체와 연관되어 있다는 주장이다.

(2) **미시환경론**(사회과정론) : 학습이론, 통제이론, 낙인이론, 일반긴장이론 등으로, 범죄의 원인을 개인이 처해있는 주위 상황 자체와 밀접하게 연관된 생활환경에서 찾는다.

(3) **공통점** : 범죄유발원인을 개인의 심리적 내지는 생물학적 차이에 있다고 보지 않고, 개인외부에서 찾는다는 점에서 거시환경이론과 미시환경이론은 동일한 입장이다.

제2절 **사회해체론**(문화전달이론)　　　　　　>> 거시 구조론

① 쇼와 맥케이의 범죄지대 연구

1. 사회해체론

(1) **발전** : 시카고 학파의 사회해체론은 범죄원인을 개인이 아니라 개인이 속한 집단의 산물로 보는 이론이다. 19세기 초반 프랑스 케틀레의 통계학에서 출발하여 1920년대와 1930년대 미국 시카고 대학과 청소년범죄연구소의 사회학자들에 의해 처음 연구되었다.

(2) **범죄유발요인** : 쇼와 맥케이(Show & Mckay)는 특정지역에서 범죄가 다른 지역에 비해서 높게 나타나는 이유는 급격한 도시화, 산업화가 지역사회에 기초한 통제의 붕괴를 낳게 되고, 이는 사회해체로 이어지며, 해체된 지역은 관습과 가치관을 대신하는 일탈과 범죄성을 발달시키게 된다고 보았다. [2020. 7급][2024. 9급 보호]

(3) **사회해체의 단계** : 제1단계가 사회의 분화, 가치규범의 갈등, 사회이동 등 사회해체의 사회문화적 조건이 발생하며, 제2단계는 사회해체가 내적 사회통제를 약화시키는 단계로 진행한다고 보았다.

(4) **범죄생태이론** : 쇼와 맥케이는 생태학적 변화과정을 이용하여 버제스의 지대연구를 범죄 및 비행 분석에 적용시켜 범죄생태이론을 전개하였다. 지역사회는 새로운 거주자들이 증가하면 과거 이 지역을 지배하였던 여러 사회적 관계가 와해되고 시간이 흐르면 새로운 관계가 형성되는 생태학적 과정을 거친다는 것이다.

(5) **전이지대**(transitional zone) : 도심과 인접하면서 주거지역에서 상업지역으로 바뀐 이른 바 전이지대는 유럽의 이민과 흑인 이주자들의 혼재로 문화의 이질성이 높고 이로 인한 사회해체가 촉진되면서 개인해체를 가져오고 나아가 범죄 및 비행으로 연결되고 범죄발생률이 지속적으로 높다. [2020. 5급 승진][2014. 7급]

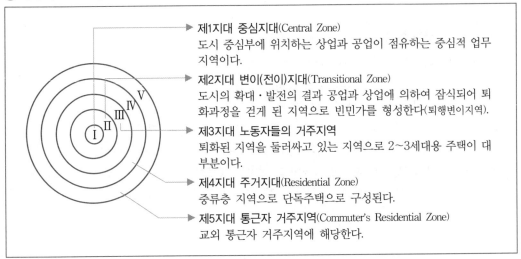

버제스(E.W. Burgess)의 동심원이론 [2024. 9급 보호]

제1지대 중심지대(Central Zone)
도시 중심부에 위치하는 상업과 공업이 점유하는 중심적 업무지역이다.

제2지대 변이(전이)지대(Transitional Zone)
도시의 확대·발전의 결과 공업과 상업에 의하여 잠식되어 퇴화과정을 걷게 된 지역으로 빈민가를 형성한다(퇴행변이지역).

제3지대 노동자들의 거주지역
퇴화된 지역을 둘러싸고 있는 지역으로 2~3세대용 주택이 대부분이다.

제4지대 주거지대(Residential Zone)
중류층 지역으로 단독주택으로 구성된다.

제5지대 통근자 거주지역(Commuter's Residential Zone)
교외 통근자 거주지역에 해당한다.

2 틈새지역과 사회해체론 및 문화전달론

1. 틈새지역

(1) **틈새지역**(Interstitial Area) : 인구이동이 많은 지역에서 과거의 지배적인 사회관계는 와해되었지만, 아직까지 새로운 관계가 형성되어 있지 않은 지역을 말한다. 주민들 간의 조직은 과도기적 형태이며, 주민들도 지역에 대해 애착을 갖지 못한 채 지역사회의 평판이나 외관에 전혀 관심을 갖지 않는 특성이 있다.

(2) **통제기능의 상실** : 전통적인 이웃 간의 통제기능뿐만 아니라, 인구이동이 심하여 학교에서 전출입하는 학생들이 많아지고 이에 따라 교육기관은 정상적인 교육을 실시하기 어렵기 때문에 교육기관의 기본적인 통제기능도 제대로 발휘될 수 없다.

2. 사회해체론

(1) **사회해체** : 지역사회가 주민들에 대한 통제력을 상실한 상태, 즉 틈새지역의 사회적 환경을 사회해체란 용어로 표현하였다.

(2) **특징** : ㉠ 지역사회의 전통적인 기관들이 주민들의 행동을 규제하지 못하며, ㉡ 주민들에게 일관된 가치를 제공하지 못하고, ㉢ 지역사회가 공통으로 겪는 문제를 자체적으로 해결할 수 있는 능력을 상실한 상태를 사회해체라고 한다.

3. 문화전달론

(1) **의의** : 쇼와 맥케이는 전통적인 사회통제기관들이 규제력을 상실하면 반사회적 가치를 옹호하는 범죄하위문화가 형성되고 계속적으로 주민들 간에 계승됨으로써 해당지역에는 높은 범죄율이 유지되는 문화전달이 이루어진다고 보았다.

(2) **연원**: 따르드(Tarde)의 모방이론에서 비롯되어 사회해체이론을 계승한 것으로, 이후 서덜랜드의 차별적 접촉이론에 영향을 미쳤다.

(3) **비판**: 비행다발지역에 사는 정상소년과 비비행지역에 사는 비행소년의 문제를 제대로 설명하지 못한다는 비판이 있다.

❸ 버식과 웹의 지역사회붕괴와 사회해체론

1. 지역사회 무능력이론

(1) **쇼와 맥케이 비판**: 버식(Bursik)과 웹(Webb)은 쇼와 맥케이의 이론이 지역사회의 해체가 어떻게 범죄발생과 관련되는지를 명확하기 설명하지 못했다고 비판하고, 사회해체론의 입장을 지역사회의 안정성(Community Stability)의 관점에서 재정리하였다.

(2) **사회해체의 정의**: 지역사회의 무능력, 즉 지역사회가 주민들에게 공통된 가치체계를 실현하지 못하고 지역주민들이 공통적으로 겪는 문제를 해결할 수 없는 상태라고 정의하였다.

(3) **사회해체의 원인**: 주민이동과 주민 이질성의 두 측면에서 파악하였다. 주민이동과 주민 이질성이 사회해체의 정도를 나타내는 이유는 ㉠ 주민들이 지역사회에 관심이 없고 기회가 닿는 대로 전출하고자 하면 이들의 행동을 통제할 수 있는 시설들이 형성되기 어렵고, ㉡ 지역주민들의 조직이 유동적이면 비공식적인 사회통제를 담당하는 일차적 관계가 형성되기 어렵고, ㉢ 주민들이 이질적이면 상호 간에 충분한 의사소통이 어렵기 때문에 공통의 문제나 목표를 해결하는데 주민참여가 어렵게 된다. [2014. 7급]

2. 사회해체지역의 범죄가 많은 이유

(1) **사회통제능력 측면**: 사회해체지역은 ㉠ 비공식적 감시기능의 약화: 범죄의 유혹이 커지고, ㉡ 행동지배율의 결핍: 우범지역이나 위험지역 등에 대한 정보가 제대로 공유되지 않아 범죄의 발생여지가 많아지고, ㉢ 직접통제의 부재: 수상한 사람이나 지역주민의 비행이 있을 때 개입하거나 지적하지 않아 지역주민에 의한 직접 통제가 어렵다는 점이다. [2014. 7급]

(2) **사회화 능력 측면**: 사회해체지역은 ㉠ 이질적인 지역출신의 사람들이 공존하면서 서로 다른 행위양식, 태도, 가치를 표출하게 되고, ㉡ 거주 주민들은 일관된 행위기준을 내면화하지 못하여 혼란에 빠져서 쉽게 반사회적 행위를 하게 된다.

🔵 **집합효율성이론(Collective Efficacy Theory)** [2023. 7급][2023. 7급 보호]

의의	① 1997년 로버트 샘슨(Robert Sampson)을 중심으로 전개되었고, 시카고 학파의 사회해체이론을 현대도시에 맞게 계승·발전시켰다. ② 지역사회의 구성원들(지역주민, 사업체, 지방자치단체 등)이 범죄문제를 공공의 적으로 생각하고 이를 해결하기 위해 적극적으로 참여하는 것이 범죄예방의 열쇠가 된다고 보는 이론이다. ③ 지역사회의 범죄율에 차이가 나는 것을 사회구조적으로 설명하였다.
내용	**비공식적 사회통제의 중요성**: 지역사회 구성원 간의 유대를 강화하고, 범죄 등 사회문제에 대해 적극적으로 개입하는 등 공동의 노력이 중요한 범죄예방의 방법이라고 보았다.
비판	공식적 사회통제(경찰 등 법집행기관)의 중요성을 간과하였다는 비판을 받는다.

제3절 사회적 긴장이론 내지 아노미이론   >> 거시 구조론

1 아노미(뒤르껭과 머튼)

1. 용어의 유래

(1) 발전 : 프랑스어에서 유래한 아노미(Anomie)는 무규범(normlessness)상태를 의미하는 것으로 1800년대 후반 프랑스의 뒤르껭(Durkheim)이 사회학적 용어로 사용한 이후 1938년 미국의 머튼 (Merton)이 범죄학에 도입하여 사용되었다.

(2) 아노미는 무규범 혹은 무규율, 신념체계의 갈등 또는 붕괴상태, 도덕적 유발, 부적응 등을 말하며, '무슨 수단을 쓰더라도 출세하면 된다.'와 같은 사회풍조에서 비롯된 것이다.

2. 뒤르껭과 머튼의 차이

(1) 뒤르껭은 인간의 욕구란 생래적인 것으로 인간의 끝없는 자기욕망을 사회의 규범이나 도덕으로 제대로 규제하지 못하는 사회적 상태를 아노미라고 불렀다. 반면에

(2) 머튼은 뒤르껭의 이기적 인간관에 기초했지만, 인간의 욕구 또는 기호는 자연적인 것이 아니라 문화적 영향력에 의해 형성된 것으로, 문화적 목표와 이를 달성하기 위한 제도적 수단 사이에 간극이 있을 때 구조적 긴장이 생기고 여기에서 아노미가 발생한다고 봤다. [2016. 7급] 총 2회 기출

3. 아노미적 범죄이론

(1) 사람들이 범죄를 저지르는 이유가 사회적으로 생성된 압력이나 영향에 의해 범죄로 이끌리기 때문에 발생한다는 의미에서 사회적 긴장이론 또는 사회문화 구조적 압력설이라고 한다.

(2) 즉 사회 자체가 특정의 사회집단에 압력을 가함으로써 이러한 집단은 정상적인 행위보다는 비정상적인 행위에 빠져들게 된다는 것이다.

● 뒤르껭과 머튼의 아노미의 구별

구분	뒤르껭(Durkheim)의 아노미	머튼(Merton)의 아노미
의의	무규범, 사회통합의 결여상태	문화적 목표와 제도적 수단의 불일치 상태
인간관	① 성악설적 인간 ② 인간의 욕구를 생래적인 것으로 파악	① 성선설적 인간 ② 인간의 욕구도 사회의 관습이나 문화적 전통에 의해 형성되는 것으로 파악
발생 시기	사회적 변혁기	사회일상적 상황
아노미의 개념	현재의 사회구조가 개인의 욕구에 대한 통제력을 유지할 수 없는 상태	문화적 목표(부의 성취·성공)와 제도적 수단(합법적 수단)의 괴리에 의한 긴장의 산물
범죄 원인	욕망의 분출 또는 좌절에 의한 긴장의 해소 (개인적 차원)	강조되는 문화적 목표에 비해 제한된 성취 기회(사회구조적 차원)

2 머튼(Merton)의 **아노미이론**(긴장이론) [2011. 9급][2012. 7급]

1. 주장논거

(1) 사람들이 추구하는 목표가 문화적으로 형성되고, 이를 달성할 수 있는 수단 역시 문화적으로 규정된다. <문화적 목표와 수단의 괴리>

(2) 특정사회에서 아노미 상황으로 인한 사회적 긴장(Social Strain)은 문화적 목표를 지나치게 강조하면서 반면에 사회의 구조적 특성에 의해 특정집단의 사람들이 제도화된 수단으로 문화적 목표를 성취할 수 있는 기회가 제한되었을 때에 발생한다. [2024. 7급]총 2회 기출

(3) 성공목표를 달성하기 위한 수단이 주로 사회경제적 계층에 따라 차등적으로 분배되어 목표와 수단의 괴리가 커지게 될 때 범죄가 발생한다. [2024. 7급]총 4회 기출

(4) "안되면 되게 하라.", "모로 가도 서울만 가면 된다."와 같이 목표를 지나치게 강조하고 반면에 이를 추구하는 수단을 경시하는 인식유형은 머튼이 제기한 문화적 아노미의 좋은 예가 될 수 있다. [2024. 7급]

2. 목표와 수단에 대한 개인적 적응유형 [2018. 9급]총 5회 기출

적응유형		문화적 목표	제도적 수단	특 징
보편적 적응방식	동조형 (confirmity)	+	+	① 성공목표와 제도적 수단의 합치로 정상적인 생활을 유지하는 사람이다. ② 정상적인 기회구조에 접근할 수는 없지만 그래도 문화적 목표와 사회적으로 제도된 수단을 통하여 목표를 추구하는 적응방식이다. [2020. 7급]총 3회 기출 ③ 반사회적인 행위유형이 아니다(아노미가 아님). ④ 비록 자신은 충분한 교육을 받지 못했지만 주어진 조건 내에서 돈을 많이 벌려고 노력하는 자이다. [2014. 7급] ⑤ 정상인
반사회적 적응방식	개혁·혁신형 (innovation)	+	-	① 금전획득의 재산범죄가 많고 범죄학적으로 가장 문제되는 생활자이다. ② 범죄자들의 전형적인 적응방식으로 문화적 목표는 수용하지만 제도화된 수단은 거부하는 형태이다. [2024. 7급] 총 4회 기출 ③ 대부분의 범죄가 비합법적인 수단을 통하여 자신들이 원하는 목표를 달성하려고 한다는 점에서 이러한 적응방식에 해당한다. [2012. 7급] ④ 범죄학상 문제되는 유형이다. [2011. 9급] ⑤ 하류계층의 재산범죄를 설명하는데 상당한 설득력이 있다. ⑥ 정상적인 방법으로는 부자가 될 수 없다고 판단하고 사기, 횡령, 마약밀매, 강도, 절도 등을 행하는 자이다. [2020. 7급]총 2회 기출

반사회적 적응방식	의례·의식형 (ritualism)	−	+	① 높은 성공목표는 외면하고 제도적 수단에 충실하는 순종적인 생활을 한다. ② 중하층 봉급쟁이이나 무사안일하게 절차적 규범이나 규칙만을 준수하는 관료 등 ③ 문화적 목표를 거부하고 제도화된 수단만을 수용하는 적응방식이다. [2012. 7급] ④ 이들은 아예 목표 자체를 포기했기 때문에 목표를 달성하지 못했다고 실망하지 않으며 모든 제도화된 수단을 따르기 때문에 실제 큰 문제는 야기하지도 않는다. ⑤ 머튼은 사회적으로 중하층에 속해 있는 사람들에게 흔히 볼 수 있는 적응방식이라고 보았다. ⑥ 자기가 하는 일의 목표는 안중에 없고 무사안일하게 절차적 규범이나 규칙만을 준수하는 관료이다.
	도피·퇴행형 (retreatism)	−	−	① 비도덕적이고 퇴폐적인 생활자이다. ② 문화적 목표와 제도화된 수단을 모두 거부하고 사회로부터 도피해 버리는 적응방식이다. [2020. 7급] 총 2회 기출 ③ 합법적인 수단을 통한 목표성취 노력의 계속적인 실패와 제도화된 수단에 대한 내면화에 따른 양심의 가책 때문에 불법적인 수단을 사용할 능력이 없는 결과 때문에 나타난다. ④ 정신병자, 빈민층, 방랑자, 폭력배, 만성적 알코올중독자 및 마약상습자이다. [2020. 7급] 총 2회 기출 ⑤ 사업이 수차례 실패로 끝나자 자신의 신세를 한탄하면서 부랑생활을 하는 자이다. [2014. 7급]
	혁명·전복형 (rebellion)	±	±	① 공동체 전체를 위한다는 동기에서 사회목표를 공공연하게 거부하면서 범죄를 유발하고, 범행이 공표되기를 원하는 데모나 혁명을 하는 경우이다. ② 정치범, 확신범, 혁명가 등 ③ 기존의 문화적 목표와 제도화된 수단을 모두 거부하면서 동시에 새로운 목표와 수단으로 대치하려는 형태의 적응방식이다. [2020. 7급] 총 3회 기출 ④ 보수적 이데올로기에 반항하여 욕구불만의 원인을 현존 사회구조에서 규명하고 욕구불만이 없는 사회주의 국가의 건설을 문화적 목표로 설정하고 이를 달성할 수 있는 수단으로 폭력혁명을 주창하는 형태를 들 수 있다. [2018. 9급] ⑤ 이들은 대부분 사적인 목적달성보다는 공동체 전체를 위한다는 동기에서 새로운 목표와 수단을 도모하는 경향이 강하다(환경보호론자, 낙태금지론자, 동물보호론자 등). ⑥ 환경보호를 이유로 공공기관이 시행하는 댐건설현장에서 공사 중단을 요구하며 시위를 하는 자이다. [2014. 7급]

🔍 +는 수용, −는 거부, ±는 지배적인 가치체계를 거부하고 새로운 가치의 대치

3. 공헌 및 문제점(비판)

(1) 공헌

① 일탈을 사회구조적 측면에서 파악하고, 사회구조적 갈등의 원인을 지적하였다.

② 하류계층의 높은 범죄율을 설명하는데 도움을 주었다. [2020. 5급 승진] 총 2회 기출

③ 성공목표와 합법적 수단 간의 통합수준을 높이는 사회정책을 범죄대책으로 제시하였다.

(2) 비판

① 특정 사회내의 다양한 문화와 추구하는 목표의 다양성을 무시하고 있다. [2011. 9급] [2024. 7급]

② 문화적 목표와 제도화된 수단 사이의 괴리현상에서 사람들마다 적응방식이 다른 이유를 설명하지 않는다.

③ 미국사회에 국한된 이론으로 남성위주 일탈에 초점을 두고 있다.

④ 하류계층에 주목하게 함으로써 하층에 대한 비난을 함축하고, 중·상류층의 범죄 등에 대한 설명이 곤란하다. [2020. 5급 승진] 총 3회 기출

⑤ 재산범죄에 대해서는 타당한 논리이지만 목표달성과 무관한 폭력범죄(격정범죄) 등 비공리적 범죄에 대한 설명력은 낮다.

⑥ 일탈의 원인과 결과에 대한 혼동을 가져오고 비합법적 수단의 차별적 분배(기회구조)에 대한 설명이 없다.

3 아노미이론의 발전

1. 메스너(Messner)와 로젠펠드(Rosenfeld)의 제도적 아노미이론(Institutional Anomie Theory) − 사회구조적 수준의 긴장

(1) 메스너(Messner)와 로젠펠드(Rosenfeld)는 고전적 아노미이론(뒤르껭, 머튼)의 두 가지 특징인 사회구조적 측면과 경제적 성공에 대한 열망을 미국인의 꿈(Amerrican Dream)이라는 개념으로 설명하였다.

(2) '아메리칸 드림'이 일탈행동을 유발할 수 있는 가능성을 네 가지 차원에서 찾았다.

성취주의	어떤 수단과 방법을 써서라도 성공해야 한다는 문화적 압박이 강하다.
개인주의	규범적인 통제를 무시하고 개인적인 목표를 위해 어떤 수단과 방법을 사용해도 좋다는 생각을 하게 만든다.
보편주의	대부분의 미국 사회의 구성원들이 유사한 가치를 갖고 있으며 동일한 목표에 대한 열망이 존재한다.
물신주의	성공에 대한 열망이 존재하며 그 성공의 가장 대표적인 척도는 경제적 성공이다.

(3) 제도적 불균형과 이로 인한 규범적 통제 요소의 부재가 일탈행동을 유발하게 된다는 이론으로, 경제적 제도와 비경제적 제도의 영향력 간 차이가 클수록 일탈행동이 빈번해질 수 있다고 한다.

2. 에그뉴(R. Agnew)의 일반긴장이론(General Strain Theory) − 개인적 수준의 긴장

(1) 머튼(Merton)의 아노미이론(긴장이론)에 그 이론적 기초를 두고 있지만, 머튼의 이론과 달리 계층과 상관없는 긴장의 개인적, 사회심리학적 원인을 다루고 있다. 따라서 에그뉴(R. Agnew)의 일반긴장이론은 하류계층의 범죄 행위가 아닌 사회의 모든 구성요소의 범죄 행위에 대한 일반적 설명을 제공하고 있다. [2017. 9급]

(2) **이론의 논리구조** : 다양한 원인으로부터 긴장이 발생하여 부정적 감정 상태(분노, 좌절, 실망, 의기 소침, 두려움)로 이어지고, 반사회적 행위(약물남용, 비행, 폭력, 낙오)에 이르게 된다.

(3) 스트레스와 긴장을 느끼는 개인이 범죄를 저지르기 쉬운 이유를 설명하는 이론으로 미시적 관점에 해당한다. [2020. 5급 승진] 총 2회 기출

(4) 긴장을 경험하는 모든 사람이 범죄를 저지른다거나 범죄에 의존하게 되는 것은 아니다. [2017. 9급]

(5) 같은 수준의 긴장이 주어졌다 하더라도 모든 사람이 동일한 정도로 범죄를 저지르는 것은 아니다. [2020. 5급 승진]

(6) 긴장의 경험이 강도가 강하고 횟수가 많을수록 그 충격은 더 커지고 일탈에 빠질 가능성이 높다고 한다.

(7) 개인적 수준의 일탈을 예측할 뿐만 아니라 공동체 수준의 범죄율 차이를 설명하기도 한다.

(8) **긴장 또는 스트레스의 다양한 원인** [2024. 7급]

    ① 개인적 수준에서의 열망(aspiration)과 기대(expectation) 간의 괴리로 인해 긴장 및 스트레스가 발생하고 이는 범죄를 유발하는 요인이 된다.

    ② 범죄발생의 원인으로 목표달성의 실패, 기대와 성취 사이의 괴리, 긍정적 자극의 소멸, 부정적 자극의 발생을 제시했다. [2020. 5급 승진] 총 2회 기출

(9) **평가**

    ① 비행에 이르게 하는 부정적 압박에 초점을 맞춤으로서 유대이론이나 학습이론과 구별된다.

    ② 동일한 계층이나 인종이라도 개인에 따라 경험하는 긴장은 다양하기 때문에 비행행위의 계층적·인종적 차이에 얽매일 필요가 없다는 점에서 전통적 긴장이론과의 차이가 있다.

    ③ 기대와 가능성 이외에 긴장을 측정하는 다양한 척도를 사용하였다.

    ④ 생애과정에 걸쳐 사회적 사건이 행동에 미치는 영향을 보여주었다.

    ⑤ 하류계층뿐만 아니라 중산층의 범죄 설명에도 유용하다.

    ⑥ 계층에 따라 범죄율이 달라지는 이유를 설명하지 못한다는 비판을 받는다. [2018. 7급]

목표달성의 실패	머튼의 아노미와 유사
기대와 성취 사이의 괴리	동료와의 비교에서 느끼는 상대적인 감정
긍정적 자극의 소멸	자신에게 중요한 이성 친구와의 결별이나 실연, 친한 친구나 가족의 사망 등
부정적 자극의 발생	아동학대, 범죄피해, 체벌, 가족 또는 또래집단에서의 갈등, 학업실패 등의 유해한 자극에 노출

● **머튼 vs 에그뉴**

Merton	Agnew
사회적 수준의 긴장	개인적 수준의 긴장
문화적 목표와 제도적 수단의 괴리에 의한 긴장	다양한 원인에 의한 긴장 또는 스트레스
범죄율에서 사회계층의 차이를 설명	스트레스와 긴장을 느끼는 개인이 범죄를 저지르기 쉬운 이유를 설명(긴장의 개인적 영향을 밝히는데 도움을 줌)
하류층의 범죄에 국한	모든 계층(하류층, 중·상류층)의 범죄에 대한 설명 가능
거시 환경이론	미시 환경이론

제4절　범죄적 하위문화론(비행적 부문화이론)　　　>> 거시 구조론

1 개요

1. 하위문화

(1) 하위문화(subculture) : 사회에서 각계각층의 성원들이 공유하는 문화(지배집단의 문화)와는 별도로 특정한 집단에서 강조되는 가치나 규범체제를 의미하며, 해체된 지역사회에서는 하위계층의 독자적인 문화가 발전한다고 본다.

(2) 범죄적 하위문화 : 사회의 여러 하위문화 중에서 규범의 준수를 경시하거나 반사회적 행동양식을 옹호하는 하위문화를 말한다.

2 밀러(Miller)의 하위계층(계급)문화이론

1. 하위계층 주요 관심사론

(1) 하층계급의 독자적인 문화규범에의 동조가 중산층문화의 법규범에 위반함으로써 범죄가 발생한다는 것으로 중류계급의 규범에 대한 악의성의 표출이 아닌 그들의 집중된 관심의 추구가 범죄원인이 된다.

(2) 하류계층의 대체문화가 갖는 상이한 가치는 지배계층의 문화와 갈등을 초래하며, 지배집단의 문화와 가치에 반하는 행위들이 지배계층에 의해 범죄적·일탈적 행위로 간주된다고 주장한다. [2023. 7급] 총 2회 기출

(3) 즉 중류계층의 가치를 거부하는 것이 아니고 그들만의 문화에 따르는 행위를 하다보니 그 자체가 중류계층의 가치나 행동패턴과 상치되어 그것이 범죄원인이 된다는 것이다. [2023. 7급] 총 2회 기출

(4) 하위계층 청소년들은 하위계층문화의 '주요 관심사'에 따라 학습하고 행동하며 비행청소년들은 특히 이를 과장된 방법으로 표현하고 행위로 나타낸다. [2023. 7급] 총 2회 기출

(5) 다만, 이러한 관심은 중류계층의 규범에 위반이지만 악의적인 원한이나 울분 또는 저항을 표시하는 것은 아니라는 점에서 코헨(Cohen)의 비행적 하위문화이론과 다르다. 즉 하류계층의 비행을 '중류층에 대한 반발에서 비롯된 것'이라는 Cohen의 주장에 반대하고 그들만의 독특한 하류계층 문화 자체가 집단비행을 발생시킨다고 보았다. [2023. 7급] 총 3회 기출

2. 하위계층의 주요 관심사(관심의 초점) [2023. 7급]

Trouble (말썽 · 걱정 · 사고치기)	① 주위사람들의 주목을 끌고 높은 평가를 받기 위해서 사고를 치고 사고의 결과를 회피하는 일에 많은 관심을 두고 있다. ② 법이나 법집행기관 등과의 말썽이 오히려 영웅적이거나 정상적이며 성공적인 것으로 간주된다.
Toughness (강인 · 완강)	남성다움과 육체적 힘의 과시, 용감성 · 대담성에 대한 관심이 있다.
Smartness (교활 · 영악 · 영리함)	① 영리함 : 지적인 총명함을 의미하는 것이 아니라 도박, 사기, 탈법 등과 같이 기만적인 방법으로 다른 사람을 속일 수 있는 능력이다. ② 남이 나를 속이기 이전에 내가 먼저 남을 속일 수 있어야 한다.
Excitement (흥분 · 자극 · 스릴)	① 하위계급이 거주하는 지역에서 도박, 싸움, 음주 등이 많이 발생하는 것은 흥분거리를 찾는 과정에서 발생한다. ② 스릴, 모험 등 권태감을 모면하는 데 관심이 있다.
Fatalism (운명 · 숙명)	① 자신의 미래가 스스로의 노력보다는 스스로 통제할 수 없는 운명에 달려 있다는 믿음이다. [2016. 5급 승진] ② 하위계급은 행운이나 불행에 많은 관심을 갖고 있으며 범죄를 저지르고 체포되더라도 이를 운수가 좋지 않았기 때문이라고 판단한다. ③ 빈곤한 사람은 때로 그들의 생활이 숙명이라고 생각하며 현실을 정당화한다.
Autonomy (자율 · 자립)	① 권위로부터 벗어나고, 다른 사람으로부터 간섭을 받는 것을 혐오한다. [2020. 7급] 총 2회 기출 ② 사회의 권위있는 기구들에 대하여 경멸적인 태도를 취하게 된다. ③ 타인으로부터 명령과 간섭을 받고 있는 현실에 대한 잠재의식적인 반발이다.

3. 평가

울프강(Wolfgang)과 페라쿠티(Ferracuti)의 폭력하위문화론에 의하면 미국 필라델피아市에서 살인범죄율이 높은 이유는 지배적인 문화와는 별도로 특정지역을 중심으로 폭력사용을 용인하고 권장하는 폭력하위문화가 존재하기 때문이라고 한다. [2023. 7급 보호]

3 코헨(Cohen)의 비행하위문화이론(집단문화이론)

1. 개념

(1) 비행의 원인: 머튼과 서덜랜드의 제자인 코헨(Albert Cohen)은 「비행소년」(1955)에서 일반문화체계에서 구별되는 문화 안의 부문화에 대한 개념으로 비행집단에 공통된 특정한 가치관이나 신념 · 지식 등을 포함하는 사고나 그에 기초한 행동양식이 곧 범죄행위로 나타난다고 보았다. [2012. 7급]

(2) 좌절과 반동: 학교교육은 대부분의 중산층 출신 교사들에 의해 중산층 가치관을 전달하지만 ➡ 하위계층 청소년들은 자신들에게 익숙하지 않은 가치관에 적응하기 어렵고 적응할 능력이 없음을 자각하면서 ➡ 스스로의 열악한 지위에 대한 욕구불만과 자신감 상실로 지위좌절을 경험하면서 ➡ 이에 대한 반동(저항)으로 자신들의 적응문제를 집단적으로 해결하려고 자신을 궁지에 빠뜨린 문화나 가치체계와는 정반대의 비행하위문화를 형성한다는 것이다. [2022. 7급 보호] 총 2회 기출

⑶ **긴장과 갈등** : 중산층의 가치나 규범을 중심으로 형성된 사회의 중심문화와 빈곤계층 출신소년들이 익숙한 생활 사이에 긴장이나 갈등이 발생하며 이러한 긴장관계를 해결하려는 시도에서 비행하위문화가 형성되며 비행이 발생한다고 보았다. [2018. 5급 승진] 총 2회 기출

⑷ **비합리성** : 비행하위문화가 비합리성을 추구하기 때문에 공리성, 합리성을 중요시하는 중심문화와 구별된다. [2020. 7급]

2. 비행하위문화의 특징 [2021. 7급 보호]

비공리성	다른 사람의 물건을 훔치는 경우에 그 경제적 효용가치보다 스릴이나 동료들로부터 인정받고 지위를 얻기 위한 행위로 생각한다.
악의성	다른 사람들에게 불편을 주고 고통당하는 모습에서 쾌감을 느낀다.
부정성(거부주의)	합법적 사회규범이나 어른들의 문화를 부정 또는 거부하고 그들 나름대로의 문화를 정당화한다. 🔍 코헨은 하위계층의 소년들이 사회의 일반문화와 정반대되는 방향으로 하위문화의 가치나 규범을 설정하는 과정을 반항형성(反抗形成)이라는 개념으로 표현
변덕	일정한 체계 없이 매 순간 바뀌는 마음과 가치체계을 말한다.
단락적 쾌락주의	장기적 계획이나 목표가 아닌 현실적 쾌감에 급급하는 심리를 말한다.
집단자율성	외부에 대한 극도의 적개심(반항)과 내부에 대한 응집력을 말한다.

3. 공헌 및 비판

공헌	① 하위계층 소년들의 비행원인을 지위좌절, 반항형성, 비행하위문화의 출현 등과 같은 새로운 개념들로 설명하여, 학교 등에서 비행적 폭력조직을 형성하는 이유를 비교적 잘 설명하고 있다. [2012. 9급] ② 청소년비행의 원인을 거시적으로 접근하고 있을 뿐 아니라 그 대책으로 사회구조적 해결책을 제시하고 있다.
비판	① 중산층 또는 상류계층 청소년의 비행이나 범죄를 잘 설명하지 못한다. [2020. 7급] 총 2회 기출 ② 하위계급 출신 중에는 범죄를 저지르지 않는 소년이 많다는 점을 간과하였다. ③ 하위계층에서 가장 많이 저지르는 것이 절도범죄인데 이러한 범죄가 비행하위문화의 특징인 비합리성, 악의성, 부정성을 강조하는 비행하위문화의 영향으로 보기는 어렵다. ④ 범죄소년들은 범죄행위에 대해 자부심과 만족감보다는 대부분 뉘우치고 후회한다는 점을 설명하기 어렵다.

● 하위계층문화이론과 비행하위문화이론의 차이점

하위계층문화이론(Miller)	비행하위문화이론(Cohen)
① 중산층문화의 법규를 위반하지만 이것은 중산계층의 가치와 행동규범에 대한 악의적인 원한이나 울분을 표시하는 것이 아니라 그들 고유의 집중된 관심에의 추구에서 형성된 것으로 파악한다. ② 범죄하위문화가 사회계층이나 특정지역에 전래하는 것으로 가정하고 이러한 문화가 생성되는 과정에 대하여는 특별한 관심을 두지 않았다. ③ 반드시 구조적 긴장을 전제로 하는 것은 아니다.	① 중상류계층에 적응하지 못한 청소년들이 형성한 비행집단은 상류집단에 대해 악의적이고 비공리적이다. ② 청소년 간에서 반사회적 가치나 태도를 옹호하는 비행문화가 형성되는 과정을 집중적으로 다루었다. ③ 하류계층의 비행에 대하여 구조적 긴장을 전제로 설명하고 있다.

4 클라워드(Cloward)와 오린(Ohlin)의 차별적 기회구조이론

1. 개요

(1) 청소년 비행의 핵심을 개별적 행위보다는 성공이나 출세라는 사회의 공통된 가치의 내면화 ➡ 일부계층의 기회차단 ➡ 좌절감이나 심각한 부적응 ➡ 다른 수단이나 방법 모색 ➡ 비행하위문화 형성에 이르는 과정의 집단적 행위에서 찾았다.

(2) 아노미현상을 비행적 하위문화의 촉발요인으로 본다는 점에서 머튼의 영향을 받았고, 머튼의 이론을 확대·발전시켰으며, 비합법적인 기회가 주어졌을 때 비로소 비행이 가능하다고 보아 머튼의 한계를 보완해준다. [2016. 5급 승진] 총 3회 기출

(3) 성공을 위한 합법적인 수단이 없다고 하여 곧바로 비합법적 수단을 사용한다는 머튼의 가정에 동조하지 않는다. [2020. 5급 승진] 총 3회 기출

(4) 실제 비행하위문화의 성격은 비합법적인 기회가 어떻게 분포되었는가에 따라 그 지역 비행하위문화의 성격 및 비행의 종류도 달라진다. 즉 조직적인 범죄활동이 많은 지역은 다른 지역에 비해 범죄기술을 배우거나 범죄조직에 가담할 수 있는 기회가 많기 때문에 비합법적인 방법으로 문화적 목표를 성취할 수 있는 기회가 많이 있다. [2019. 7급]

(5) 문화전달이론(퇴행변이지역), 차별적 접촉이론(친밀한 집단과의 직접적 접촉), 아노미이론(문화적 목표와 제도화된 수단 간의 괴리)을 종합한 것으로 기회구조의 개념을 도입하여 성공을 위한 목표로의 수단이 합법적·비합법적인 두 가지 기회구조가 있음을 전제로 한다. [2016. 5급 승진]

2. 개인적 적응양식의 유형(Merton의 모형 수정)

적응유형	문화적 목표	합법적 수단	비합법적 수단	폭력수용	비행적 하위문화의 유형	머튼과 비교
동조형	+	+			일반인	동조형
개혁(혁신)형	+	−	+		범죄적 하위문화	개혁형
공격(폭력)형	+	−	−	+ (예)	갈등적 하위문화	없음
도피형 (퇴행, 은둔)	+	−	−	− (아니오)	도피적 하위문화	도피형

🔍 문화적 목표는 모두 ○, 2가지 기회구조(→ 어떤 하위문화에 속해 있느냐에 따라 합법·비합법적 수단 사용)
🔍 공격형 : Merton의 적응유형에는 없는 새로운 유형

3. 하위문화의 유형 [2023. 9급] [2020. 7급 보호]

개인이 합법적인 기회구조와 비합법적인 기회구조라는 양자에 걸친 지위에 있다고 가정하고, 두 가지 기회구조 중 어느 수단을 취하는가는 사회구조와의 관계에서 어떠한 수단을 취할 수 있는 위치에 있는가에 달려 있다고 보고, 범죄는 개인의 심리적 결단의 문제가 아니라 어떤 하위문화(범죄적·갈등적·도피적)에 속해 있느냐의 문제로 보았다.

유형	특징
범죄적 하위문화 (개혁형)	① 합법적 기회는 없고 비합법적 기회와는 접촉이 가능하여 범행이 장려되고 불법이 생활화되는 하위문화유형이다. ② 범죄로 성공한 성인범죄자를 자신의 미래상으로 인식하고 범죄적 가치나 지식을 습득한다. ③ 주로 성인범죄자들과의 연계가 긴밀한 안정적 하류계층 사회에서 나타나며 재산범죄가 발생하기 쉽다.
갈등적 하위문화 (공격형)	① 성인들의 범죄가 조직화되지 않아 소년들이 비합법적인 수단에 접근할 수 없는 지역에서 형성되는 하위문화로 좌절이 공격성으로 나타난 현상이다. ② 범죄기술을 전수할 수 있는 환경이나 기회가 없기 때문에 이러한 지역에서는 안정된 범죄적 하위문화가 형성되지 못한다. ③ 합법적 기회뿐만 아니라 비합법적 기회에도 접근하지 않고 자신들의 욕구불만을 폭력으로 표현하는 투쟁적인 하위문화유형이다. [2020. 7급] ④ 범죄조직에 대한 통제가 확고하지 않은 관계로 과시적인 폭력과 무분별한 갱전쟁 등이 빈번하게 발생한다.
도피적 하위문화 (도피형)	① 문화적 목표의 가치는 인정하지만 이를 달성하기 위한 수단이 모두 봉쇄되어 있고 이를 해소할 폭력도 사용하지 못하는 자포자기 집단의 하위문화유형이다. ② 합법적 기회와 비합법적 기회가 모두 결여된 사람들을 이중실패자라 분류하였다. ③ 이중실패자들은 합법적인 세계와 불법적인 세계로부터 모두 차단됨으로써 문화적 목표추구를 포기한 채 도피적 생활양식(약물중독, 정신장애, 알코올중독)에 빠져든다.

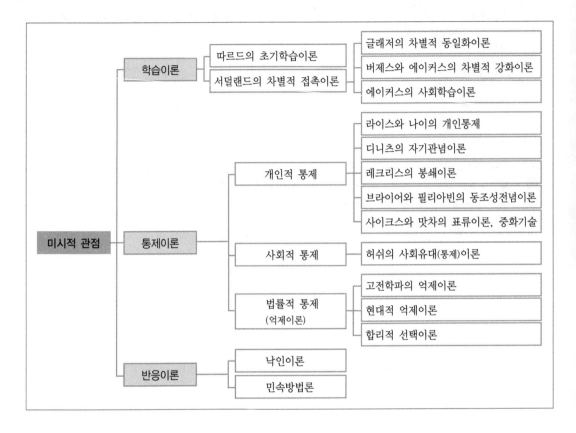

1 따르드(Tarde)의 초기학습이론

1. 개요

(1) 롬브로조의 생물학적 원인론을 부정하고 인간행위는 다른 사람들과 접촉하면서 관념을 학습하며 행위는 자기가 학습한 관념으로부터 유래한다. 즉 모든 사회현상이 모방이듯이 범죄행위도 모방한다고 보았다. [2013. 9급] [2021. 7급 보호]

(2) **모방의 법칙** : 사회심리학적 방법을 기초로 개인의 특성과 사회의 접촉과정을 중시하였으며, 그의 학습이론은 모방의 법칙(거리의 법칙, 방향의 법칙, 삽입의 법칙)으로 설명되고 있다.

2. 모방의 법칙

거리의 법칙 (제1법칙)	① 사람들은 서로를 모방하는 경향이 있으며, 그 정도는 거리에 반비례하고 타인들과 얼마나 밀접하게 접촉하는가에 비례하여 타인을 모방한다는 것이다. ② 모방은 도시에서 빈번하고 빠르게 변화하는데 이를 '유행'이라고 하였고, 반면에 시골에서는 모방의 빈도가 덜하고 천천히 변화하는데 이를 '관습'이라고 하였다.
방향의 법칙 (제2법칙)	① 학습의 방향에 관한 것으로 일반적으로 열등한 사람이 우월한 사람을 모방하는 경향이 있다(위에서 아래로). ② 즉 모방은 사회의 상류계층 ➡ 하층계급, 도시 ➡ 농촌으로 전해지는 등 사회적 지위가 우월한 자를 중심으로 이루어진다. [2014. 7급] 총 2회 기출
삽입의 법칙 (제3법칙) (무한진행의 법칙)	① 범죄의 발전과 변화과정을 설명하는 이론(모방의 변화과정)이다. ② 새로운 유행이 기존의 유행을 대체한다거나 모방은 모방 ➡ 유행 ➡ 관습의 패턴으로 확대·진전되어 새로운 유행으로서 모방이 종래의 모방 속에 삽입되어 예전부터 있었던 관습으로 변화한다는 것이다(처음에 단순한 모방이 유행이 되고, 유행은 관습으로 변화·발전된다). ③ 총기에 의한 살인이 증가하면서 칼을 사용한 살인이 줄어드는 현상을 따르드는 새로운 유행이 기존의 유행을 대체하는 대표적인 예로 들었다.

2 서덜랜드(Sutherland)의 차별적 접촉이론

1. 개요

(1) 사회해체이론과 문화전달이론을 기초로 범죄의 전달(학습)과정을 밝히고자 노력하였다.

(2) 백지설 : 분화된 집단 가운데 어느 집단과 친밀감을 가지고 차별적 접촉을 갖느냐에 따라 백지와 같은 인간의 본성에 특정집단의 행동양식을 배우고 익혀나간다는 이론이다.

(3) 범죄자는 타인과의 접촉과정에서 범죄행위를 배우게 된다고 보았으며, 최우선적인 접촉대상은 부모, 가족, 친구 등이라고 하였다. [2016. 9급] 총 4회 기출

(4) 학습은 주로 친밀한 사람들과의 상호작용을 통해 일어나고, 일탈에 대한 부정적 정의보다 긍정적 정의에 많이 노출될수록 일탈가능성이 높다.

(5) 범죄학습은 개인의 불법적 생각을 접촉한 정도와 준법적인 생각을 접촉한 정도의 차이다. [2012. 7급]

(6) 범죄자와 비범죄자 간의 차이는 학습과정의 차이가 아니라 접촉유형의 차이에서 발생한다. [2016. 7급]
총 3회 기출

2. 사회심리과정 9가지 명제

명제	특징
제1명제	따르드의 모방법칙을 수용하면서 보다 정교화된 학습과정을 바탕으로 범죄행위는 학습의 결과이다.
제2명제	범죄자도 정상인과 다름없는 성격과 사고방식을 갖춘 자로, 범죄행위는 의사소통과정에 있는 다른 사람과의 상호작용을 수행하는 과정에서 학습된다. [2021. 7급] 총 3회 기출
제3명제	범죄는 최우선적인 접촉대상인 부모, 가족, 친구 등 직접적인 친밀 집단과의 접촉과정에서 학습한다(라디오·TV·영화·신문·잡지 등과 같은 비인격적 매체는 범죄행위의 학습과 크게 관련이 없다). [2018. 7급] 총 4회 기출, [2022. 7급 보호]
제4명제	범죄행위 학습에는 범행기술, 동기, 욕망, 합리화 방법 그리고 태도와 구체적 방향의 학습을 포함한다. [2021. 7급]
제5명제	법규범을 우호적(긍정적) 또는 비우호적(부정적)으로 정의하는가에 따라 동기와 욕구의 특정한 방향을 학습한다. [2024. 7급] 총 2회 기출
제6명제	법에 대한 비우호적 정의가 우호적 정의보다 클 때 범죄를 실행한다. 즉 법률을 위반해도 무방하다는 생각을 학습한 정도가 법률을 위반하면 안 된다는 생각을 학습한 정도보다 클 때에 범죄를 저지르게 된다. [2021. 7급]
제7명제	차별적 접촉은 접촉의 빈도·기간·시기·강도에 따라 다르다. 즉 접촉의 빈도가 많고 길수록 학습의 영향은 더 커지고, 시기가 빠를수록 접촉의 강도가 클수록 더 강하게 학습된다. [2016. 9급] [2022. 7급 보호]
제8명제	범죄자와 준법자와의 차이는 접촉유형에 있을 뿐 학습이 진행되는 과정에는 아무런 차이가 없다. [2018. 7급] 총 3회 기출, [2022. 7급 보호]
제9명제	범죄행위도 욕구와 가치의 표현이란 점에서 다른 일반행동과 동일하나, 일반적인 욕구나 가치관으로는 범죄행위를 설명할 수 없다. 어떤 사람들은 비범죄적 행동을 통해서도 동일한 욕구와 가치관을 표현하기 때문이다. [2016. 5급 승진] [2021. 7급]

3. 차별적 접촉이론의 기본적 특징

(1) 학습내용의 구체화 : 범죄의 학습내용으로 지적된 것은 범행기술, 범행동기, 범행의욕, 자기 행위의 합리화, 태도 등이다. 따라서 서덜랜드가 학습내용으로 중시한 것은 구체적인 행위양태가 아닌 행위자의 생각이다.

(2) 학습과정의 구체화 : 서덜랜드는 자신과 친밀한 집단들과의 접촉을 통하여 범죄에 관한 생각이 학습되는 것으로 지적하였다. 그리고 범죄관념을 학습하는 정도는 접촉의 빈도, 접촉기간, 접촉의 우선순위, 접촉의 강도 면에서 다르며 접촉의 빈도가 많을수록, 접촉한 기간이 길수록, 우선순위에서 먼저 접촉할수록, 접촉의 강도가 클수록 학습정도가 높다고 봄으로서 범죄학습과정을 구체적으로 기술하였다.

📝 **차별적 접촉의 유형(범죄관념을 학습하는 정도)**

1. 빈도(frequency) : 특정개인이 범죄에 호의적 또는 범죄거부적 정의들과 접촉한 횟수
2. 기간(duration) : 범죄에 호의적 또는 거부적 정의와 접촉한 시간적 길이
3. 시기(priority) : 범죄에 호의적 또는 거부적 정의와 접촉할 당시의 나이
4. 강도(intensity) : 특정개인과 범죄호의적·범죄거부적 정의를 제공하는 자 사이의 애착 정도

🔍 교도관이 범죄인과 함께 장시간 생활을 함에도 수용자문화에 물들지 않는 이유는 상대방에 느끼는 존경이나 권위의 정도인 강도가 매우 약하기 때문으로 이해될 수 있다.

4. 공헌과 비판

공헌	비판
① 범죄행위를 사회적 상호작용을 통해서 학습되는 정상적인 것으로 설명하였다. ② 범죄행위에 대한 일반이론화의 토대를 마련하여 전통적인 범죄뿐만 아니라 화이트칼라범죄 등의 새로운 범죄현상도 동시에 설명할 수 있는 가능성을 제시하였다. ③ 집단현상으로서 범죄행위의 설명에 매우 유용하다는 점에서 높이 평가되고 이러한 범죄인의 개선방법으로 집단관계요법치료를 제시하였다.	① 범죄 호의적 집단과 자주 접촉했다고 모두 범죄인이 되는 것은 아니며, 소질적 범죄성향자는 범죄와의 접촉경험이 없더라도 범죄를 저지를 수 있다. ② 범죄수행의 역동적·상황적 설명이 미흡하고 차별적 반응을 무시하였으며 경험적 검증이 어렵다. ③ 매스미디어 등에 의한 학습 등 준거집단의 중요성을 경시하였고, 과실범죄나 격정에 의한 폭력 및 충동범죄 등 개별현상으로서의 범죄행위(단독범행)에 대한 설명이 곤란하다. ④ 인간의 범죄적 성향을 후천적인 것에서만 찾으려 하였고, 역사적·발생론적 방법을 사용함으로써 사회구조적 측면을 간과하였다.

3 글래저(Glaser)의 차별적 동일화이론

1. 개요

(1) 사람은 누구나 자신을 누군가와 동일화하려는 경향이 있고 자신의 범죄행위를 수용할 수 있다고 생각되는 실재의 인간이나 관념상의 인간에게 자신을 동일화시키는 과정을 통해 자기 자신을 합리화하고 용납하면서 범죄를 저지른다는 이론이다. [2019. 7급] 총 2회 기출

(2) 범죄를 학습의 결과로 보는 차별적 접촉이론의 관점과 공통되나, 서덜랜드의 '접촉' 대신 '동일화'라는 개념을 사용하여 범죄학습대상을 확대하여 차별적 접촉이론을 수정·보완하였는데 사람들이 동일화되어가는 과정에서 범죄행동을 수행한다고 보았다(동일화 ➡ 합리화 ➡ 범죄행위). [2023. 7급 보호] 총 2회 기출

(3) 범죄는 행위자가 단순히 범죄적 가치와 접촉함으로써 발생하는 것이 아니라, 행위자 스스로 그것을 자기 것으로 동일시하는 단계로까지 나가야 발생한다. [2016. 7급]

(4) 사람은 범죄적 행동양식과 직접 접촉하지 않더라도 TV나 영화 속에 등장하는 주인공과 자신의 이상형을 일치시키면 관념적 동일화를 거쳐 범죄를 학습할 수 있다. [2018. 7급] 총 2회 기출

4 버제스(Burgess)와 에이커스(Akers)의 차별적 강화이론〈사회학습이론〉

1. 개요

범죄행위의 결과로서 보상이 취득되고 처벌이 회피될 때 그 행위는 강화되는 반면, 보상이 상실되고 처벌이 강화되면 그 행위는 약화된다. [2020. 9급]

2. 특징

(1) 학습과정 : 차별적 접촉이론이 특정인이 범죄자가 되기 전에 거쳐야 하는 학습과정을 명확히 설명하지 못했다는 점에 착안하여, 사회학습이론은 조작적 조건화의 논리를 반영하였다. 즉 범죄행위는 과거에 이러한 행위를 했을 때에 주위로부터 칭찬을 받거나 인정을 받거나 더 나은 대우를 받거나 하는 등의 보상이 있었기 때문이라는 것이다. 차별적 접촉 ➡ 차별적 강화 ➡ 범죄행위라고 하는 범죄학습과정을 설명하였다. [2014. 7급][2024. 9급 보호]

(2) 학습환경 : 차별적 접촉이론(서들랜드)이 범죄의 학습환경으로 고려한 것은 사람들과의 접촉이었다. 그러나 사회학습이론(에이커스)은 학습환경으로 사회적 상호작용과 비사회적 환경 모두를 고려하였다. 즉 사회적 상호작용과 함께 물리적 만족감(굶주림, 갈망, 성적욕구 등의 해소)과 같은 비사회적 환경에 의해서도 범죄행위가 학습될 수 있다고 넓게 보았다. [2024. 9급 보호]

제6절 통제이론   >> 미시 과정론

1 개관

1. 범죄원인에 대한 질문

(1) '범죄의 원인은 무엇인가?'의 물음에서 '왜 대부분의 사람들은 일탈하지 않고 사회규범에 동조하는가?'의 물음에 관한 이론으로 누구나 범죄 또는 일탈동기를 가지고 있으나 개인이나 사회적 통제에 의해 제지되고 있다는 이론이다. [2020. 7급] 총 3회 기출, [2020. 7급 보호]

(2) 인간은 범죄성을 본질적으로 지니고 있기 때문에 그대로 두면 누구든지 범죄를 저지를 것이라는 가정에서 출발한다. [2018. 7급]

2 개인 및 사회통제이론

1. 라이스(Reiss)의 연구 : 「개인적·사회적 통제실패로 인한 일탈」(1951)에서 개인의 자기통제력과 범죄와의 관계에 주목하여 소년비행의 원인을 개인통제력의 미비와 사회통제력의 부족으로 파악하였다.

(1) 개인통제력 : 소년비행은 개인통제력의 미비로 인해 유발된다. 즉 사회의 규범이나 규칙들과 마찰을 일으키지 않고 자기가 하고 싶은 일을 할 수 있는 능력을 갖추지 못함으로써 비행에 빠져든다. [2020. 7급][2024. 9급 보호]

(2) 사회통제력 : 소년비행은 사회통제력 부족으로 인해 유발된다. 즉 학교와 같이 교육을 담당하는 사회화기관들이 소년들을 제대로 수용하고 순응시키지 못함으로써 비행성향이 표출되는 것을 통제하지 못함으로써 비행에 빠져든다. [2024. 7급]

2. 나이(Nye)의 연구

(1) **소년비행의 원인**: 소년비행은 욕구의 미충족으로 인해 유발된다. 즉 애정, 인정, 보호, 새로운 경험 등에 대한 욕구가 가정 내에서 충족되지 못함으로써 가정 외에서 비정상적인 방법으로 욕구를 해소하는 과정에서 소년비행이 발생한다. [2024. 9급 보호]

(2) 라이스의 견해를 발전시켜 청소년의 비행을 예방할 수 있는 사회통제방법의 종류를 세 가지로 분류하였다.

종류	내용	
직접통제	부모가 억압적인 수단의 사용과 처벌을 부과함으로써 비행을 예방하는 것이다.	
	공식통제	경찰 등 국가사법기관에 의한 통제
	비공식통제	가정이나 학교에서 담당 [2024. 7급]
간접통제	소년들이 자신의 잘못이 부모나 주위사람들에게 고통과 실망을 줄 것이라는 점 때문에 비행을 자제하는 경우를 간접통제라고 한다.	
내부적 통제	청소년 스스로의 양심이나 죄의식 때문에 비행을 하지 않는 경우를 내부적 통제라 한다.	

🔍 나이(Nye)는 소년비행을 가장 효율적으로 예방할 수 있는 방법으로 가정이나 학교와 같은 비공식기관들이 소년들에게 본인들의 행위가 주위사람들에게 실망과 고통을 줄 것이라고 인식시키는 비공식적인 간접통제방법을 들었다. [2024. 7급] 총 4회 기출

❸ 레크리스(Reckless)의 봉쇄(견제)이론

1. 개요

(1) 내부적·외부적 통제개념에 기초하여 범죄유발요인과 범죄차단요인으로 나누고, 만약 범죄를 이끄는 힘이 차단하는 힘보다 강하면 범죄나 비행을 저지르게 되고, 차단하는 힘이 강하면 비록 이끄는 힘이 있더라도 범죄나 비행을 자제한다는 것이다. [2020. 7급] 총 6회 기출

(2) 외부적 통제요소와 내부적 통제요소 중 어느 한 가지만 제대로 작동되어도 범죄는 방지될 수 있다고 보았다. [2020. 7급]

2. 범죄나 비행을 유발하는 요인 [2021. 7급 보호]

압력요인 (pressures)	불만족한 상태에 들게 하는 조건을 지칭한 것으로 열악한 생활조건, 가족갈등, 열등한 신분적 지위, 성공기회의 박탈 등
유인요인 (pulls)	정상적인 생활로부터 이탈하도록 유인하는 요소로 나쁜 친구들, 비행이나 범죄하위문화, 범죄조직, 불건전한 대중매체 등
배출요인 (pushes)	불안감, 불만감, 내적 긴장감, 증오심, 공격성, 즉흥성, 반역성 등과 같이 범죄나 비행을 저지르도록 하는 각 개인의 생물학적 혹은 심리적 요소들을 지칭

3. 범죄나 비행을 차단하는 요인 [2020. 7급 보호]

내적 통제	사람들이 내면화한 사회적 규칙 또는 규범으로 자기통제력 및 자아나 초자아의 능력과 좌절감을 인내할 수 있는 능력, 책임감, 집중력, 성취지향력, 대안을 찾을 수 있는 능력 등 [2024. 7급]
외적 통제	가족이나 주위사람들과 같이 외부적으로 범죄를 차단하는 요인들로 일관된 도덕교육, 교육기관의 관심, 합리적 규범과 기대체계, 집단의 포용성, 효율적인 감독과 훈육, 소속감과 일체감의 배양 등

4 내적 봉쇄요인

1. 레크리스, 디니츠, 머레이의 자아관념이론(Self-Concept Theory)

(1) 자아관념: 소년이 자기 자신에 대해서 갖는 인식으로, 레크리스는 내적 봉쇄요인들이 적절히 형성되는 여부는 자아관념에 달려있다고 보았으며, 자아관념은 가정에서 담당하는 사회화교육에 크게 영향을 받아 12세 이전에 형성된다고 하였다.

(2) 자아관념이론은 차별적 접촉이론이 각각의 개인들의 차별적 반응에 대한 문제를 도외시하고 있다는 비판을 한다. 즉 '왜 범죄적 문화와 접촉한 사람 중에서 어떤 사람은 범죄에 빠지지 않는가?'라는 질문을 한다. 이 이론에 따르면 비행다발지역의 청소년들 중에서 다수가 비행에 가담하지 않는 것은 자신에 대한 좋은 이미지를 통해 비행에의 유혹이나 압력을 단절시키기 때문이다.

(3) 자아관념이론은 긍정적인 자아관념이 있다면 아무리 범죄자인 친구들과 접촉을 한다고 하더라도 범죄를 실행하지 않는다는 입장이다. 자아관념이론은 레크리스에 의해 봉쇄이론으로 발전하였는데, 그는 자아관념을 내적 봉쇄요인으로 보았다. [2016. 5급 승진] 총 2회 기출, [2021. 7급]

(4) 레크리스는 자아관념을 비행에 대한 절연체라고 주장하면서 선량한 소년들로 하여금 비행을 멀리하게 하는 중요한 절연체의 역할을 하는 요소는 가족관계에 있으며 이를 바탕으로 형성된 무비행적 태도의 내면화, 즉 사회적으로 용인된 적정한 자기관념의 획득과 유지가 범죄로부터 멀어지게 되는 요인이 된다고 한다. [2020. 7급] 총 2회 기출

(5) 자아관념이론은 합법적 기회구조의 차단을 범죄원인으로 보지 않고, 긍정적 자아관념에 의한 통제의 결여를 가장 중요한 범죄원인으로 본다. [2010. 7급]

2. 브라이어(Briar)와 필리아빈(Piliavin)의 동조성 전념이론(동조성 집착이론)

(1) 동조성이란 사회규범에 대한 동조 또는 순응으로 정의하고, 동조성에 대한 전념이 강할수록 범죄행위의 확률이 낮아지고, 내적 통제가 약할수록 범죄행위 확률이 높아진다고 주장하였다.

(2) 동조성에 대한 강한 집착을 가진 사람은 집착이 약한 사람에 비해 범죄행위에 가담할 확률이 낮다.

5 사이크스(Sykes)와 맛차(Matza)의 표류이론 내지 중화기술이론

1. 개요

(1) 맛차는 「비행과 표류」(1964)에서 기존의 범죄원인을 밝히는 이론, 즉 생물학적, 심리학적, 사회학적 이론은 비행소년들이 일반소년과 근본적인 차이가 있다고 보고 어쩔 수 없이 비행에 빠져들 수밖에 없다는 너무 결정론적인 접근방법임을 비판하였다.

(2) 행위자의 범행결심에는 행위자 자신의 자유의지나 개인적 책임이 어느 정도 존재한다고 보고, 비행소년은 대부분의 경우 다른 사람들과 마찬가지로 일상적이고 준법적인 행위를 하며 특별한 경우에 한하여 위법적인 행위에 빠져든다는 것이다. [2016. 5급 승진] 총 3회 기출

(3) 비행소년은 일반사회로부터 상대적으로 밖에 자립할 수 없는 중간적이고 표류하는 존재로, 사회의 전통적 가치에 동조를 나타내면서 비행을 저지르게 된다. [2010. 7급]

(4) 비행소년들이 범죄자와 접촉하는 과정에서 전통의 규범을 중화시키는 기술을 습득하게 된다고 한다. 즉 범죄는 사회적으로 용인된 기술을 학습하여 얻은 자기합리화의 결과이다. [2024. 9급] 총 3회 기출

(5) 규범위반에 대해 일련의 표준적 합리화(중화)를 통한 내적 통제의 약화가 범죄의 원인이 된다고 보았다. [2014. 7급]

(6) 중화기술이론은 표류이론을 근거로 상황적 결정론에 입각하고 있다.

(7) 중화기술은 잠재가치이론으로 발전되었고 다시 표류이론으로 발전되었다.

2. 표류원인으로서의 중화기술(범죄행위 정당화)

● **중화기술의 유형** [2010. 9급]

구분	내용
책임의 부정	의도적인 것이 아니었거나 자기의 잘못이 아니라 주거환경, 친구 등에 책임을 전가하거나 또는 자신도 자기를 통제할 수 없는 외부세력의 피해자라고 여기는 경우가 이에 해당한다(사람·환경에 책임 전가하는 것). [2024. 9급 보호] ① 자신이 술에 너무 취해서 제정신이 없는 상태에서 자신도 모르게 강간을 하게 되었다고 주장하는 경우(음주로의 책임 전가) [2018. 9급] ② 비행책임을 열악한 가정환경, 빈약한 부모훈육, 불합리한 사회적 환경, 빈곤한 외부적 요인으로 전가하는 경우 [2018. 7급] 총 2회 기출 ③ 만약 가게에서 구할 수 있었다면 직장에서 훔치지 않았을 것이라고 정당화하는 경우 (책임의 전가) ④ 자신과 같은 처지에 있다면 누구도 그런 행동을 했을 것이라고 생각하는 경우 ⑤ "무엇인가가 나를 그렇게 하도록 만들었어. 어쩔 수 없었잖아." [2019. 5급 승진] ⑥ 당신도 나와 같은 가정환경에서 자랐다면 나처럼 불량청소년이 될 수밖에 없었을 것이다. ⑦ 타인의 재물을 절취하면서 자신은 아무런 재산이 없기 때문에 그러한 행위를 하였다고 하면서 자신의 책임을 부정하였다.
가해(손상)의 부정	훔친 것을 빌린 것이라고 하는 등 자신의 행위가 위법한 것일지는 몰라도 실제로 자신의 행위로 인하여 손상을 입은 사람은 아무도 없다고 주장하며 합리화하는 경우가 이에 해당한다(자신의 범죄사실을 부정하는 것). ① 자신의 행위는 누구에게도 피해를 주지 않았다고 함 ② 절도범죄를 저지르면서 물건을 잠시 빌리는 것이라고 생각함 [2018. 9급] 총 3회 기출 ③ 마약을 사용하면서 누구에게도 피해를 주지 않았다고 생각함 [2018. 7급] ④ 방화를 하면서 보험회사가 피해를 모두 보상해 줄 것이라고 생각함 ⑤ 타인의 재물을 횡령하면서 사후에 대가를 지불하면 아무런 문제가 없다고 변명하였다.
피해자의 부정	자신의 행위가 피해를 유발한 것은 인정하지만 그 피해는 당해야 마땅한 사람에 대한 일종의 정의로운 응징이라고 주장하거나(도덕적 복수자) 또는 피해를 본 사람이 노출되지 않은 경우에 피해자의 권리를 무시함으로써 중화시키는 것을 말한다(범행 행위의 원인을 피해자가 제공). [2020. 7급] ① 가게에서 물건을 훔치면서 가게주인은 정직하지 못하므로 자신의 행동이 정당하다고 생각 [2018. 7급] ② 성적으로 난잡한 여성이나 성매매여성은 보호받을 가치 없는 정조라고 강간범이 자신의 행위를 정당화한 경우 ③ 아버지가 폭력을 사용하여 나를 심하게 괴롭혀왔기 때문에 나도 아버지에게 폭력을 행사할 수 있다.

피해자의 부정	④ 보석을 절도하면서 피해자가 부당한 방법으로 모은 재산이기 때문에 보복으로 한 것이라고 자기의 행위를 합리화한다. ⑤ 자기 선생을 구타하면서 이 선생은 학생들에게 공평하게 대하지 않았기 때문에 당연하다고 합리화한다. ⑥ 다른 사람을 폭행하면서 이 사람이 먼저 때릴려고 했기 때문에 먼저 때릴 수밖에 없었다. ⑦ 甲은 다른 남자 동료 직원과 함께 乙을 집단으로 따돌리며 乙이 오히려 부서의 단합을 저해한 원인을 제공하고 있다고 비난하였다. [2015. 9급]
비난자에 대한 비난	자신을 비난하는 사람, 즉 경찰·기성세대·부모·선생님 등이 더 나쁜 사람이면서 소년 자신의 작은 잘못을 비난하는 것은 모순이라는 식으로 합리화해 가는 것을 말한다. ① 전문장물아비가 자신의 최고의 고객 중 일부는 판사와 경찰관이라고 지적한 경우 ② 은행강도가 자신에 대한 처벌이 뇌물을 받은 정치인이나 은행돈을 횡령한 은행가보다 엄하게 처벌하는 것에 항변하는 경우 ③ 사회통제기관을 부패한 자들로 규정하여 자기를 심판할 자격이 없다고 하는 경우 ④ 나의 잘못에 대하여 신이 벌한다면 몰라도 현재의 부패한 사법당국이 나를 벌하는 것은 도저히 수용할 수 없다. ⑤ "다른 사람들은 더 나쁜 짓을 하고서도 처벌받지 않잖아." [2019. 5급 승진] ⑥ 경찰, 검사, 판사들은 부패한 공무원들이기 때문에 자신의 비행을 비난할 자격이 없다고 합리화한다. [2018. 7급] ⑦ 수뢰죄 혐의로 수사를 받으면서 사건 담당 사법경찰관의 강제추행사실을 비난하였다. ⑧ 꾸짖는 부모에게 항변하고, 오히려 자신의 잘못된 행동은 모두 부모의 무능으로 돌리는 경우 [2012. 7급] ⑨ 부모들은 본인의 무능을 자식들을 대상으로 분풀이하는 사람들이기 때문에 이들이 비행소년을 비난할 자격이 없다고 비난함
상위가치에 대한 호소(고도의 충성심에의 호소)	자신의 행위가 옳지는 않지만 친구 등 중요한 개인적 친근집단에 대한 충성심이나 의리에서 어쩔 수 없었다는 주장으로 중화시키는 것을 말한다. ① 은행 여직원이 사랑하는 애인을 위하여 원치 않는 돈을 횡령한 경우 ② 조직원이 의리 때문에 자신과 상관없는 일에 참여함으로써 범죄행위를 한 경우 ③ 나의 폭력적인 쟁의행위가 위법이지만, 악덕기업인으로부터 근로자로서의 정당한 권익을 보장받기 위해서는 어쩔 수 없다. ④ 가족을 먹여 살리기 위해 어쩔 수 없이 범죄를 하였다고 생각함 [2019. 5급 승진] ⑤ 자식에 대한 도리를 다하기 위해 어쩔 수 없이 범죄를 하였다고 생각함 ⑥ 차량을 절도하면서 사회일반적인 규범에는 어긋나지만 친구들과의 의리 때문에 할 수밖에 없었다고 합리화한다. ⑦ 폭력시위 현장에서 화염병을 사용하는 것이 위법행위이기는 하지만 민주주의를 위해 어쩔 수 없다고 합리화한다.

⑥ 허쉬(Hirschi)의 사회통제(연대, 유대, 결속)이론

1. 개요

(1) '범죄의 원인은 무엇인가?'의 물음에서 '왜 대부분의 사람들은 일탈하지 않고 사회규범에 동조하는가?'의 물음에 관한 이론이다. [2017. 7급]

(2) 허쉬는 「비행의 원인」(1969)에서 뒤르껭의 아노미이론(범죄는 정상적인 사회현상이다)과 반대로 규범준수행위가 정상적이고 규범위반행위는 비정상적이라고 보면서 우리 사회는 비행을 저지르도록 강요하는 긴장은 없으며 오히려 저지르지 못하게 하는 요인, 즉 사회연대의 요소만이 있다고 본다.

(3) "우리는 모두 동물이며 자연적으로 누구든지 범죄를 저지를 수 있다"고 단언하면서 반사회적 행위를 자행하게 하는 근본적인 원인은 인간의 본성에 있다고 보았다(고전주의 시각). [2017. 7급]

(4) 사람은 일탈의 잠재적 가능성을 가지고 있는데, 이것을 통제하는 시스템에 기능장애가 생기면 통제가 이완되고 일탈가능성이 발현되어 범죄가 발생한다고 한다. [2010. 7급], [2022. 9급] 총 2회 기출

(5) 누구든지 범행 가능성이 잠재되어 있음에도 불구하고 이를 통제하는 요인으로 허쉬가 지적한 것은 개인이 사회와 맺고 있는 일상적인 유대이다. 따라서 허쉬는 비행이 발생한 경우에 비행문화를 내면화하였다든지, 불량친구의 영향을 받았다든지 하는 측면에서 설명하지 않는다. 대신에 해당 소년과 사회와의 유대가 약화되거나 단절됨으로써 소년의 타고난 비행성향이 노출된 것으로 이해한다. [2020. 7급] [2024. 9급 보호]

(6) 개인이 사회와 유대를 맺는 방법인 애착, 전념, 참여, 믿음의 정도에 따라 비행을 저지를지 여부가 결정된다고 보았다. [2024. 9급 보호]

2. 개인이 사회와 유대를 맺는 방법(사회연대의 요소) [2024. 7급] 총 5회 기출

구분	내용
애착 (attachment)	① 애정과 정서적 관심을 통하여 개인이 사회와 맺고 있는 유대관계로 부자지간의 정, 친구 사이의 우정, 가족구성원끼리의 사랑, 학교선생에 대한 존경심 등을 들 수 있다. ② 자식이 비행을 저지르려 하다가도 부모가 실망하고 슬퍼할 것을 우려해서 그만둔다면 이는 애착에 의하여 사회통제가 이행되는 사례라 할 수 있다. ③ 허쉬는 사회의 가치나 규범을 개인이 내면화하기 위해서는 다른 사람들에 대한 애착관계가 형성됨으로써 가능하다는 점에서 애착에 의한 사회유대를 가장 강조하였다.
전념 (관여 · 수용) (commitment)	① 규범준수에 따른 사회적 보상에 얼마나 관심을 갖는가에 관한 것이다. ② 미래를 위해 교육에 투자하고 저축하는 것처럼 관습적 활동에 소비하는 시간과 에너지, 노력 등을 의미한다. ③ 애착이 감정적 · 정서적인 관계에 기초한 것이라면 전념은 각자의 합리적인 판단을 바탕으로 개인과 사회의 유대가 형성되고 유지되는 형태이다. ④ 전념에 의한 통제는 규범적인 생활에 집착하고 많은 관심을 두었던 사람은 그렇지 않은 사람들에 비해 잃을 것이 많기 때문에 비행이나 범죄를 자제하도록 한다고 본다.

참여 (involvement)	① 행위적 측면에서 개인이 사회와 맺고 있는 유대의 형태로 개인이 인습적인 활동에 얼마나 많은 시간을 투여하고 있는가에 따라 평가할 수 있다. ② 학교, 여가, 가정에서 많은 시간을 보내게 되면 범죄행위의 유혹에서 멀어진다는 것을 의미한다. ③ 참여와 범죄발생의 관계에 대해서 허쉬는 마치 '게으른 자에게 악이 번창하듯이' 사회생활에 대하여 참여가 낮으면 그만큼 일탈행동의 기회가 증가됨으로써 비행이나 범죄를 저지를 가능성이 높다고 보았다.
믿음 (belief) (신념)	① 관습적인 규범의 내면화를 통하여 개인이 사회와 맺고 있는 유대의 형태로 관습적인 도덕적 가치에 대한 믿음을 의미한다. ② 믿음이란 내적 통제를 의미하는 것으로 사람들마다 사회규범을 준수해야 한다고 믿는 정도에는 차이가 있고 규범에 대한 믿음이 약할수록 비행이나 범죄를 저지를 가능성이 높다고 보았다.

7 갓프레드슨(Gottfredson)과 허쉬(Hirschi)의 범죄 일반이론(자기통제이론)

1. 개념의 정의

(1) 사회통제이론에서 밝힌 통제의 개념을 생물사회적 이론, 심리학적 이론, 일상활동이론 그리고 합리적 선택이론의 통제개념과 통합함으로써 사회통제 이론의 일부 원리에 대한 수정과 재정의를 시도했다. [2021. 7급][2023. 7급 보호]

(2) 이 통제에 대한 개념적 통합연구가 바로 범죄에 대한 일반이론(General Theory of Crime)이다.

2. 인간의 범죄성향 결정요인 : 통제력

(1) 범죄성향을 인간의 자기통제 능력에서 찾는다. 낮은 자기 통제력은 충동성, 쾌락추구, 고통에 대한 둔감성, 무모성 그리고 범죄성격과 경향을 의미한다. [2021. 7급][2023. 7급 보호]

(2) 낮은 자기 통제력의 근본적인 원인을 타고난 것으로 보지 않고 부모의 부적절한 양육에 의해 형성된다고 주장한다. [2021. 7급][2023. 7급 보호]

(3) 자기 통제력 부족 현상은 아주 어릴 때 형성되고, 성인이 되었어도 안정적인 상태로 계속 존재한다. 낮은 통제력은 한 번 형성되면 지속되기 쉽고, 범죄나 일탈행동을 범할 경향과 계속 결합하기 쉽다. [2023. 7급 보호] 총 2회 기출

3. 자기 통제와 범죄 : 갓프레드슨과 허쉬는 자기통제의 원리가 모든 다양한 범죄행동과 범죄에 대한 모든 사회적·행태적 상관성을 설명할 수 있다고 주장한다.

4. 일반이론에 대한 평가

(1) 사회화와 범죄성 개념의 통합 : 일반이론은 자기 통제력이 약한 사람이 반드시 범죄를 범하는 것이 아니고, 반대로 높은 자기 통제력을 소유한 사람이 범죄를 범하는 데 대한 이유를 설명함으로써, 허쉬에 의해 초기에 주장된 '통제모델'이 설명하지 못하는 부분들에 대한 해답을 제시해 준다.

(2) 충동적인 성격으로 인해 자기 통제력이 약한 사람은 범죄를 범할 위험성이 있지만, 그들의 충동적인 욕구를 만족시켜줄 만한 범죄기회가 없다면 범죄를 범하지 않게 되고, 반대로 비교적 자기 통제력이 강한사람도 욕구충족을 위한 기회가 발견된다면, 범죄행동을 저지르게 된다. 범죄에 대한 유인이 크다면, 즉 기회가 좋다면 자기 통제력은 범죄기회에 굴복하게 된다.

(3) **범죄성향과 범죄기회의 통합**: 유사 환경에서 자란 아이들이 왜 어떤 아이는 범죄를 범하지 않고 다른 아이는 범죄를 범하는지를 설명하고, 기업의 경영진이 횡령이나 기업 사기행위를 하는지를 설명할 수 있게 되었다. 부유한 경영주도 불법적인 행동으로 얻는 이익이 매우 크다면, 자기 통제력이 힘을 잃고 범죄를 범하게 된다. [2023. 7급 보호]

제7절 낙인이론   >> 미시 과정론

1 개요

1. 의의

(1) 1938년 탄넨바움을 시작으로 1960년대 이후 1970년대 초에 본격적으로 발달한 이론으로 일탈행위와 사회적 낙인화의 동적 관계를 사회적 상호작용의 관점에서 파악하여 이를 사회적 반작용이론 또는 사회반응이론이라 한다.

(2) **주요학자 및 연혁**: 탄넨바움(Tannenbaum)의 「범죄와 지역사회」(1938), 태판(Tappan)의 「소년비행」(1949), 레머트(Lemert)의 「사회병리학」(1951), 베커(Becker)의 「비동조자들」(1963), 슈어(Schur)의 「낙인적 일탈행동」(1971) 등을 들 수 있다.

(3) 범죄원인은 범죄인과 사회의 상호작용에 의한 사회적 낙인과 반작용, 특히 낙인의 주체인 법집행기관의 역할에 초점을 맞춘 규범회의주의의 입장에 있다(범죄행위보다는 범죄행위에 대한 통제기관의 반작용에 관심을 가진다).

2. 주요 내용

(1) 범죄가 범죄통제를 야기하기보다는 범죄통제가 오히려 범죄를 야기한다고 보았다(국가의 범죄통제가 오히려 범죄를 증가시키는 경향이 있으므로 과감하게 이를 줄여야 한다고 주장한다).

(2) 사법기관의 결단주의적 요소 및 법관의 법창조적 활동 그리고 행위자의 반작용에 관심을 두었다. [2010. 7급]

(3) 형사사법기관의 역할에 대해 회의적이며, 공식적 낙인은 사회적 약자에게 차별적으로 부여될 가능성이 높다고 본다. [2012. 7급]

(4) 범죄는 일정한 행위속성의 결과가 아니라, 통제기관에 의해 일탈행위에 대한 '사회적 반응'이 범죄로 규정된다. [2016. 5급 승진] 총 4회 기출

(5) 공식적 처벌(범죄행위에 대한 처벌)이 가지는 긍정적 효과보다는 부정적 효과에 주목한다. [2018. 7급] 총 2회 기출

(6) 일탈·범죄행위에 대한 공식적·비공식적 통제기관의 반응(reaction)과 이에 대해 일탈·범죄행위자 스스로가 정의(definition)하는 자기관념에 주목한다. [2020. 9급]

(7) 비공식적 통제기관의 낙인, 공식적 통제기관의 처벌이 2차 일탈·범죄의 중요한 동기로 작용한다고 본다. [2020. 9급]

3. 범죄대책

(1) 구금에 따른 악풍감염과 낙인의 문제점을 지적하고 공적 개입과 공식낙인보다는 다양한 전환제도의 활용을 증대시키고 처우지향적인 소년사법분야나 경미범죄 등에 대해 비범죄화와 비형벌화의 확대에 기여하였다. [2020. 9급] 총 5회 기출

(2) 이는 곧 선별적 수용을 통한 교도소의 다양화와 사회 내 처우의 필요성을 강조하여 불간섭주의(Non-intervention)의 이론적 근거가 되었고 나아가 비판범죄학[자본주의 사회의 구조적 모순(법이라는 것은 지배계층을 위한 것)이 범죄의 원인이라고 보는 시각]의 형성에 기여한 바가 크다. [2015. 7급]

(3) 사회적 위험성이 없는 행위는 범죄목록에서 제외해야 한다고 주장하였다. [2019. 5급 승진]

(4) 범죄자에 대한 시설 내 처우의 축소와 사회 내 처우의 확대를 주장하였다. [2020. 9급] 총 2회 기출, [2021. 7급 보호]

2 대표적 학자

1. 탄넨바움(Tannenbaum)의 악의 극화(일탈강화의 악순환)

(1) 공공에 의해 부여된 범죄자라는 꼬리표에 비행소년 스스로가 자신을 동일시하고 그에 부합하는 역할을 수행하게 되는 과정을 '악의 극화(Dramatization of Evil)'라고 하였다. [2023. 7급] 총 2회 기출

(2) 즉 부정적 낙인은 부정적 자아관념을 심어 일단 자신에게 일탈자로서 낙인이 붙게 되면 스스로 일탈자로 치부하여 일탈행위를 지속한다고 보았다.
  ※ 이 시기(1938년)의 미국: 강경책 → 탄넨바움의 주장이 받아들여지지 않음.

(3) 사회에서 범죄자로 규정되는 과정은 일탈강화의 악순환으로 작용하여 오히려 범죄로 비난받는 특성을 자극하여 강화시켜주는 역할을 한다. [2018. 5급 승진]

(4) 청소년의 사소한 비행에 대한 사회의 부정적 반응이 그 청소년으로 하여금 자신을 부정적인 사람으로 인식하게 한다. [2018. 7급]

(5) 범죄형성의 과정은 낙인의 과정이다.

2. 레머트(Lemert)의 사회적 낙인으로서의 일탈 [2023. 7급] 총 6회 기출

(1) 레머트는 1차적 일탈에 대하여 부여된 사회적 낙인으로 인해 일탈적 자아개념이 형성되고, 이 자아개념이 직접 범죄를 유발하는 요인으로 작용하여 2차적 일탈이 발생된다고 하였다.(1차적 일탈에 대한 부정적 사회반응이 2차적 일탈을 만들어 낸다.) [2019. 9급] 총 3회 기출

(2) **1차적**(일시적) **일탈**
  ① 일시적인 것이며, 사회적·문화적·심리적·생리적 요인들에 의해 야기되는 규범일탈행위이다.
  ② 규범위반자는 자기 자신을 일탈자로 생각하지 않고, 타인에게 노출되지도 않아 일탈에 대한 사회적 반작용이 나타나지 않는다.

(3) **2차적**(경력적) **일탈**
  ① 1차적 일탈에 대한 사회적 반응에 의해 생긴 문제들에 대한 행위자의 반응(방어·공격 또는 문제들에 적응하기 위한 수단)으로서의 일탈행위나 사회적 역할들이다.

② 일반적으로 오래 지속되며, 행위자의 정체성이나 사회적 역할들의 수행에 중요한 영향을 미친다.
③ 일탈행위가 타인이나 사회통제기관에 발각되어 낙인찍히게 되고 이는 합법적·경제적 기회의 감소, 정상인과의 대인관계 감소를 가져와 자기 자신을 일탈자로 자아규정하고, 계속적인 범죄 행위로 나아가게 된다는 것이다.
④ 레머트가 특히 관심을 두고 분석한 사항은 2차적 일탈에 관한 것으로, 사회반응의 종류를 크게 사회구성원에 의한 반응과 사법기관에 의한 공식적인 반응으로 나누었다.
⑷ 사회적 반응 중에서 특히 사법기관에 의한 공식적인 반응(처벌은 일차적 일탈자에게 오명을 씌우고, 사법제도의 불공정성을 자각하게 하고, 제도적으로 강제당하고, 일탈하위문화를 사회화하고, 죄책감이나 책임감을 회피할 수 있는 긍정적 이익을 제공)은 일상생활에서 행해지는 비공식적 반응들 보다 심각한 낙인효과를 끼쳐 1차적 일탈자가 2차적 일탈자로 발전하게 된다고 한다. [2020. 5급 승진]
⑸ 사법기관에 의한 공식반응이 미치는 낙인효과: 일차적 일탈자를 이차적 일탈자로 악화시키는데 공 식반응이 미치는 낙인효과는 다음과 같다. [2024. 7급] [2021. 7급 보호]

오명 씌우기	사법기관에 의한 공식반응이 행해짐으로써 일차적 일탈자에게 도덕적 열등아라는 오명이 씌워진다. 특히 공식처벌은 대중매체를 통해 알려지고 전과자로 기록되면서 종전과는 달리 타인과의 관계설정이 어려워지고 구직이 어려워지는 등 정상적인 사회생활을 하지 못하게 되므로 이차적 일탈로 이어진다.
불공정에 대한 자각	공식적인 처벌을 받는 과정에서 일차적 일탈자는 불공정한 사법집행의 측면을 경험하게 된다. 따라서 사법제도의 공정성에 대한 신뢰를 상실하고 사회정의에 대한 신뢰감을 상실하게 된다.
제도적 강제의 수용	1차적 일탈자는 공식적 처벌을 받게 되면 자신에 대한 사법기관의 판단을 수용할 수밖에 없게 된다는 것이다.
일탈하위문화에 의한 사회화	집행시설 내에서는 그 특유한 일탈하위문화가 존재한다. 공식처벌에 따라 1차적 일탈자는 이를 접하게 되면서 범죄를 옹호하는 가치나 새로운 범죄기술을 습득하게 된다는 것이다.
부정적 정체성의 긍정적 측면	사법기관이 일탈자에게 부정적인 정체성을 부여하지만, 이것을 수용했을 때에 얻게 되는 책임감에 대한 면책이나 죄책감으로부터 도피 등의 이익 때문에 일차적 일탈자는 자신에 대한 부정적인 평가를 거부하지 않는다.

3. 베커(Becker)의 사회적 지위로서의 일탈

⑴ 베커는 일탈자로 낙인했을 때에 그 사람의 지위변화에 초점을 두었다.
⑵ 금지된 행동에 대한 사회적 반응이 2차적 일탈을 부추길 뿐 아니라 사회집단이 만든 규율을 특정인이 위반한 경우 '이방인(outsider)'으로 낙인찍음으로써 일탈을 창조한다. [2019. 9급]
⑶ 사람에게 범죄적 낙인이 일단 적용되면, 그 낙인이 다른 사회적 지위나 신분을 압도하게 되므로 일탈자로서의 신분이 그 사람의 '주지위'로 인식된다. [2014. 7급] 총 4회 기출
⑷ 일탈자라는 낙인은 그 사람의 사회적 지위와 타인과의 상호작용에 부정적인 영향을 미친다. [2018. 7급]

4. 슈어(Schur)의 자기관념으로부터의 일탈

⑴ 슈어는 개인의 적응을 고려하여 낙인과정의 유동적 속성과 스스로에 의한 자아규정의 중요성을 강조하였다. [2021. 7급 보호]

(2) 규범위반을 하였다고 하여 바로 낙인이 되는 것이 아니고 낙인이 이루어졌더라도 이차적 일탈자로 되는 과정이 단계적으로 진행되지 않는다고 보았다. 즉 낙인과정에서 개인의 적응노력에 따라 어떤 사람은 낙인을 수용하며 어떤 사람은 여러 가지 협상이나 타협을 통해 낙인을 회피할 수도 있다는 것이다.

(3) 사법기관의 공식적 개입은 귀속지위, 오명찍기, 눈덩이 효과로 인한 자기관념 부정을 초래하는 등 내적인 자아낙인을 통해 스스로 일탈자라고 규정하는 2차적 일탈에 주목하고 불간섭주의를 주장하였다.

3 형사정책적 대안(4D 정책)

(1) **비범죄화(Decriminalization)**: 기존형법의 범죄목록 중에서 사회변화로 인하여 더 이상 사회위해성이 없는 행위로 평가되는 것에 대해서는 범죄목록에서 삭제되어야 한다.

(2) **전환(Diversion)**: 가능한 범죄에 대한 공식적 반작용은 비공식적 반작용으로, 중한 공식적 반작용은 경한 공식적 반작용으로 대체되어야 한다.

(3) **탈제도화 · 탈시설수용화(Deinstitutinalisation)**: 가능한 한 범죄자를 자유로운 공동체 내에 머물게 하여 자유상태에서 그를 처우하여야 한다.

(4) **탈낙인화(Destigmatization)**: 이미 행해진 사회통제적 낙인은 재사회화가 성과 있게 이루어진 후에는 피낙인자에게 그의 사회적 지위를 되돌려 주는 탈낙인화가 뒤따라야 한다.

(5) **적정절차(Due Process)**: 정당한 법 적용절차를 강조한다.

(6) 이에 따라 범죄자에 대한 국가개입은 가능한 축소하고 대신에 비공식적인 사회 내 처우가 새로운 범죄자의 교화방법으로 제시되기도 하였다.

4 공헌과 비판

공헌	비판
① 동기의 문제에서 정의의 문제로, 범죄문제 자체보다 범죄통제의 문제로 관심을 전환시켰다.	① 일탈의 원인으로서 사회통제나 사회반응의 효과를 너무 강조하여 사회통제기관에 대한 비판적 시각을 나타내었다.
② 소년사법분야나 경미범죄, 과실범죄 등에 대해 그 예방차원으로 비범죄화, 다이버전, 시설 내 구금수용의 철폐 등 사회 내 처우의 근거가 되었다. [2019. 5급 승진] 총 4회 기출	② '낙인 없으면 일탈도 없다.'는 지나친 상대주의에 빠져 인간이 사회적인 반작용 없이도 스스로 범죄자가 될 수 있는 점을 간과하고 있다.
③ 상징적 상호작용론을 수용하여 피해자 없는 범죄에 대해서도 관심을 기울였고, 범죄피해자 조사를 통한 공식범죄통계를 보완하였다.	③ 최초의 일탈에 대한 원인설명이 부족하며 반교정주의로 발전할 위험성이 크다. [2018. 7급] 총 5회 기출
	④ 화이트칼라범죄와 같은 지배계층의 범죄에 관대한 결과를 양산할 가능성이 있으며 일탈의 원인으로서 사회통제나 사회반응의 효과를 지나치게 강조하였다.

제7장 갈등론적 범죄론(비판범죄론)

제1절 개요

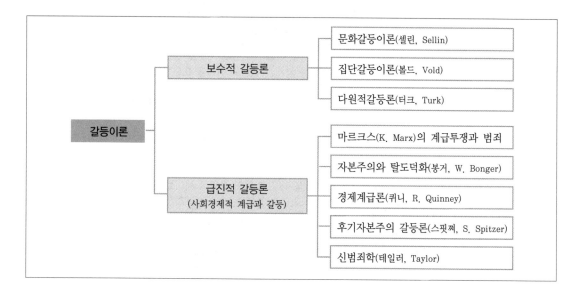

1 의의

1. 정의

(1) 갈등론적 범죄학(비판범죄학, 급진범죄학)은 범죄의 연구대상을 사회적 상호작용이 아닌 '비행에 대한 사회통제 메커니즘'으로 옮겨 놓은 거시적(구조적) 이론이다. 범죄행위의 개별적 원인을 규명하기보다는 어떤 행위가 범죄로 규정되는 과정에 더 관심을 가졌고, 연구초점을 일탈자 개인으로부터 자본주의체제로 전환시켜 연구의 범위를 확대하여 일탈의 문제도 자본주의 사회의 모순에 대한 총체적 해명 속에서 이해하고자 하였다.

(2) 사회의 다양한 집단들 중에서 자신들의 정치적·경제적 힘을 주장할 수 있는 집단이 자신들의 이익과 기득권을 보호하기 위한 수단으로 만들어 낸 것이 법이다.

(3) 그렇기 때문에 갈등론에 의하면 한 사회의 법률을 위반하는 범죄의 문제도 도덕성의 문제가 아니라 사회경제적이고 정치적인 함의를 지니는 문제일 뿐이다. [2017. 5급 승진]

Plus | 비판범죄학

① 급진적 범죄학 또는 갈등론적 범죄학이라고도 한다.
② 갈등론적 관점에서 기존의 범죄학을 비판하는 데에서 출발하였다.
③ 범죄원인을 개인의 반사회성에서 찾는 종래의 범죄원인론을 비판한다.
④ 범죄행위의 개별적 원인을 규명하기보다는 어떤 행위가 범죄로 규정되는 과정에 더 관심을 가졌다(범죄발생의 저변에 작용하고 있는 구조적 요인을 거시적 시각에서 분석).
⑤ 범죄인 가운데 하층계급의 사람들이 많은 것은 국가가 이들의 범죄만을 집중적으로 통제하기 때문이다.
⑥ 형사사법기관은 사회성원 대다수의 이익보다는 권력과 지위를 차지하고 있는 소수집단의 이익을 위해 차별적으로 법을 집행한다고 보며 법의 내용은 권력을 차지한 집단의 이익을 도모하는 방향으로 정해진다고 한다(형사사법기관의 선별적 형사소추에 대한 비판을 제시).
⑦ 사회는 일정한 가치에 동의하는 동질적 집단이 아니라, 서로 다른 가치와 이해관계가 충돌하는 이질적 집단이라고 본다(갈등론적 관점).
⑧ 형법은 국가와 지배계급이 기존의 사회·경제질서를 유지하고 영속화하기 위한 도구라고 보고, 형법의 정당성에 대하여 의문을 제기한다.
⑨ 연구초점을 일탈자 개인으로부터 자본주의체제로 전환시켜 연구의 범위를 확대하였다.
⑩ 범죄통제의 측면에 대한 지나친 관심으로 범죄의 원인에 대한 규명이 제대로 행해지지 못하고, 자본주의 구조 혹은 국가가 범죄를 생산한다는 지극히 일차적이고 막연한 논리에 그치고 있으며, 범죄통제를 위한 구체적인 대안도 제시하지 못하였다(이념적·사변적·이념지향적으로 현실적으로 형사사법체계의 개선을 위한 구체적인 대안을 제시하지 못함).
⑪ 휴머니즘 비판범죄학은 노동력 착취, 인종차별, 성차별 등과 같이 인권을 침해하는 사회제도가 범죄적이라고 평가하는 인도주의적 입장이다.

제2절 보수적 갈등론

1 셀린(Sellin)의 문화갈등이론

1. 개요

(1) 문화갈등이론은 인간의 사회행동을 결정하는 데는 한 사회의 문화적 가치체계가 결정적 작용을 한다는 전제로부터 출발한다. 그리고 일탈행동은 개인이 사회의 지배적 가치와 다른 규범체계, 즉 하위문화 또는 이주자의 생소한 문화로부터 배운 가치체계를 지향할 때 발생하는 것으로 설명한다.

(2) 개별집단의 문화적 행동규범과 사회전체의 지배적 가치체계 사이에 발생하는 문화적 갈등관계가 범죄원인이 된다.

(3) 법은 그 사회의 다양한 구성원들의 합의를 대변하는 것이 아니라, 지배적인 문화의 행위규범을 반영하는 것이고, 전체 사회의 규범과 개별집단의 규범 사이에는 갈등이 존재하고, 개인도 이러한 종류의 갈등이 내면화됨으로써 인격해체가 이루어지고 범죄원인으로 작용하게 된다. [2017. 5급 승진]

(4) 문화갈등의 유형을 다음과 같이 나누어 설명한다. 여기에서 중요한 것은 갈등의 구조·동태가 아니라 비관습적 규범과 가치가 대대로 전승되는 사회적 과정에 있다고 한다. [2015. 9급] 총 3회 기출, [2024. 9급 보호]

1차적(횡적) 문화갈등	이질적 문화 사이에서 발생하는 갈등으로 두 문화 사이의 경계지역에서 발생한다.(이질적 문화 간의 충돌) [2022. 7급 보호] 예 식민지 정복과 같이 하나의 문화가 다른 문화영역 속으로 확장하는 경우, 이민 집단과 같이 특정문화의 구성원들이 다른 문화 영역으로 이동할 때
2차적(종적) 문화갈등	하나의 단일문화가 각기 독특한 행위규범을 갖는 여러 개의 상이한 하위문화로 분화될 때 일어나는 갈등형태이다.(동일문화 내에서 사회분화로 인한 갈등) [2024. 9급 보호] 예 신·구세대 간, 도시·농촌 간, 빈·부 간

2 볼드(Vold)의 집단갈등이론

1. 의의

집단형성의 동기: 사람이란 원래 집단지향적인 존재이며 이들의 생활은 대부분 집단에 참여함으로써 가능하다는 전제에서 출발한다. 자신의 노력보다 집단을 통한 요구가 잘 실현되기 때문으로 새로운 이해관계에 따라 집단은 만들어지고 소멸된다.

2. 집단갈등과 범죄

(1) 법의 제정, 위반 및 법집행의 전 과정은 집단이익의 갈등이나 국가의 권력을 이용하고자 하는 집단 간 투쟁의 결과이다. 특히 법 제정을 권력집단의 협상의 결과로 보고 범죄를 개인적 법률위반이 아니라 비권력 소수계층의 집단투쟁으로 이해한다. [2016. 5급 승진] 총 2회 기출

(2) 집단 간의 이익갈등이 가장 첨예한 상태로 대립하는 영역은 입법정책 부분이다. [2016. 7급]

(3) 범죄를 법제정과정에 참여하여 자기의 이익을 반영시키지 못한 집단의 구성원이 일상생활 속에서 법을 위반하며 자기의 이익을 추구하는 행위로 본다. [2017. 5급 승진] 총 5회 기출, [2022. 7급 보호]

(4) 정치적 갈등의 가장 궁극적인 형태는 반란과 혁명, 특수유형의 범죄뿐만 아니라 통상적인 범죄들도 집단갈등과 관련된다.

3 터크(Turk)의 권력갈등이론

1. 의의

(1) 다른 갈등론자와 마찬가지로 사회의 질서가 유지되는 근원이 집단 간의 경쟁과 투쟁의 소산이라고 보고, 범죄자로 되는 것은 투쟁의 결과에 좌우되는 것으로 파악하였다.

(2) 다른 갈등이론과 달리 법제도 자체보다는 법이 집행되는 과정에서 특정집단의 구성원이 범죄자로 규정되는 과정을 중시하였는데, 법집행기관이 자신들의 이익을 위해 차별적 법집행을 한다고 보았다. [2024. 보호 9급]

(3) 갈등의 원인(지배-피지배): 사회를 통제할 수 있는 권위를 추구하는 데에 있다고 보고, 사회의 권위구조를 집단의 문화규범이나 행동양식을 다른 사람들에게 강제할 수 있는 권위를 가진 지배집단과 그렇지 못한 피지배집단으로 구분하였다. 즉 사회적으로 권력이 있는 집단이 하층계급의 사람들에게 그들의 실제 행동과는 관계없이 범죄자라는 신분을 부여할 수 있다는 측면에서 피지배집단의 범죄현상을 이해한다. [2010. 7급]

제3절 급진적 갈등론

낙인이론이 제기한 문제의식을 마르크스주의의 인식론의 틀 안에서 재구성한 것으로 일탈사회학 및 범죄학 영역의 이론과 실천의 양 측면에서 새로운 대안의 모색을 위한 노력의 결과라고 할 수 있다.

❶ 마르크스(Marx)의 계급투쟁과 범죄

1. 범죄원인

근본적인 사회과정을 생산수단의 소유자인 자본가 계급과 그들에게 고용된 노동자 계급인 경제계급 간에 발생하는 갈등에 기초하는 것으로 본다.

❷ 봉거(Bonger)의 자본주의와 탈도덕화

1. 의의

(1) 마르크스주의의 입장에서 범죄원인론을 처음으로 체계화한 학자로 「범죄성과 경제적 조건」(1916)에서 롬브로조의 범죄생물학에 대항하여 범죄의 원인을 경제적 이유에서 찾았다.

(2) 자본주의 사회의 경제제도가 빈곤한 사람들의 개인적 불만족을 심화시키고 이것이 그들의 범죄성향을 더욱 증대시킨다는 경제적 결정론을 제시하면서, 이기주의적 인성이 지배하는 사회일수록 범죄율이 높다는 범죄원인론적 가설을 세운다.

2. 범죄원인 - 계급갈등과 경제적 불평등

사법체계는 가진 자에게는 그들의 욕망을 달성할 수 있는 합법적 수단을 허용하는 반면, 가난한 자에게는 이러한 기회를 허용하지 않기 때문에 범죄는 하위계급에 집중된다. 그리하여 가진 자와 못 가진 자의 갈등적 양상이 심화되면서 양자는 모두 비인간화되고 여기서 범죄생산의 비도덕성(탈도덕화)이 형성된다는 것이다. [2016. 7급] 총 2회 기출, [2024. 9급 보호]

3. 범죄대책 - 사회주의 사회 달성

사회주의: 생산과 수단이 공유되며 부의 재분배가 가능한 사회주의 사회가 되면 부유한 자에 대한 법적 편향성을 제거하고 전체 사회의 복지를 배려할 것이기 때문에 궁극적으로 범죄가 없어질 것이다.

❸ 퀴니(Quinney)의 경제계급론

1. 의의

(1) 퀴니의 초기연구는 터크와 비슷하게 경쟁적 이해관계라는 측면에서 다양한 집단들의 갈등현상을 다루었으나, 후기 연구에서 범죄는 자본주의 물질적 상황에 의해 어쩔 수 없이 유발되는 것이라고 보는 마르크스주의적 관점을 취하였다. [2016. 7급]

(2) 범죄발생은 개인의 소질이 아니라 자본주의의 모순으로 인해 자연적으로 발생하는 사회현상이라고 보고, 노동자계급의 범죄를 자본주의 체계에 대한 적응범죄와 대항범죄로 구분하였다

(3) 범죄를 정치적으로 조직화된 사회에서 권위가 부여된 공식기관들에 의해 만들어진 인간의 행동으로 정의하였다. [2024. 7급]

2. 범죄원인과 유형

퀴니는 범죄원인과 유형을 적응과 저항의 범죄, 지배와 억압의 범죄로 구분하고, 적응과 저항의 범죄는 대부분의 노상범죄와 자본주의하에서 생존을 위하여 노동자 계층에서 범하는 것이며, 지배와 억압의 범죄는 국가나 사회통제기관이 기득권을 유지하기 위하여 범하는 범죄로 화이트칼라범죄, 경제범죄 및 산업범죄 등이 해당한다.

(1) **적응 및 저항의 범죄**: 생산수단을 소유, 통제하지 못하는 노동자 계급이 개별적으로 자본주의의 기본모순에 반응하는 형태를 말한다. [2024. 7급]

적응의 범죄 (화해의 범죄)	① 자본주의에 의해 곤경에 빠진 사람들이 다른 사람의 수입과 재산을 탈취함으로써 보상을 받으려 하거나 혹은 자본주의에 의해 피해를 입은 사람들이 무력을 행사하여 다른 사람의 신체를 해하는 유형의 범죄이다. ② 생존의 필요에 의한 약탈범죄(절도, 강도, 마약거래 등)와 기본모순의 심화 속에서 야기된 난폭성의 대인범죄(살인, 폭행, 강간 등)이다.
대항의 범죄 (저항의 범죄)	① 자본가들의 지배에 대항하는 범죄유형으로 비폭력적이거나 잠재적인 불법행위와 자본주의에 직접적으로 대항하는 혁명적인 행위들을 포함하였다. ② 시위, 파업 등

(2) **지배와 억압의 범죄**: 자본가 계급의 범죄는 그들이 자본주의 기본모순을 안고 체제유지를 해나가는 과정에서 자신의 이익을 보호하기 위해 불가피하게 자신이 만든 법을 스스로 위반하는 경우를 말한다.

기업범죄	가격담합, 부당내부거래, 입찰담합 등 경제적 지배를 위한 범죄
정부범죄	공무원이나 정부 관리들의 독직범죄, 부정부패 등
통제범죄	불공정한 사법기관의 활동에 의한 시민의 인권을 탄압

4 스핏쩌(Spitzer)의 후기 자본주의 갈등이론

1. 후기 자본주의 문제

(1) 스핏쩌는 대량생산과 대량소비를 주축으로 하는 후기 자본주의 시대의 경제활동이나 계급갈등을 중심으로 범죄발생이나 사회통제에 관심을 두었다.

(2) **문제인구의 생산**: 후기 자본주의에서 가장 중요한 사회문제 중의 하나는 생산활동의 기계화·자동화에 따른 전문적인 숙련노동자들을 필요로 하기 때문에 전문성이 없는 다수의 비숙련노동자들은 점차 생산활동에서 소외되어 문제인구를 양산하게 된다. [2024. 9급 보호]

5 신범죄학(테일러, 월튼, 영)

1. 의의

    (1) 신범죄학은 갈등론적 · 비판적 · 마르크스주의적 비행이론을 반영한 범죄이론으로서 사회학의 갈등이론이 확대된 것이다.

    (2) 신범죄학의 명칭은 테일러(Taylor), 월튼(Walton), 영(Young) 3인이 공동으로 집필한 「신범죄학」(The New Criminology, 1975)에서 비롯되었다.

    (3) 신범죄학의 중점은 실증주의 비판이다. 기존의 범죄학이론들과 달리 마르크스 일탈이론에 입각하여 규범의 제정자와 제정이유를 중점적으로 파악하여야 한다고 주장한다.

2. 일탈의 원인과 범죄대책

    이들이 보는 사회구조는 '권력, 지배 그리고 권위구조'와 어느 시점에서 어떤 행동 형태들을 규정 · 제재하는 국가의 주도권이다. 이와 같은 권력구조와 권위구조에 도전하는 사람을 일탈자 혹은 범죄자로 본다.

제8장 발달범죄이론

제1절 개요

1 발달적 범죄이론의 성격

(1) 발달범죄이론(Development Theories)은 통합이론의 차원에서 이해되어야 한다. 즉 범죄의 원인이 개인적 특질 또는 사회적 환경 영향의 결과일 수 있다는 두 가지 관점을 통합하려는 시도이다.

(2) 특히 상습 범죄자의 성장 역사와 범죄경력의 발달과정을 추적하여 범죄성의 원인을 밝히고, 범죄자의 삶의 궤적을 통해 범죄를 지속하는 요인과 중단하는 요인이 무엇인지를 찾아내는 데 관심이 있다. [2017. 5급 승진]

제2절 잠재적 특질이론

1 의의

1. 개념의 기초

(1) 1990년에 로우(Rowe), 오스구드(Osgood) 그리고 알렌(Alan) 등에 의해 제안된 잠재적 특질이론은 생애 사이클에 따른 범죄흐름을 설명하는 것이 목적이다.

(2) 많은 사람들이 범죄행동의 성향이나 경향을 통제하는 개인적 속성이나 특질을 가지고 있다고 가정한다.

(3) 개인의 성향이나 특질은 태어나면서 가지고 태어나거나 또는 생애 초기에 형성되고, 세월이 흘러도 아주 안정적으로 존재한다는 것이 이 이론의 개념적 본질이다.

2 콜빈(Colvin)의 차별적 강압이론

1. 개념적 정의

(1) 콜빈(Colvin)은 낮은 자기 통제력이 충동적인 성격의 함수라고 주장하는 갓프레드슨과 허쉬의 견해와는 달리 「범죄와 강압」에서 개인이 강압이라고 하는 거대한 사회적 힘을 경험함으로써 낮은 자기 통제력 상태에 있게 된다고 주장한다.

(2) 개인의 낮은 통제력은 충동적 성격이 원인이 아니라 개인으로서도 어쩔 수 없는 강력한 힘의 작용이 원인이라는 것이다.

2. 강압의 유형

대인적 강압	사람에 대한 직접적인 힘의 사용이나 위협, 부모, 친구 그리고 주요한 다른 사람들로부터 협박에 의한 강압을 의미한다.
비인간적 강압	개인이 통제할 수 없는 경제적·사회적 압력들에 의한 강압으로, 실업, 빈곤, 기업이나 다른 집단과의 경쟁 등으로 초래되는 경제적·사회적 압력 등이 원인이다.

3. 강압적 악순환

강압적인 환경 속에서 성장한 사람들은 자기 통제력이 약해서 더욱 강압적인 환경 속에 노출되고, 결국 폭력이나 약탈범죄 등으로 반응하게 된다. 그들의 강압적 반응에 대해 형사사법기관은 역시 강압적으로 대응한다.

3 티틀(Tittle)의 통제균형 이론

1. 개념

(1) 티틀(Tittle)이 개발한 통제균형 이론은 또 하나의 뛰어난 잠재적 특질 이론으로, 범죄성향의 요인으로서 개인적 통제요인을 확대하는 이론이다.

(2) 통제의 개념을 개인에 의해 통제받는 양(통제량)과 개인을 통제하는 양(피통제량)으로 구분하고, 이 두 개의 통제량이 균형을 이루면 개인은 순응적이 되고, 불균형을 이루면 일탈적이고 범죄적인 행동을 하게 된다.

(3) 통제의 균형은 네 개의 주요 변수, 즉 경향(범죄동기), 도발(상황적 자극), 범죄기회, 억제 등의 관계에 의해서 결정된다. 이러한 변수들은 사회학습이론, 아노미 이론, 범죄억제·합리적 선택이론 그리고 사회유대 이론의 개념들을 통합한다.

2. 통제균형과 범죄

티틀은 통제를 계속적인 변수로서 생각한다. 자신에 대한 타인의 통제량과 타인에 대한 자신의 통제량은 고정되어 있는 것이 아니라 사회적 환경이나 사회적 위치의 변화에 따라 계속 변화한다.

통제결핍	① 개인의 욕망과 충동이 개인의 행동을 처벌하거나 규제하기 위한 타인의 능력에 의해 제한될 때 일어나는 현상을 말한다. ② 통제의 결핍을 인지하는 사람은 균형을 회복하기 위하여 약탈, 무시, 굴종의 세 가지 형태의 행동을 하게 된다.
통제과잉	① 개인이 다른 사람들에게 행사할 수 있는 통제의 양이 개인의 행동을 통제하거나 수정할 수 있는 타인들의 능력을 초과할 때 일어나는 현상을 말한다. ② 통제과잉은 세 가지의 행동으로 나타난다. 　㉠ 이기적 이용으로서 살인청부업자와 계약을 하거나 마약거래자를 이용하는 것과 같이 다른 사람들을 범죄에 이용하는 행동을 선택한다. 　㉡ 특정인과는 관계없이 폭력을 사용하는 내용의 약탈이다. 즉 불특정 증오범죄나 환경오염 같은 것이다. 　㉢ 아동학대와 같이 일시적으로 비합리적인 행동에 빠지는 타락 행동을 선택한다.

제3절　생애과정(경로)이론(인생항로이론)

1 생애과정 관점

1. 개념

(1) 사람들은 성장함에 따라서 다양한 요인들에 의해서 영향을 받는다. 결과적으로 하나의 단계에서 중요한 영향을 미쳤던 요인은 다음 단계에서는 거의 영향을 미치지 못한다.

(2) 또한 아주 어린 시절에 형성된 법 위반 성향은 평생 동안 지속된다는 갓프레드슨과 허쉬의 범죄에 관한 일반이론을 거부한다.

2. 생애과정과 범죄성향

(1) 인간은 생애과정 속에서 인간의 성장과정과 발전을 의미하는 많은 전환을 경험한다.

(2) 다양한 사회적·개인적 그리고 경제적 요인들은 범죄성에 영향을 주며, 이러한 요인들은 시간이 흐름에 따라서 변화하고 범죄성도 역시 변화한다. 생애의 성장 전환점마다 사회적 상호작용의 성질은 변화하기 때문에, 사람의 행동은 바뀌게 된다. [2020. 7급]

2 관련 이론과 특징

1. 글룩(Glueck)부부의 생애과정이론

(1) 글룩부부의 1930년대 하버드 대학교에서의 비행경력자 생활주기에 관한 연구는 최근에 부각되고 있는 생애과정이론의 선구자적 위치에 있다는 평가를 받고 있다.

(2) 범죄성의 지속요인을 경험적으로 측정하기 위해 비행경력자들을 대상으로 이루어진 일련의 종단연구였다.

(3) 실증적 연구를 통하여 많은 인간적 요인과 사회적 요인들이 지속적인 범죄성과 관련이 있다는 사실을 확인했는데 그 중에서 가장 중요한 요인은 가족관계였다.

2. 범죄 개시의 나이와 범죄성의 관계

(1) 대부분의 생애과정 이론은 범죄성이 아주 어린 시기에 형성되고, 어린 나이에 일탈행위의 경험자는 후에 더 심각한 범죄성을 나타낼 것이라고 강조한다. 다시 말해, 범죄성 개시의 나이가 어릴수록, 범죄경력은 더 빈번하고 다양하며, 지속될 것이라는 것이다. [2020. 7급]

(2) 생애경로 과정 이론은 범죄자의 범죄경로도 다르지만, 범죄를 범하는 시기, 즉 나이도 다르다고 가정한다. 어떤 사람들은 아주 어린 시기에 범죄행위를 하고, 다른 사람들은 10대에 들어서 범죄행동 개시를 한다. 그리고 어떤 사람들은 청소년기에 범죄에서 손을 떼고, 다른 사람들은 성인이 되어도 지속한다.

3. 패터슨의 분류(조기개시형, 만기개시형)

(1) 패터슨(Patterson)은 성장과정 속에서 아동의 문제행동과 주변 환경 간의 상호작용을 통해 반사회성이 형성되는 점에 주목했다.

(2) 비행청소년이 되어가는 두 가지 경로에 따라 조기 개시형(초기 진입자)과 만기 개시형(후기 진입자)으로 구분하였다.

조기 개시형	① 아동기부터 공격성을 드러내고 반사회적 행동을 저지르는 특징을 보인다. ② 아동기의 부적절한 양육에 원인이 있고, 이것은 후에 학업의 실패와 친구집단의 거부를 초래하게 되고, 이러한 이중적 실패는 비행집단에 참가할 가능성을 높이게 된다. ③ 이러한 발전과정을 경험한 사람들은 성인이 되어서도 지속적으로 범죄를 저지른다(만성적 범죄자).
만기 개시형	① 아동기에 부모에 의해 적절하게 양육되었으나, 청소년 중기나 후기에 접어들어 비행 친구들의 영향으로 비행에 가담하게 되는 유형이다. ② 일탈의 주된 원인은 부모들이 청소년 자녀들을 충분히 감시·감독하지 못한 데에서 찾을 수 있다. ③ 비행에 가담하는 기간은 단기간에 그치며, 대부분의 경우 성인기에 접어들면서 진학이나 취업 등 관습적 활동기회가 제공됨에 따라 불법적 행동을 중단하게 된다. ④ 만기 개시형들이 저지르는 범죄나 비행은 조기 개시형에 비해서 심각성의 수준도 떨어진다.

(3) 이 유형화를 더욱 발전시켜 나온 것이 모핏의 유형화이다.

4. 모핏(Moffitt)의 분류

심리학자 모핏은 범죄자를 청소년한정형 범죄자와 인생지속형 범죄자로 분류하고, 청소년한정형 범죄자보다 인생지속형 범죄자가 정신건강상의 문제를 더 많이 가지고 있다고 한다. [2020. 5급 승진] 총 2회 기출

인생지속형 범죄자	비교적 소수에 불과하지만 이들은 아동기 때부터 비행행위를 시작해서 청소년기와 성년기를 거치는 전 생애 과정 동안 지속적으로 일탈을 일삼게 되고, 이들은 정상인에 비해 뇌신경학적 손상을 가지고 있고 또 어린 나이에 부모로부터 학대를 당하는 등 부모와 정상적인 애착관계를 형성하지 못하였다. [2017. 5급 승진]
청소년한정형 비행자	① 아동기 시절 부모와 정상적인 애착관계를 형성하고 뇌신경 손상도 입지 않은 다수의 정상적인 청소년들을 일컫는다. 이들은 인생지속형 범죄자들과 달리 아동기에 비행행위를 저지르지 않는다. 다만, 청소년기 동안 성인들의 역할과 지위를 갈망하게 되고 인생지속형 범죄자들을 흉내 내며 흡연, 음주 등 경미한 지위비행 등을 일삼게 된다. 그러나 이들은 청소년기를 벗어나고 어른의 지위를 갖게 되면 저절로 탈비행에 이르게 된다. [2022. 7급] ② 모핏은 탈비행과 관련하여 특단의 예외적 상황이 없는 한 청소년한정형 비행자들은 모두 탈비행을 하고, 인생지속형 범죄자들은 모두 탈비행에 실패한다고 주장하였다.

결론: 모핏은 탈비행과 관련하여 특단의 예외적 상황이 없는 한 청소년한정형 비행자들은 모두 탈비행을 하고, 인생지속형 범죄자들은 모두 탈비행에 실패한다고 주장하였다.

5. 실증적 연구모델

(1) 샘슨과 라웁의 나이등급이론

① 1990년대 범죄학자 샘슨(Sampson)과 라웁(Laub)은 글룩부부의 세심한 경험적인 연구를 실제적 경력범죄성에 대한 이상적인 연구패러다임으로 재평가하였다.

② 일탈행동이 생애 전 과정을 통해 안정적으로 유지된다는 관점에 반대하고 생애과정을 거치면서 범죄성의 안정성은 변화한다는 관점을 제시하여 생애과정이론을 지지하였다.

③ 사회자본(사회유대) 강조 : 어릴 때 비행소년이었던 사람이 후에 정상적인 삶을 살게 되는 것은 결혼이나 군복무, 직업, 형사사법절차에의 경험과 같은 사회자본에서 그 원인을 찾고 있으며, 이와 같은 인생의 계기를 통해 공식적 혹은 비공식적 통제가 가능하게 되고 그런 통제를 통해 범죄에서 탈출하게 된다는 것이다. [2019. 7급] 총 3회 기출

(2) 패링턴의 일탈행동 발달이론

① 패링턴(Parrington)의 일탈행동 발달이론은 나이등급 이론에 해당하고 발달범죄이론에 포함된다.

② 대부분의 성인 범죄자들이 어린 시절에 범죄행동을 시작하지만, 나이가 들면서 발생하는 생활의 변화는 범죄행동을 그만두게 하는 요인으로 작용한다.

(3) 손베리의 상호작용이론

① 손베리(Thornberry)는 범죄의 개시는 청소년기 동안에 전개되는 사회유대의 약화에서부터 시작되는 것으로 보았다.

② 사회적 유대의 약화는 청소년들의 비행청소년들과의 유대를 발전시키고, 일탈행동에 관여하게 하며, 일탈행위가 빈번해지면 사회적 유대관계는 더욱 약해져 전통적인 청소년들과 유대관계를 재확립하지 못하게 된다. 결국 일탈촉진 요인들은 서로 강화하고 만성적인 범죄경력을 유지하는 결과를 초래한다.

③ 범죄성의 출발과 지속에 관련된 변수들 사이의 인과관계가 양방향적이라는 점이다.

(4) 사회적 발달모형(SDM)

① 의의 : 공동체 수준의 많은 위험요인들이 사람들로 하여금 반사회적 행동에 가담하게 만든다. 즉 가족과 사회의 해체, 법 집행기관의 통제불능은 청소년들의 반사회적 행동을 발달시키게 되는 요인이다.

② 애착의 정도에 따른 행동발달 : 가족 간의 애착, 학교와 친구에 대한 애착 정도는 반사회적 행동 발달에 강력한 영향을 미치는 요인이다. 즉 가족이나 친구 사이에 애착관계가 형성되면 친사회적 행동으로 발달하고, 애착이 형성되지 못하거나 비행친구들과의 애착은 반사회적 행동의 발달을 촉진한다.

제9장 범죄 현상론(유형론)

제1절 지역사회의 환경과 범죄

1 자연환경과 도시화

1. 자연환경

(1) 의의: 사람들의 인위적인 조작에 영향을 받는 일이 거의 없이 사람들의 생활에 영향을 미치는 제반 환경을 의미한다.

(2) 범죄의 기온법칙: 케틀레(Quetelet)와 게리(Guerrey)는 인신범죄는 따뜻한 지방에서, 재산범죄는 추운지방에서 상대적으로 많이 발생한다고 한다. [2010. 7급]

2. 산업화·도시화

(1) 농촌의 안정성: 인구이동이 적고, 생존경쟁이 약하며, 대인관계가 견고하고, 가족·이웃에 의한 비공식적 통제가 강하여 '사회해체'가 되지 않는다.

(2) 도시의 사회해체: ㉠ 인구의 급격한 증가에 따른 사회적 마찰, ㉡ 주민의 이질성·유동성에 따른 문화갈등과 규범의식의 저하, ㉢ 핵가족화에 따른 가정통제력의 약화, ㉣ 개인의 고립화·익명성·비인격성, ㉤ 경쟁사회에 따른 불안감 등이 부정적 요소가 된다.

(3) 도시화와 범죄: 오늘날 교통, 통신 등의 발달에 따라 지역 간의 차이가 줄어들고 있지만, 도시화가 범죄에 미치는 영향은 더 중요하다.

2 지역사회변화와 범죄현상의 관계

1. 지역사회환경이 범죄에 미치는 영향

(1) 경제상황과 범죄발생: 산업화, 경제발전, 경기변동, 실업률, 불평등, 빈곤 등과 같이 지역사회가 처해 있는 경제상황과 범죄발생과의 관계를 분석하고자 한 것이다.

(2) 생태학적 요인과 범죄발생: 인구증가가 범죄현상에 미치는 영향으로 특히 도시화와 범죄발생과의 관계를 분석하고자 한 것이다.

(3) 사회적 특성과 범죄발생: 지역사회의 도덕이나 규범상태가 범죄발생에 어떤 영향을 미쳤는가를 분석하려는 시도이다. 뒤르껨의 아노미이론이 같은 시도로 볼 수 있는데, 산업화 과정에서의 분업이 지역사회의 사회적 규범상태를 변화시킨다는 관점이다.

3 도시화별 범죄발생 양상(도시화와 범죄)

1. 도시사회가 갖는 범죄유발요인[커즌즈와 네그폴(Cousins & Nagpaul)]

(1) 도시사회는 개인주의적 성향에 기초하는데 이로 인해 개인의 선택범위가 확대되고, 개인의 자율성이 증가하여 그만큼 범죄행위가 증가한다.

(2) 도시의 문화적 이질성과 갈등은 범죄기회를 제공하고 반사회적 행위를 하려는 욕구를 자극함으로써 높은 범죄발생을 유발할 수 있다.

(3) 도시의 자유로운 인간 결합은 범죄행위의 확산을 돕거나 정당한 사회규범을 집단적으로 거부할 가능성을 낮을 수 있다.

4 도시 내 장소적 요인과 범죄

1. 범죄다발지역의 특징[쇼와 맥케이(Show & Mckay)]

(1) 범죄율 : 시카고 시를 1평방 마일씩 나누고 그 지역의 범죄건수를 기록, 인구 10만 명당 범죄자 비율을 구하는 방식으로 범죄다발지역을 규명하고자 하였다.

(2) 특징 : 시의 중심부일수록 범죄율이 높고, 중심에서 멀어질수록 범죄율은 감소하였으며, 범죄가 많았던 지역은 대체로 주위환경이나 생활상태가 열악한 장소들이었다.

제2절 시간적 환경과 범죄

1 범죄발생의 계절 주기성

1. 일반론

(1) 계절의 규칙적 변화에 따라 범죄성도 규칙적으로 변하는 현상을 범죄의 계절적 리듬현상이라고 한다.

(2) 자연환경이란 사람들의 인위적인 조작에 영향을 받는 일이 거의 없이 사람들의 생활에 영향을 미치는 제반환경을 의미하는 것으로, 기상, 기후, 지세, 경관, 밤과 낮의 차이 등에 의해 사람들이 생리나 심리적 상태가 달라짐으로써 범죄현상에 영향을 미칠 수 있다.

2. 우리나라의 범죄

(1) 전체범죄 : 연중 범죄발생건수는 매월 거의 유사하여 계절에 따른 범죄발생 차이는 유의미하지 않다.

(2) 범죄유형별 : 흉악범죄는 기온이 높은 봄과 여름철에 해당하는 5월부터 9월까지 높게 나타나며, 성폭력범죄의 경우에는 건수별로 5월부터 8월까지가 가장 높게 나타난다.

(3) 여름이나 가을철에 폭행이나 상해, 강간, 폭력범죄가 상대적으로 높은 것은 옥외활동 빈도와 시간, 불쾌지수와 관련이 있을 것이다. 강간범죄가 여름에 높은 이유는 야외활동이 잦고 노출이 심한 옷차림 등의 범죄유발요인이 증가하는 것으로 설명할 수 있다. [2016. 7급]

2 범죄발생의 주간 주기성

1. 일반론

(1) 요일이란 사회적 약속으로 사람들의 생활양식에 큰 영향을 미친다. 특히 현대산업사회에서 토요일과 일요일의 휴식은 일상생활에 중요한 역할을 한다.

(2) 범죄의 주간리듬 : 주급제로 봉급을 지급하는 국가는 토요일에 임금을 받아 토 · 일요일에 음주를 하는 경향이 많아 그 여파가 월요일까지 영향을 미쳐 음주성 폭행범죄가 토, 일, 월 3일간에 많이 발생한다. 이러한 현상을 '범죄의 주간리듬'이라 하며 오토 랑(Otto Lang)은 '상해죄의 토일월 곡선'이라고 하였다.

3 범죄발생의 시간 주기성

1. 일반론

(1) 밤과 낮은 사람들의 일상생활에 많은 영향을 미치는 자연환경이다.

(2) 낮 시간에는 사람들의 활동량이 많아 범죄발생 가능성이 높고, 밤 시간에는 어둠에 의한 익명성과 범죄에 대한 감시감독 활동의 약화로 범죄가 용이하다.

제3절 경제환경과 범죄

1 일반론

1. 경기변동과 범죄

침체론(디프레이션론)	범죄는 호경기일 때에는 감소하고 침체경기일 때에는 증가한다.
팽창론	범죄는 팽창기일 때에 증가하고 침체기일 때에 감소한다.
침체·팽창론	범죄는 경제안정기에만 감소할 수 있을 뿐이고, 경기변동이 있으면 호황이든 불황이든 증가한다. 오늘날에는 침체·팽창론이 타당한 것으로 인정되고 있다.

2. 자본주의와 경제불황

(1) 자본주의화는 도시인구의 증가, 경쟁사회의 고착화, 이윤추구의 극대화, 빈부격차의 심화, 대량실업 등의 야기로 범죄원인성이 인정된다. 반면에 국민소득의 증가와 복지를 통한 곤궁범죄에 대한 범죄억지력이 있다.

(2) 경제불황은 생산과 거래감소를 가져오고, 기업이 대량 도산하며, 실업자가 증대되는 등의 문제를 야기한다. 따라서 경제불황은 ㉠ 소득감소에 따라서 재산범죄, 특히 절도, 강도를 많이 유발하고, ㉡ 도덕적 타락을 초래하는 인격형성적 환경으로 작용할 것이며, ㉢ 부모의 실직에 따라 가정의 훈육적 기능에 장애를 일으킬 수 있다.

(3) 반론 : 서덜랜드는 불경기와 범죄의 상관관계를 밝히는 것은 불가능하다고 하였으며, 이외에 라이네만(Reinemann), 태판(Tappan)도 경기변동과 범죄가 관계가 없다고 주장한다. [2010. 7급]

3. 물가와 범죄

(1) 물가와 범죄의 관계에 대한 경험적 연구는 주로 곡물류 가격과 범죄의 관계를 대상으로 하였다. [2016. 7급]

(2) 식량비의 변동은 재산범죄에 정비례하고 임금변동과 재산범은 반비례한다. 다만 경제발전으로 소득수준이 높아지면서 물가 급등이 반드시 절도죄의 증가로 연결되지는 않는다.

4. 소득변동과 범죄

(1) 호황기에는 주로 사치성 범죄와 종업원 및 젊은층의 범죄가 증가하고, 불황기에는 여성보다 남성 범죄율이 높고 미혼자보다 기혼자의 범죄율이 높으며, 기업주 또는 고연령층의 범죄가 증가하고 절도 등 일반범죄가 증가한다.

(2) 다만, 노동자의 임금수준이 전반적으로 높아지면서 약간의 임금저하는 범죄관련성이 거의 없는 것으로 나타나고 있다.

5. 경제상태와 범죄

(1) 봉거(Bonger) : 「경제적 조건과 범죄성」(1905)을 통해 경제적 결정설의 입장에서 사회주의적 범죄 관인 환경설을 최초로 주장하였다.

(2) 반칸(Van Kan) : 자본주의 사회를 범죄의 온상으로 보고 빈곤의 범죄결정력에 주목하였다.

(3) 엑스너(Exner) : 범죄통계를 기초로 경제발전과 범죄와의 관계를 연구하였으며, 경제여건과의 관련성에서 인플레이션은 범죄에 중요한 변동을 가져왔다고 하였다.

(4) 마이어(Mayer) : 곡가변동과 절도범의 상관관계를 최초로 연구하였다.

2 빈곤과 범죄

1. 사회계층과 범죄

(1) 사회계층은 사회생활이나 경제상황에서 개인이 차지하는 위치로서 경제적 부, 정치적 권력, 사회적 지위 등이 복합적으로 관련된 개념이다.

(2) 이 같은 사회계층은 가족적 배경, 교육수준, 직업, 소득수준 등을 반영한다.

2. 빈곤층의 범죄

(1) 빈곤층의 범죄율이 상대적으로 높은 것으로 나타나고 있다. 다만, 빈곤이 범죄의 직접적인 원인이라고 단정하기 어렵다는 것이 일반적 견해이다.

(2) 빈곤층의 범죄유발요인 : 빈곤이 범죄의 직접적인 원인이라기보다 빈곤층에 수반되기 쉬운 열등감, 좌절감, 소외감, 가정기능의 결함, 삶의 목표에 대한 포기 등이 매개가 되어 범죄가 유발된다.

3. 절대적 빈곤과 상대적 빈곤

절대적 빈곤	① 절대적 빈곤과 범죄의 상관성을 인정하는 추세이다. ② 1894년 이탈리아의 버어스(Verce), 1938년 영국의 버어트(Burt), 1942년 미국의 쇼(Shaw)와 맥케이(Mckay), 1965년 밀러(Miller)의 연구가 있다.
상대적 빈곤	① 타인과 비교함으로써 느끼는 심리적 박탈감을 의미한다. [2022. 보호 7급] ② 이는 범죄가 하류계층에 국한되지 않고 광범위한 사회계층의 문제라고 지적한다. ③ 케틀레(Quetelet), 스토우퍼(Stouffer), 머튼(Merton), 토비(Toby) 등을 들 수 있다.

제4절 문화갈등과 범죄

1 일반론

1. 문화갈등이론(셀린)

(1) 1차적 문화갈등 : 횡적 문화갈등으로, 상이한 문화체계를 갖는 국가·사회 구성원 간의 갈등으로서 국가가 병합될 때 원주민과 이주민의 문화갈등, 고유문화와 외래문화의 갈등과 같은 것을 의미한다.

(2) 2차적 문화갈등 : 종적 문화갈등으로, 동일한 문화 내에서 시간적 분화현상에 따라 부분집단 간의 갈등이 있는 경우로 신·구세대 간의 갈등, 남녀 간의 갈등, 도시인과 농촌인의 갈등 같은 것을 의미한다.

제5절 인구사회학적 특성과 범죄

1 성별과 범죄

1. 여성범죄가 낮은 이유(남성범죄의 10~20% 내외)

(1) 생물학적, 심리학적 요인 : 자녀양육이나 가사활동을 통한 인내와 헌신의 심리적 성향이 수동적인 성격이 되기 때문에 범죄를 저지를 개연성이 낮다는 견해이다.

(2) 여성의 사회화 과정 : 여성은 사회적으로 의존적이고 생존경쟁에 뛰어드는 경우가 상대적으로 적어 활동범위가 좁고 가정을 위주로 생활하기 때문에 범죄의 기회나 필요성이 줄어든다는 견해이다.

(3) 여성의 낮은 범죄율 : 생물학적 본능에 기인한 심리적 성향과 함께 사회적 역할의 차이에서 비롯되는 복합적 원인으로 보는 것이 타당하다.

2. 여성범죄에 관한 연구

롬브로조 (Lombroso)	① 여성범죄자는 정상인과 다를 뿐만 아니라 일반적 여성과도 다른 특이한 존재로서의 이중적인 의미를 지닌 '괴물'이라 한다. [2016. 7급] ② 실제로 여성이 저지르는 성매매를 고려한다면 남성을 훨씬 능가한다. ③ 엑스너와 아샤펜부르그 등은 성매매는 무력성, 사회의존성에 기인하는 것으로 남성의 부랑이나 걸식에 해당하는 것으로 보아 롬브로조의 주장을 비판했다.
폴락 (Pollak)	① 여성범죄는 일반인의 생각보다 훨씬 많고 지능적이지만 잘 발각되지 않고 형사사법 속에서도 '기사도정신'에 입각하여 관대하게 처벌되기 때문에 범죄수가 과소하게 집계되고 있다. [2016. 7급] 총 2회 기출 ② 여성범죄의 피해자는 남편, 자녀, 가족, 연인과 같이 면식이 있는 자로 한정되어 있다. ③ 여성은 생물학적으로 사기성이 있고 선천적으로 교활하고 감정적이며 복수심 또한 강하기 때문에 범죄성이 남성에 뒤지지 않는다. ④ 범죄수법은 살인의 경우 독살 등 비폭력적인 방법에 의한 경우가 많으며, 사소한 범죄 수준을 일단 넘어서면 잔혹하고 폭력적으로 변한다. ⑤ 여성은 범죄에 직접 가담하지 않고 그 배후에서 범죄와 관련되어 있다. ⑥ 여성범죄는 소규모로 반복되는 경향이 있다.
아들러 (Adler)	여성의 사회적 역할이 변하고 생활형태가 남성의 생활상과 유사해 지면서 여성의 범죄활동도 남성의 그것과 동일화되어 간다는 '신여성범죄론'을 주장하였다.
체스니-린드 (Chesney-Lind)	① 형사사법체계에서 여자청소년의 비행과 범죄는 남자청소년에 비해 더 엄한 법적 처벌을 받는다며 소년범들의 성별에 따른 차별적 대우가 존재한다고 보았다. ② 특히 성(性)과 관련된 범죄에서는 더욱 그렇다고 주장하였다. [2022. 보호 7급]

2 연령과 범죄

1. 상황의 변화중심 관점

(1) 연령단계를 청소년기, 성년기, 장년기, 갱년기, 노년기 등으로 구분하고, 각 단계에서 개인들이 겪게 되는 상황들이 연령단계별 범죄양상에 중요한 원인이라는 입장이다.

(2) 청소년기는 외적 상황의 확대와 비약이 있는 시기이며, 심리상태가 불안정하고 동요가 심하기 때문에 이 연령대에서 많은 범죄나 비행이 발생한다는 것이다.

2. 연령의 불변적 영향 관점

(1) 연령과 범죄발생의 관계는 상황의 변화와 같은 매개요인이 필요 없이 모든 사회에서 나타나는 연령의 불변적인 영향에 의한 것이라는 입장이다. 즉 연령은 모든 곳에서 범죄와 직접적인 관계가 있다고 한다.

(2) 허쉬(Hirschi)는 연령과 범죄발생과의 관계는 특정 연령대까지 범죄발생률이 증가하다가 정점에 이르고, 그 이후로는 감소하는 경향으로 나타나는데, 이는 상황의 변화보다는 연령이라는 생물학적 특성에 기인한 것으로 해석할 수 있다.

3 교육과 범죄

개인의 인격을 형성하는 사회적 기구로서 일차적인 기능을 수행하고 있고, 사회적 존재로서의 인격형성은 대개 학교교육을 통해서 이루어진다. 학교교육이 범죄억제작용을 한다는 입장과 범죄촉진작용을 한다는 관점이 있다. 글룩(Glueck)부부는 비행소년과 무비행소년의 학교생활의 특징을 분석하고 학교생활의 불량성은 비행 내지 범죄와 상관관계가 매우 높음을 입증한 바 있다.

4 직업과 화이트칼라범죄

1. 직업과 범죄의 연관성

(1) 범죄율이 낮은 직업 : 공무자유업자(공무원·의사·변호사·저술가·교원 등), 농림업자, 가사사용인 등

(2) 범죄율이 높은 직업 : 불안정적인 노동자, 상공업자, 교통업종사자 등

(3) 직업군의 발달에 따라 직업별 일반화된 범죄율의 판단은 타당하지 않다.

2. 화이트칼라(White Collar)범죄

(1) 서덜랜드(Sutherland)는 '경영인 등 높은 사회적 지위를 가진 자들이 이욕적 동기에서 자신의 직업활동과 관련하여 행하는 범죄'라고 정의하였으나, 현재의 개념은 확대되어 '존경받고 합법적인 직업활동 과정에서 개인이나 집단에 의해 저질러진 법률위반행위'라고 정의하고 있다. 다만, 일반 시민의 범죄는 포함하지 않는다. [2022. 7급] 총 4회 기출, [2023. 7급 보호]

🔍 상류층 사람이 그의 직무와 무관하게 저지른 살인, 폭력 등의 일반형사 범죄는 제외된다.

(2) **특징**

① 피해의 규모가 큰 반면 법률의 허점을 교묘히 이용하거나 권력과 결탁하여 조직적으로 은밀히 이루어지기 때문에 암수범죄가 많이 발생한다.

② 직접적인 피해자뿐만 아니라 대부분의 다른 사람에게도 영향을 미치기 때문에 일반인이 그 유해성을 느끼지 못한다. [2018. 7급]

③ 경제적·재정적 손실은 통상적인 범죄의 손실을 훨씬 능가할 수 있다.

④ 정상적인 업무활동에 섞여 일어나기 때문에 적발이 용이하지 않고 증거수집이 어렵다.

⑤ 기업가의 범죄가 있다고 해도 동료집단 사이에 어떤 상징적 제재를 받지 않는 경향이 있다.

⑥ 경제발전과 소득증대로 화이트칼라범죄를 범하는 계층은 점차 확대되어가는 경향이 있다. [2013. 7급]

(3) **문제점**: 사회지도층에 대한 신뢰를 파괴하고 불신을 초래할 수 있으며, 청소년비행이나 하류계층 범인성의 표본이나 본보기가 될 수 있다. [2013. 7급]

(4) **범죄대책**: ㉠ 법률의 정비를 통하여 합법·불법의 한계를 분명히 할 것, ㉡ 사회상층계급에도 시설수용 등과 같은 법률적용의 엄격성을 보일 것, ㉢ 불특정 다수를 피해자로 하는 환경범죄, 직무상의 지위나 권한의 남용 등에 대한 일반국민들의 합법적 저항의식 조장 등을 들 수 있다.

> **Plus** **기업인(상류층)의 범죄학습과정**
>
> 서덜랜드는 화이트칼라범죄가 일반범죄와 다를 바 없다고 보고 자신의 차별적 접촉이론을 이용하여 화이트칼라범죄를 설명하려 하였다. 즉 화이트칼라범죄 행위를 부정적으로 규정하는 정직한 기업인들보다 그것을 긍정적으로 규정하는 다른 화이트칼라 범죄자와 더 많은 접촉을 가졌기 때문에 그 범죄행위를 학습하게 된다고 보았으며 더 나아가 차별적 사회조직을 제시하였다. [2022. 7급]

3. 경제범죄

(1) 형법상의 재산범죄가 개인적 법익을 침해하는 것을 내용으로 하는데 반하여, 경제범죄는 국가나 사회의 경제구조 내지 경제기능을 침해하는 것을 내용으로 한다.

(2) 영리추구를 위해 범하는 영리성, 타인을 모방하는 모방성 및 상호연쇄성, 지능적이고 전문인에 의한 지능성 및 전문성, 화이트칼라에 해당하는 신분을 가진 자가 권력과 결탁하여 범하는 신분성 및 권력성이라는 특징을 가지고 있다.

제6절 기타 개별인자와 범죄

1 매스컴과 범죄

1. 매스컴의 범죄무관론(범죄억제기능, 매스컴의 순기능, 정화론적 입장)

매스컴은 비인격적 관계에서 사회적으로 제시되어 있는 환경에 불과하므로 범죄증가 현상과 무관하며 범죄는 개인의 인격, 가정, 집단관계 등 복합적 요소에 의하여 좌우되기 때문에 전체적으로는 미디어가 오히려 범죄의 감소에 커다란 기여를 하고 있다는 관점을 제시하였다. [2022. 보호 7급]

민감화작용	폭력에 매우 강력한 반응, 지각된 현실의 충격과 윤리의식으로 폭력모방이 더 어렵게 된다.
정화작용 (카타르시스)	정서적 이완을 가져와 자극을 발산함으로써 환상과 정화를 가져와 공격성향을 감소시킨다. [2010. 7급], [2022. 7급 보호] 총 2회 기출
문화계발이론	서로의 모순·갈등을 이해시키는 작용을 하여 통합·조정역할을 하고 신기한 사건의 보도는 인간의 본능적인 범죄충동을 억제·상쇄하는 데 기여한다. 또한 비행자의 명단과 비행을 널리 알려 다른 유사행동의 방지에 기여한다.
억제가설	폭력피해에 대한 책임과 보복에 대한 공포심 등을 일으켜 범죄충동을 억제시킨다. [2022. 7급 보호]

2. 매스컴의 범죄유관론(매스컴의 역기능, 학습이론적 입장)

매스컴으로 인해 시청자들이 심적으로 충동을 받거나 실제로 모방을 하는 등 범죄증가와 직접적 또는 간접적으로 관련이 있다는 입장이다.

단기(직접) 효과이론	자극성가설 또는 모방이론으로 매스미디어의 폭력장면은 시청자, 특히 청소년들에게 범죄모방을 자극하여 단기적으로 범죄를 유발하는 요인이 된다.
장기(간접) 효과이론	① 슈람(Schramm) : 매스컴이 취미생활의 변화를 조장하고, 건전한 정신발달을 저해하며, 취미를 편협하게 만들고 무비판적·무감각적 성향을 갖게 하여 심지어 범죄에 대한 과잉묘사로 엽기적 취향마저 유인한다. ② 습관성가설 : 폭력장면을 장기적으로 보게 되면 범죄행위에 대해 무감각하게 되고, 범죄를 미화하는 가치관이 형성되어서 장기적으로 범죄가 유발된다. [2016. 7급] 총 2회 기출 ③ 매스컴에의 장기노출은 모방효과, 강화작용, 둔감화작용, 습관성 가설 등 학습이론적 시각으로 해석되기도 한다.
공동연대성 해체 작용	TV는 가정과 같은 사회공동체 구성원의 시선을 오직 자기에게만 끌어들임으로써 공동체 구성원 상호 간의 대화를 단절시키고 상호 작용의 통제력을 약화시켜 중대한 범죄증진요인이 된다.

2 알코올과 범죄

1. **명정상태**(급성알코올 중독상태)**의 범죄** : 음주는 주의력의 산만, 천박한 사고, 자제력 감소, 기분발양에 따른 흥분, 고등감정의 후퇴 등으로 충동적·폭발적으로 행동하거나 망각증상이 발생하여 격정범죄 및 충동범죄, 과실범죄를 쉽게 일으키는 원인이 된다. 스캇(Scott)은 "모든 범죄의 70%는 알코올의 영향 하에서 이루어진다."라고 주장하였고, 주로 상해와 폭행이 가장 많으며, 음주장소 근처에서 범죄가 발생하는 경향이 있다고 주장하였다.

3 마약류범죄

1. **의의** : 마약류란 의존성이 있으면서 오용이나 남용되는 물질을 일컫는 것으로 보통 마약, 대마, 향정신성의약품을 말하고, 마약류범죄란 이러한 물질에 대한 국가의 규제나 관리를 위반하는 행위와 그에 부수하여 규정한 금지조항을 위반한 행위이다. 우리나라는 '마약류관리에 관한 법률'로 통합 시행되고 있다. 점차 계층과 장소의 범위가 확산되는 추세로 전체 마약류사범 중에는 향정사범이 76.2%로 압도적으로 많고, 그 다음으로 대마사범, 마약사범순이다.

2. **범죄적 특성** : 피해자 없는 범죄라는 점, 수사기관의 인지가 쉽지 않아 암수범죄가 많다는 점, 국제공조의 필요성이 큰 점 등을 들 수 있다. 강력한 중독성으로 스스로 중단이 거의 불가능하여 상습적이라는 점에서 심각한 범죄현상이다.

4 조직범죄

1. **의의**

(1) 불법적 활동을 통해 이득을 추구하고 위협이나 무력을 사용하고 법집행을 면하기 위한 집단에 의하여 행해진 범죄를 말한다.

(2) 우리나라에서는 주로 조직폭력범죄가 문제시되고 있다. 이들은 대형화·광역화되고 있고, 자금동원 방법에 있어서도 지능화·다양화되고 있으며, 중국이나 일본의 조직폭력집단과 연계하는 국제화 경향을 보이고 있다.

2. 아바딘스키(Abadinsky)의 8가지 포괄적 특성 [2023. 보호 7급]

(1) 정치적 목적이나 이해관계가 개입되지 않으며, 일부 정치적 참여는 자신들의 보호나 면책을 위한 수단에 지나지 않는 비이념적인 특성을 가지고 있다.

(2) 매우 위계적·계층적이다.

(3) 조직구성원은 매우 제한적이며 배타적이다.

(4) 조직활동이나 구성원의 참여가 거의 영구적일 정도로 영속적이다.

(5) 목표달성을 쉽고 빠르게 하기 위해서 조직범죄는 불법적 폭력과 뇌물을 활용한다.

(6) 전문성에 따라 또는 조직 내 위치에 따라 임무와 역할이 철저하게 분업화되고 전문화되었다.

(7) 이익을 증대시키기 위해서 폭력을 쓰거나 관료를 매수하는 등의 방법으로 특정 지역이나 사업분야를 독점한다.

(8) 합법적 조직과 마찬가지로 조직의 규칙과 규정에 의해 통제된다.

5 가정환경과 범죄

1. 정상적 가정

(1) 정상적 가정은 범죄억제기능을 가진다.

(2) 부모의 보호감독 아래 인격이 올바르게 형성되며, 가문의 전통과 위신을 중시하기 때문에 범죄억제기능이 있다.

2. 비정상적 가정

결손가정	① 형태적 결손가정: 양친 또는 그 어느 일방이 없는 가정을 말한다. ② 기능적 결손가정: 양친은 있어도 가정의 본질적인 기능인 생활의 상호보장과 자녀에 대한 심리적·신체적 교육이 결여된 가정으로, 범죄학상 문제되는 가정이다. ③ 글룩부부와 버어트, 쇼와 맥케이 등의 조사에 의하면 무비행소년에 비하여 비행소년그룹에서 결손가정 출신자가 더 많은 것으로 나타났다. 🔍 글룩부부는 양친의 애정에 대한 태도나 가족 간의 애정관계가 범죄에 영향을 미친다.
빈곤가정	① 가정의 경제적 곤궁은 간접적으로 범죄와 연결된다고 보았다. ② 글룩부부와 힐리(Healy): 빈곤가정과 범죄와의 관련성은 어느 정도 있다.
시설가정	① 고아원 기타 아동양육시설이 가정의 역할을 하는 경우이다. ② 범죄관련성은 파생적인 열악한 환경요인이다. ③ 미국: 비행소년그룹에서 더 많은 고아출신자가 있는 것으로 조사되었다.
기 타	① 부도덕가정: 사회적 부적응자(전과자 또는 정신질환자, 이복형제 등)가 가족의 구성원으로 되어 있는 가정으로, 범죄성의 유전에 대한 문제와 밀접한 관련이 있다. ② 갈등가정: 가족 간 심리적 갈등으로 인간관계의 융화가 결여된 가정으로, 가족 간 응집력 결여, 긴장관계 등은 비행의 주요 원인이 된다. ③ 기능적 결손가정이나 부도덕가정이 갈등가정과 가장 유사한 형태이다. ④ 훈육결함가정: 부모의 언행 불일치, 지나친 질책이나 과잉보호, 맞벌이로 인한 훈육의 부재 등 자녀교육과 감독이 적절히 행하여지지 못한 경우 자녀들의 비행에 영향을 준다.

3. 결혼과 이혼

(1) **결혼과 범죄** : 남성의 결혼은 일반적으로 도덕성 회복의 계기가 되고 성범죄 등의 억제작용을 하나, 여성의 경우에는 범죄의 80% 이상이 기혼녀에 의하여 발생한다. 엑스너는 경제적 기초가 없는 조혼은 쌍방 모두에게 범죄율을 높인다고 주장하였다(조혼과 재산범죄의 상관성).

(2) **이혼과 범죄** : 프린징(Prinzing)은 범죄의 상관성을 인정하였으나, 엑스너(Exner)와 핵커(Hacker)는 부정하였다.

4. 가정폭력문제

(1) **문제의 심각성** : 부부간, 부모의 자식에 대한 폭력은 심각한 사회문제로 대두되었다.

(2) **대책** : 가정폭력범죄의 처벌 등에 관한 특례법, 아동학대범죄의 처벌 등에 관한 특례법, 가정폭력 방지 및 피해자보호 등에 관한 법률 등을 통해 가정폭력문제에 대응하고 있다.

6 전쟁과 범죄

1. 전쟁과 범죄의 관계

범죄유발기능	경제생활의 불안정, 가족과 같은 사회의 기본단위가 흔들리게 되어 개인은 극도의 이기심을 갖게 되고 사회적 통제기능이 마비되어 범죄는 증가하게 된다.
범죄억제기능	범죄발생률이 높은 청년층이 전쟁에 참가하게 되고, 적국을 향한 공격성으로 사회 안에 있는 갈등요인이 희석되고, 애국심과 협동심 등으로 범죄적 충동이 억제되며 경제통제가 증대됨으로써 반사회적 충돌이 줄어든다.

2. 엑스너(Exner)의 전쟁단계구분 : 엑스너는 전쟁을 진행 단계별로 나누어 전쟁과 범죄의 관련성을 설명하였다. [2016. 7급]

감격기	전쟁발발단계에는 국민적 통합 분위기에 의해 범죄발생이 감소한다.
의무이행기	전쟁이 어느 정도 진행되는 단계에는 물자가 부족하게 되지만 국민은 각자 인내심을 가지고 의무를 이행하여 범죄율에는 특별한 변화가 없게 된다. 다만, 성인에 의한 통제약화로 소년 범죄는 증가할 수 있다.
피로기	전쟁이 장기화된 단계에는 인내심의 약화로 범죄는 증가하게 된다. 특히 청소년범죄와 여성 범죄가 늘어난다.
붕괴기	패전이 임박한 단계(붕괴기)에는 도덕심이 극도로 약화되어 각종 범죄가 급속히 증가한다. 그리고 전후기에는 패전국이 승전국보다 더욱 심하게 범죄문제를 겪게 된다.

7 기타

1. 정보관련 범죄

(1) **컴퓨터범죄**: 정보나 재산적 가치를 불법적으로 취득할 목적으로 컴퓨터를 조작하거나 오용하는 일체의 행위를 말한다. 범행이 반복적이고 지속적이라는 점, 피해 정도가 매우 광범위할 수 있다는 점, 적발될 가능성이 적고 다른 사람과 직접적인 접촉 없이 행동으로 실천할 수 있고, 단시간에 걸쳐 많은 양의 정보를 처리할 수 있다는 특징이 있다.

(2) **신용카드범죄**: 신용카드와 관련한 모든 형태의 범죄를 말하는 것으로 신용카드를 위조 또는 변조하는 행위, 위조 또는 변조된 카드를 판매하거나 사용하는 행위, 분실 및 도난된 신용카드를 판매하거나 사용하는 행위 등의 넓은 의미로 사용되고 있다.

(3) **사이버범죄**: 정보처리장치 또는 정보를 수단으로 이용한 범죄와 그것을 행위객체로 한 범죄의 통칭으로 정보범죄 또는 사이버범죄라고 한다. 전자기록의 조작, 불법첩보행위, 정보의 불법복제, 사생활 침해, 사이버테러, 정보통신망을 통한 음란물유통·마약거래·돈세탁·전자도박 등 그 유형이 다양하다.

2. 군중심리

(1) **의의**: 군중현상이 난중의 형태로 발생하는 경우에 군중심리가 발생하며, 이러한 군중심리는 집단적 폭력범죄의 군중범죄로 발전할 수 있다.

(2) **특징**: 개인적 사고의 저급한 정감성, 타인의 암시에 민감한 반응을 보이는 피암시성, 충동성·저능성, 단락반응의 현상, 무책임성·무절제성의 특성을 보인다.

> 🔍 **정신적 단일성의 법칙**(Le Bon): 군중은 처음에는 개별의사로 모이나, 나중에는 상호 간의 심리작용으로 지도자가 요구하는 바에 따라 일정한 단일정신(개체의 의사를 추월한 독립정신)으로 집합한다.

PART

03

범죄피해자

제1장 피해자학
제2장 피해자 보호
제3장 비범죄화론

범죄피해자

제1장 피해자학

제1절 피해자학의 의의

1 피해자학의 개념

1. 정의

피해자학(Viktimologie)이란 범죄의 피해를 받거나 받을 위험이 있는 사람에 대해 그 생물학적·사회학적 특성을 과학적으로 연구하고, 이를 기초로 범죄에 있어서 피해자의 역할이나 형사사법에서 피해자보호 등을 연구대상으로 하는 학문분야를 말한다.

2. 피해자학의 연혁

멘델존 (Mendelsohn)	① 「범죄학에 있어서 강간과 부인(여성) 사법관의 중요성」(1940) : 강간범죄의 피해자 연구를 통해 피해자학의 기초를 마련하였다. ② 「새로운 생물－심리－사회학의 지평선 피해자학」(1947) : 강연을 통해 독립과학으로서의 피해자학을 역설하였다.
헨티히 (Hentig)	① 「행위자와 피해자 사이의 상호작용에 관한 연구」(1941) : 그동안 피해자를 단순히 수동적 주체인 정적인 관점에서 최초로 범죄화과정의 적극적 주체인 동적 관점에서 이해하였다. 즉 피해자도 범죄발생의 원인이 될 수 있다는 주장이다. ② 「범죄자와 그 피해자」(1948) : 발간 이후, 피해자학은 결정적으로 발전되기 시작하였고, 범죄피해자가 되기 쉬운 성격을 연구함으로써 피해자학을 범죄학에서 실질적·체계적 보조과학으로서 자리 잡게 하였다. ③ 범죄피해자의 특성을 중심으로 하여 피해자 유형을 나누는 것에 중점을 두었다.
엘렌베르거 (Ellenberger)	① 「범죄자와 피해자 간의 심리학적 관계」(1954) : 인간은 순차적으로 범죄자와 피해자가 된다고 보았다. 중범죄자는 어릴 때 학대·착취 등의 피해자였던 점을 발견하였다. ② '피해원인'의 개념을 제시하고, 범죄예방을 위해서는 피해원인의 중요성을 강조함으로써 피해자학에 대한 관심을 고조시켰다.

제2절 범죄피해자의 분류

1 피해자의 유책성의 정도에 따른 분류

1. 멘델존(Mendelsohn)의 분류 : 피해자의 유책성 정도를 기준 [2024. 7급] 총 5회 기출

책임이 없는 피해자	범죄발생에 책임이 없는 피해자(무자각의 피해자라고도 함) **예** 미성년자 약취유인죄의 미성년자, 영아살해죄의 영아 등
책임이 조금 있는 피해자	무지에 의한 피해자 **예** 낙태로 사망한 임산부 등
가해자와 동등한 책임이 있는 피해자	자발적 피해자의 경우 **예** 동반자살, 살인을 촉탁·승낙한 자 등
가해자보다 더 유책한 피해자	유발적 피해자(부주의에 의한 피해자라고도 함) **예** 공격당한 패륜아
가해자보다 책임이 많은 피해자	가해자보다 범죄발생에 더 큰 영향을 미친 피해자

	공격적 피해자	정당방위의 상대방
	기만적 피해자	범죄피해를 가장하고 타인을 무고한 자(무고죄)
	환상적 피해자	피해망상자·히스테리발작자·병적 거짓말쟁이

2. 헨티히(Hentig)의 분류 : 처음으로 피해자학을 체계적·학문적 수준으로 구성 [2024. 7급] 총 3회 기출

일반적 피해자	피해자의 외적특성기준 **예** 여성, 어린이, 노인, 심신장애자, 이민, 소수민족 등 피해자의 외적 특성을 기준으로 한 구별
심리학적 피해자	피해자 심리적 공통점 기준 **예** 의기소침자, 무관심자, 탐욕자, 방종 또는 호색가, 비탄에 빠진 사람, 학대자·파멸된 자 등

3. 칼멘(Karmen)의 분류 : 규범과 피해자의 책임을 종합적으로 고려

비행적 피해자	반사회적 행위로 인하여 다른 사람의 범행표적이 된 경우	피해자의 고통과 상처는 자신의 잘못된 행동에 대한 응보
	다른 사람을 속이려다 오히려 사기의 표적이 된 경우	일확천금이나 부당한 이득을 노리는 자
	피해자 자신이 범죄를 유발 내지 촉진하는 경우	지속적인 남편의 폭행을 참다 살해한 아내
유인 피해자	피해자가 유인·유혹하여 가해자가 범행한 경우 **예** 일부 강간피해자	
조심성이 없는 피해자	피해자의 부주의로 인해 범죄자를 유인하게 되어 피해를 입은 경우	
보호받을 가치가 없는 피해자	부의 축적과정이나 방법이 비도덕적인 졸부의 경우 약탈범죄의 대상이 되었더라도 그러한 부를 정당하게 확보한 것이 아니므로 보호가치가 없다고 보는 경우	

4. 엘렌베르거(Ellenberger)의 분류: 심리학적 기준 [2024. 7급] 총 3회 기출

잠재적 피해자	피해자가 되기 쉬운 경향을 가진 자로, '생래적 − 타고난 피해자'라고 불렀다. 피학대자, 우울한 자, 자기만족에 빠진 자, 막연하게 불안감을 느끼는 자, 공포증환자, 죄책감에 빠진 자 등
일반적 피해자	위와 같은 특수한 원인을 갖고 있지 않은 그 외의 사람

5. 레크리스(Reckless)의 분류: 피해자의 도발을 기준 [2024. 7급] 총 2회 기출

순수한 피해자	'가해자 − 피해자' 모델
도발한 피해자	'피해자 − 가해자 − 피해자' 모델

2 피해자 입장에서 본 범죄 유형

1. 피해자 없는 범죄

(1) 범죄유형: 마약매매, 성매매, 낙태, 성기노출, 포르노영업 등은 실정법상 범죄이지만, 이들 행위는 서로 동의하에 행해지는 교환행위이거나, 개인적인 범죄피해가 없는 공공법익에 관한 범죄에 해당하는 경우로, 이는 피해자가 없거나 가해자와 피해자를 구분하기 어려운 범죄유형이다. [2014. 7급]

(2) 암수범죄: 개인적으로 피해를 입은 자가 없기 때문에 대체로 경찰에 신고되지도 않으며, 대부분 암수범죄로 되어 피해자 없는 범죄는 암수범죄에 대한 조사가 특별히 요구된다.

2. 피해자가 동의 · 기여한 범죄

(1) 가해자와 피해자의 구별이 곤란한 범죄가 주로 해당된다.

(2) 동의낙태, 장물수수, 증수뢰, 성매매, 도박, 동성애 등이 그 예로 관계범죄라고 부르기도 하며, 경찰에 통보되거나 발각되는 경우가 적어서 암수범죄가 되는 경우가 많다.

제3절 범죄피해이론

❶ 일상활동이론과 생활양식 · 노출이론

일상활동이론(미시적)	생활양식 · 노출이론(거시적)
① 코헨(Cohen)과 펠슨(Felson) [2023. 9급] ② 일상활동의 구조적 변화가 동기를 지닌 범죄자(범행을 동기화한 사람), 합당한 표적(적절한 범행 대상), 보호능력의 부재(감시의 부재)라는 세 가지 요소에 시간적 · 공간적인 영향을 미쳐서 범죄가 발생한다는 이론이다. [2024. 9급] 총 2회 기출, [2021. 7급 보호] ③ 과다한 가정외적 활동 등으로 잠재적 범죄자에 대한 가시성과 접근성이 용이하고 동시에 범죄 표적의 매력성이 있으며 나아가서 보호능력의 부재, 즉 무방비 상태일수록 범죄피해의 위험성은 그만큼 높아지게 된다. 물론 이러한 범죄피해 발생과 거리가 먼 일상생활 유형을 가진 사람은 거꾸로 범죄기회를 얼마든지 감소시킬 수도 있다. 이것은 범죄예방가능성과 직결되는 문제이다. [2024. 9급 보호]	① 하인드랑(Hindelang)과 갓프레드슨(Gottfredson) [2023. 9급] [2023. 7급 보호] ② 개인의 직업적 활동 · 여가활동 등 모든 일상적 활동의 생활양식이 그 사람의 범죄피해위험성을 높이는 중요한 요인이 된다는 이론이다. ③ 인구학적 · 사회학적 계층 · 지역에 따른 범죄율의 차이는 피해자의 개인적 생활양식의 차이를 반영한다. ④ 피해자가 제공하는 범죄기회구조를 중시하는 입장으로 젊은이, 남자, 미혼자, 저소득층, 저학력층이 다른 계층보다 범죄피해자가 될 확률이 상대적으로 높은 것은 이 계층이 가족과 보내는 시간이 적은 반면에 외부에서 활동하는 시간이 많게 되므로 범죄자와 접촉할 기회가 증대되기 때문이라고 한다.

공통점	① 두 이론 모두 관습적인 사회에서 일상활동이나 생활양식의 유형이 범죄를 위한 기회구조를 어떻게 제공하는가를 강조한다. ② 범죄의 사회생태학이나 범죄피해에 대한 개인의 위험성을 이해하는데 있어서 범법자의 동기와 기타 범인성 관점의 중요성은 그렇게 중요하게 여겨지지 않는다. [2024. 9급]
차이점	① 일상활동이론은 시간의 흐름에 따른 범죄율의 변화를 설명하기 위해 등장한 이론으로, 사회적 계층에 따른 범죄피해 위험성의 차이를 설명하기 위한 생활양식 · 노출이론과 구별된다. ② 일상활동이론의 관점은 매력성과 보호가능성을 가변변수로 두는 방법을 취하는 반면에 생활양식 · 노출이론은 범죄근접성과 노출로 이루어지는데 이를 범죄기회의 구조적 특성으로 두고 있다.
비판	이 이론들은 범죄자의 입장에서보다는 피해자의 측면에서 범죄현상을 파악하려 하였기 때문에, 범죄자가 구체적으로 범죄 상황을 어떻게 해석하고 그 대상과 위험성을 어떻게 판단하는지에 대해서는 적절치 않다는 비판이 있다.

2 대안이론

1. 미테(Miethe)와 메이어(Meier) 구조적 선택모형이론

(1) 생활양식노출이론과 일상활동이론을 통합하여 범죄발생의 네 가지 요인(범죄근접성, 범죄노출성, 표적의 매력성, 보호능력)을 범행기회와 대상선택이라는 두 가지 관점으로 압축한다.

(2) **범행기회와 대상의 선택**

범행기회 (구조적 특성)	피해요인은 범죄근접성과 노출로 구성되고, 이 두 요인은 독립변수로 작용하며, 생활 양식노출이론의 거시적 관점으로 설명
대상의 선택 (상황적 요건)	피해요인은 매력성과 보호가능성으로 구성되고, 이 두 요인은 가변변수로 작용하며, 일상활동이론의 미시적 관점으로 설명

2. 클라크(Clarke)와 코니쉬(Gornish) 표적선택과정이론

(1) 범행대상을 선정하여 범행을 실행하기까지는 범죄자가 의사결정을 통하여 선택한다는 이론이다.

(2) 사고하는 범죄자의 범죄선택이라는 측면에 초점을 두고 범죄자가 범행을 결정하고 실제 범행을 저지르는 범행동기에 관심을 둔다.

(3) 즉 범죄자도 범죄행위를 통해 최소한의 위험과 비용으로 최대의 효과를 얻을 수 있는 피해자를 선택한다는 것을 밝혀 미시적 범죄발생 원인을 중시한다.

(4) 이에 의하면 범행대상 선택과정에 영향을 미칠 수 있는 요인으로는 피해자의 특성, 환경, 체포위험, 범행의 용이성, 보상정도 등이 있다.

3. 휴(Hough)의 선정모형

(1) 나이 · 성별 · 사회적 계급 등의 인구학적 특성은 직업 · 소득 · 거주지역 등 사람의 생활양식의 구조적 특징을 결정하고 나아가서 이것이 그 사람의 일상생활에도 영향을 미친다.

(2) 동기부여된 범죄자에게 쉽게 노출되고(근접성), 범행대상으로서 잠재적 수확가능성이 있으며(보상) 접근 또한 용이하여 범행대상으로 매력이 있을 뿐만 아니라 충분한 방어수단이 갖추어져 있지 않으면(보호성 부재) 범행대상으로 선정될 위험성이 높다고 본다.

4. 가보(T. Gabor)의 범죄대체와 무임승차효과

(1) 피해자이론이 주로 개인적 원인을 통한 분석이라면, 가보(Gabor)는 특정지역의 보호 · 보안수준의 차이는 지역적 · 집단적 측면에서 범죄발생에 영향을 줄 수 있다고 한다.

(2) **범죄대체효과**: 특정지역의 범죄를 예방하기 위하여 사전조치가 철저하게 이루어지고 있다면 이로 인하여 범죄의 보안수준이나 보호수준이 낮은 지역으로 옮겨가는 효과를 말한다.

(3) **무임승차효과**: 그 지역에 거주하는 특정인이 개인적인 일상활동이나 생활양식상 범죄의 위험성이 높다할지라도 그 지역이 보안수준이나 보호수준이 높아 범죄피해의 위험성이 줄어드는 효과를 말한다.

제2장 피해자 보호

제1절 「범죄피해자 보호법」상 범죄피해자 보호 및 보상제도

1 개요

● 범죄피해자보상의 법적 성격

국가책임이론 (책임배상형)	① 국가는 국민을 범죄로부터 보호해야 할 의무가 있고, 이 의무를 게을리한 결과인 범죄피해에 대해 피해자는 그 피해를 구제 받을 수 있는 청구권을 가진다는 이론이다. ② 국가가 모든 범죄피해자에게 충분한 손해배상을 해 주는 것이 원칙이다.
사회복지이론 (생활보호형)	① 국가는 범죄피해를 당한 피해자를 정신적·물질적으로 도와주어 범죄피해로 인한 고통으로부터 해소시켜주는 것이 현대 복지국가의 과제라는 것이다. ② 특정범죄에 피해를 입을 것과 생활이 곤궁할 것을 조건으로 국가로부터 피해구제를 받을 수 있다.
우리나라	① 사회복지설 : 초기 우리나라 범죄피해구조는 생명·신체를 해하는 범죄의 피해자로 제한하면서 생계유지가 곤란한 사정이 추가적으로 인정되어야 가능했기 때문에 사회복지설적 성격이 강하였다. ② 다만, 범죄피해 구조금지급 사유에서 '생계유지의 요건'은 법 개정으로 폐지되었다.

2 범죄피해자 보호

1. 목적

범죄피해자 보호·지원의 기본 정책 등을 정하고 타인의 범죄행위로 인하여 생명·신체에 피해를 받은 사람을 구조함으로써 범죄피해자의 복지 증진에 기여함을 목적으로 한다(제1조).

2. 용어의 정의

(1) **정의**(제3조 제1항)

범죄피해자	타인의 범죄행위로 피해를 당한 사람과 그 배우자(사실상의 혼인관계를 포함), 직계친족 및 형제자매를 말한다. [2020. 7급] 총 3회 기출
범죄피해자 보호·지원	범죄피해자의 손실 복구, 정당한 권리 행사 및 복지 증진에 기여하는 행위를 말한다. 다만, 수사·변호 또는 재판에 부당한 영향을 미치는 행위는 포함되지 아니한다.
범죄피해자 지원법인	범죄피해자 보호·지원을 주된 목적으로 설립된 비영리법인을 말한다.
구조대상 범죄피해	대한민국의 영역 안에서 또는 대한민국의 영역 밖에 있는 대한민국의 선박이나 항공기 안에서 행하여진 사람의 생명 또는 신체를 해치는 죄에 해당하는 행위(「형법」 제9조, 제10조 제1항, 제12조, 제22조 제1항에 따라 처벌되지 아니하는 행위를 포함하며, 같은 법 제20조 또는 제21조 제1항에 따라 처벌되지 아니하는 행위 및 과실에 의한 행위는 제외한다)로 인하여 사망하거나 장해 또는 중상해를 입은 것을 말한다. [2019. 5급 승진] 총 5회 기출 포함 : 형사미성년자, 심신상실자, 강요된 행위, 긴급피난 제외 : 정당행위, 정당방위, 과실에 의한 행위

장해	범죄행위로 입은 부상이나 질병이 치료(그 증상이 고정된 때를 포함)된 후에 남은 신체의 장해로서 대통령령으로 정하는 경우를 말한다.
중상해	범죄행위로 인하여 신체나 그 생리적 기능에 손상을 입은 것으로서 대통령령으로 정하는 경우를 말한다.

(2) 범죄피해 방지 및 범죄피해자 구조 활동으로 피해를 당한 사람도 범죄피해자로 본다(제3조 제2항).

(3) 범죄피해자보호위원회와 범죄피해구조심의회

범죄피해자
보호위원회
(제15조)
	① 범죄피해자 보호·지원에 관한 기본계획 및 주요 사항 등을 심의하기 위하여 법무부장관 소속으로 범죄피해자보호위원회를 둔다.
	② 보호위원회는 다음의 사항을 심의한다.
	  ㉠ 기본계획 및 시행계획에 관한 사항
	  ㉡ 범죄피해자 보호·지원을 위한 주요 정책의 수립·조정에 관한 사항
	  ㉢ 범죄피해자 보호·지원 단체에 대한 지원·감독에 관한 사항
	  ㉣ 그 밖에 위원장이 심의를 요청한 사항
	③ 보호위원회는 위원장(법무부장관)을 포함하여 20명 이내의 위원으로 구성한다.

범죄피해구조
심의회
(제24조)
〈개정 2024.
9. 20.〉
	① 구조금 지급 및 제21조 제2항에 따른 손해배상청구권 대위에 관한 사항을 심의·결정하기 위하여 각 지방검찰청에 범죄피해구조심의회(이하 "지구심의회"라 한다)를 두고 법무부에 범죄피해구조본부심의회(이하 "본부심의회"라 한다)를 둔다. [2016. 7급]
	② 지구심의회는 설치된 지방검찰청 관할 구역(지청이 있는 경우에는 지청의 관할 구역을 포함한다)의 구조금 지급 및 제21조 제2항에 따른 손해배상청구권 대위에 관한 사항을 심의·결정한다.
	③ 본부심의회는 다음의 사항을 심의·결정한다.
	  ㉠ 재심신청사건
	  ㉡ 그 밖에 법령에 따라 그 소관에 속하는 사항
	④ 지구심의회 및 본부심의회는 법무부장관의 지휘·감독을 받는다.

3 범죄피해자 구조

구조금 지급 요건(제16조)	국가는 구조대상 범죄피해를 받은 사람(구조피해자)이 (1. 구조피해자가 피해의 전부 또는 일부를 배상받지 못하는 경우, 2. 자기 또는 타인의 형사사건의 수사 또는 재판에서 고소·고발 등 수사단서를 제공하거나 진술, 증언 또는 자료제출을 하다가 구조피해자가 된 경우 [2011. 7급] 총 2회 기출) 구조피해자 또는 그 유족에게 범죄피해 구조금을 지급한다. 🔍 구조금 지급요건 × : 가해자 불명, 무자력 사유, 피해자의 생계유지 곤란 [2014. 7급]
구조금의 종류 등(제17조) 〈개정 2024. 9. 20.〉	① 구조금은 유족구조금·장해구조금 및 중상해구조금으로 구분한다. [2019. 5급 승진] 총 2회 기출 ② 유족구조금은 구조피해자가 사망하였을 때 제18조에 따라 맨 앞의 순위인 유족에게 지급한다. 다만, 순위가 같은 유족이 2명 이상이면 똑같이 나누어 지급한다. ③ 장해구조금 및 중상해구조금은 해당 구조피해자에게 지급한다. 다만, 장해구조금 또는 중상해구조금의 지급을 신청한 구조피해자가 장해구조금 또는 중상해구조금을 지급받기 전에 사망(해당 구조대상 범죄피해의 원인이 된 범죄행위로 사망한 경우는 제외한다)한 경우에는 제18조에 따라 맨 앞의 순위인 유족에게 지급하되, 순위가 같은 유족이 2명 이상이면 똑같이 나누어 지급한다.

구조금의 종류 등(제17조)〈개정 2024. 9. 20.〉	④ 구조금은 일시금으로 지급한다. 다만, 구조피해자 또는 그 유족이 연령, 장애, 질병이나 그 밖에 대통령령으로 정하는 사유로 구조금을 관리할 능력이 부족하다고 인정되는 경우로서 다음 각 호의 어느 하나에 해당하는 경우에는 대통령령으로 정하는 바에 따라 구조금을 분할하여 지급할 수 있다. 1. 구조피해자나 그 유족이 구조금의 분할 지급을 청구하여 제24조제1항에 따른 범죄피해구조심의회가 구조금의 분할 지급을 결정한 경우 2. 제24조제1항에 따른 범죄피해구조심의회가 직권으로 구조금의 분할 지급을 결정한 경우
유족의 범위 및 순위(제18조)〈개정 2024. 9. 20.〉	① 유족구조금이나 제17조제3항 단서에 따라 유족에게 지급하는 장해구조금 또는 중상해구조금(이하 "유족구조금등"이라 한다)을 지급받을 수 있는 유족은 다음 각 호의 어느 하나에 해당하는 사람으로 한다. 〈개정 2024. 9. 20.〉 **[유족구조금 지급대상]** 1. 배우자(사실상 혼인관계를 포함한다) 및 구조피해자의 사망 당시 구조피해자의 수입으로 생계를 유지하고 있는 구조피해자의 자녀 2. 구조피해자의 사망 당시 구조피해자의 수입으로 생계를 유지하고 있는 구조피해자의 부모, 손자·손녀, 조부모 및 형제자매 3. 제1호 및 제2호에 해당하지 아니하는 구조피해자의 자녀, 부모, 손자·손녀, 조부모 및 형제자매 ② ①에 따른 유족의 범위에서 태아는 구조피해자가 사망할 때 이미 출생한 것으로 본다. ③ 유족구조금등을 받을 유족의 순위는 ① 각 호에 열거한 순서로 하고, 같은 항 제2호 및 제3호에 열거한 사람 사이에서는 해당 각 호에 열거한 순서로 하며, 부모의 경우에는 양부모를 선순위로 하고 친부모를 후순위로 한다. ④ 유족이 다음 각 호의 어느 하나에 해당하면 유족구조금등을 받을 수 있는 유족으로 보지 아니한다. **[유족 제외대상]** 1. 구조피해자를 고의로 사망하게 한 경우 2. 구조피해자가 사망하기 전에 그가 사망하면 유족구조금등을 받을 수 있는 선순위 또는 같은 순위의 유족이 될 사람을 고의로 사망하게 한 경우 3. 구조피해자가 사망한 후 유족구조금등을 받을 수 있는 선순위 또는 같은 순위의 유족을 고의로 사망하게 한 경우
중(重)경비 시설	도주방지 및 수형자 상호 간의 접촉을 차단하는 설비를 강화하고 수형자에 대한 관리·감시를 엄중히 하는 교정시설이다.

구조금을 지급하지 아니할 수 있는 경우(제19조)	**전부 지급배제사유**	
	친족관계	해당범죄유발 등
	① 범죄행위 당시 구조피해자와 가해자 사이에 다음의 어느 하나에 해당하는 친족관계가 있는 경우에는 구조금을 지급하지 아니한다(제1항). 1. 부부(사실상의 혼인관계를 포함한다) 2. 직계혈족 3. 4촌 이내의 친족 [2017. 9급] 4. 동거친족	② 구조피해자가 다음의 어느 하나에 해당하는 행위를 한 때에는 구조금을 지급하지 아니한다(제3항). 1. 해당 범죄행위를 교사 또는 방조하는 행위 2. 과도한 폭행·협박 또는 중대한 모욕 등 해당 범죄행위를 유발하는 행위 3. 해당 범죄행위와 관련하여 현저하게 부정한 행위 4. 해당 범죄행위를 용인하는 행위 5. 집단적 또는 상습적으로 불법행위를 행할 우려가 있는 조직에 속하는 행위(다만, 그 조직에 속하고 있는 것이 해당 범죄피해를 당한 것과 관련이 없다고 인정되는 경우는 제외한다) 6. 범죄행위에 대한 보복으로 가해자 또는 그 친족이나 그 밖에 가해자와 밀접한 관계가 있는 사람의 생명을 해치거나 신체를 중대하게 침해하는 행위
	일부 지급배제사유	
	친족관계	해당범죄유발 등
	① 범죄행위 당시 구조피해자와 가해자 사이에 ①의 어느 하나에 해당하지 아니하는 친족관계가 있는 경우에는 구조금의 일부를 지급하지 아니한다(제2항).	① 구조피해자가 다음의 어느 하나에 해당하는 행위를 한 때에는 구조금의 일부를 지급하지 아니한다(제4항). 1. 폭행·협박 또는 모욕 등 해당 범죄행위를 유발하는 행위 2. 해당 범죄피해의 발생 또는 증대에 가공한 부주의한 행위 또는 부적절한 행위
	① 유족구조금등을 지급하지 아니할 수 있는 경우에 관하여는 제1항부터 제4항까지(전부, 일부 지급배제사유)를 준용한다. 이 경우 "구조피해자"는 "구조피해자 또는 맨 앞의 순위인 유족"으로 본다(제5항). ② 구조피해자 또는 그 유족과 가해자 사이의 관계, 그 밖의 사정을 고려하여 구조금의 전부 또는 일부를 지급하는 것이 사회통념에 위배된다고 인정될 때에는 구조금의 전부 또는 일부를 지급하지 아니할 수 있다(제6항). ③ 구조금의 실질적인 수혜자가 가해자로 귀착될 우려가 없는 경우 등 구조금을 지급하지 아니하는 것이 사회통념에 위배된다고 인정할 만한 특별한 사정이 있는 경우에는 구조금의 전부 또는 일부를 지급할 수 있다(제7항). [2017. 9급]	
손해배상과의 관계(제21조)	① 국가는 구조피해자나 유족이 해당 구조대상 범죄피해를 원인으로 하여 손해배상을 받았으면 그 범위에서 구조금을 지급하지 아니한다. [2017. 9급] 총 7회 기출 ② 국가는 지급한 구조금의 범위에서 해당 구조금을 받은 사람이 구조대상 범죄피해를 원인으로 하여 가지고 있는 손해배상청구권을 대위(권리의 이전)한다. ③ 국가는 손해배상청구권을 대위할 때 대통령령으로 정하는 바에 따라 가해자인 수형자나 보호감호대상자의 작업장려금 또는 근로보상금에서 손해배상금을 받을 수 있다.	

외국인에 대한 구조(제23조)	구조피해자 또는 그 유족이 외국인인 때에는 다음 각 호의 어느 하나에 해당하는 경우에만 이 법을 적용한다. 1. 해당 국가의 상호 보증이 있는 경우 2. 해당 외국인이 구조대상 범죄피해 발생 당시 대한민국 국민의 배우자이거나 대한민국 국민과 혼인관계(사실상의 혼인관계를 포함한다)에서 출생한 자녀를 양육하고 있는 자로서 다음 각 목의 어느 하나에 해당하는 체류자격을 가지고 있는 경우 가.「출입국관리법」 제10조제2호(일반체류자격)의 영주자격 나.「출입국관리법」 제10조의2제1항제2호(장기체류자격)의 장기체류자격으로서 법무부령으 로 정하는 체류자격
구조금 지급신청 (제25조)	① 구조금을 받으려는 사람은 법무부령으로 정하는 바에 따라 그 주소지, 거주지 또는 범죄 발생지를 관할하는 지구심의회에 신청하여야 한다. [2011. 7급] ② 신청은 해당 구조대상 범죄피해의 발생을 안 날부터 3년이 지나거나 해당 구조대상 범 죄피해가 발생한 날부터 10년이 지나면 할 수 없다. [2011. 7급]총 2회 기출
소멸시효 (제31조)	구조금을 받을 권리는 그 구조결정이 해당 신청인에게 송달된 날부터 2년간 행사하지 아니 하면 시효로 인하여 소멸된다.
구조금 수급권의 보호(제32조)	구조금을 받을 권리는 양도하거나 담보로 제공하거나 압류할 수 없다. [2019. 5급 승진]총 2회 기출
보조금 (제34조)	국가 또는 지방자치단체는 법무부장관에게 등록한 범죄피해자 지원법인(등록법인)의 건전 한 육성과 발전을 위하여 필요한 경우에는 예산의 범위에서 등록법인에 운영 또는 사업에 필요한 경비를 보조할 수 있다(제1항).

4 형사조정

형사조정 회부 (제41조)	① 검사는 피의자와 범죄피해자(당사자) 사이에 형사분쟁을 공정하고 원만하게 해결하여 범죄피해자가 입은 피해를 실질적으로 회복하는 데 필요하다고 인정하면 당사자의 신청 또는 직권으로 수사 중인 형사사건을 형사조정에 회부할 수 있다. [2016. 7급] ② 형사조정 회부 제외사유 [2021. 9급]총 3회 기출 **[형사조정 회부 제외사유]** 1. 피의자가 도주하거나 증거를 인멸할 염려가 있는 경우 2. 공소시효의 완성이 임박한 경우 3. 불기소처분의 사유에 해당함이 명백한 경우(다만, 기소유예처분의 사유에 해당하는 경우 는 제외)
형사조정위원회 (제42조)	① 형사조정을 담당하기 위하여 각급 지방검찰청 및 지청에 형사조정위원회를 둔다. ② 형사조정위원회는 2명 이상의 형사조정위원으로 구성한다. [2018. 7급] ③ 형사조정위원은 형사조정에 필요한 법적 지식 등 전문성과 덕망을 갖춘 사람 중에서 관 할 지방검찰청 또는 지청의 장이 미리 위촉한다. ④ 형사조정위원의 임기는 2년으로 하며, 연임할 수 있다. ⑤ 형사조정위원회의 위원장은 관할 지방검찰청 또는 지청의 장이 형사조정위원 중에서 위 촉한다. ⑥ 형사조정위원에게는 예산의 범위에서 법무부령으로 정하는 바에 따라 수당을 지급할 수 있으며, 필요한 경우에는 여비, 일당 및 숙박료를 지급할 수 있다.

형사조정의 절차 (제43조)	① 형사조정위원회는 당사자 사이의 공정하고 원만한 화해와 범죄피해자가 입은 피해의 실질적인 회복을 위하여 노력하여야 한다. ② 형사조정위원회는 형사조정이 회부되면 지체 없이 형사조정 절차를 진행하여야 한다. ③ 형사조정위원회는 필요하다고 인정하면 형사조정의 결과에 이해관계가 있는 사람의 신청 또는 직권으로 이해관계인을 형사조정에 참여하게 할 수 있다. [2018. 7급]

제2절 「소송촉진 등에 관한 특례법」상 배상명령제도

1 의의

(1) 배상명령이란 공소제기된 사건의 범죄로 인하여 손해가 발생한 경우 법원이 직권 또는 피해자의 신청에 의하여 피고인에게 손해의 배상을 명하는 절차를 말한다.

(2) 배상명령제도는 형사소송에 부대하여 피해자에게 직접 손해의 배상을 명함으로서 시간과 경비를 줄임으로써 소송경제에 이바지하고 피해자를 신속하게 구제해 준다.

배상명령의 범위 (제25조)	① 제1심 또는 제2심의 형사공판 절차에서 다음의 죄 중 [1. 「형법」상 상해죄, 중상해죄, 상해치사죄, 폭행치사상죄(존속폭행치사상의 죄는 제외), 과실치사상죄, 강간과 추행의 죄, 절도와 강도의 죄, 사기와 공갈의 죄, 횡령과 배임의 죄, 손괴의 죄, 2. 「성폭력범죄의 처벌 등에 관한 특례법」상 업무상 위력 등에 의한 추행, 공중 밀집 장소에서의 추행, 성적 목적을 위한 공공장소 침입행위, 통신매체를 이용한 음란행위, 카메라 등을 이용한 촬영, 「아동·청소년의 성보호에 관한 법률」상 아동·청소년 매매행위, 아동·청소년에 대한 강요행위, 3. 1.의 죄를 가중처벌하는 죄 및 그 죄의 미수범을 처벌하는 경우 미수의 죄] 유죄판결을 선고할 경우, 법원은 직권에 의하여 또는 피해자나 그 상속인의 신청에 의하여 피고사건의 범죄행위로 인하여 발생한 직접적인 물적 피해, 치료비 손해 및 위자료의 배상을 명할 수 있다(제1항). ② 법원은 ①에 규정된 죄 및 그 외의 죄에 대한 피고사건에서 피고인과 피해자 사이에 합의된 손해배상액에 관하여도 배상을 명할 수 있다(제2항). ③ 법원은 다음의 경우 (1. 피해자의 성명·주소가 분명하지 아니한 경우, 2. 피해 금액이 특정되지 아니한 경우, 3. 피고인의 배상책임의 유무 또는 그 범위가 명백하지 아니한 경우, 4. 배상명령으로 인하여 공판절차가 현저히 지연될 우려가 있거나 형사소송 절차에서 배상명령을 하는 것이 타당하지 아니하다고 인정되는 경우)에는 배상명령을 하여서는 아니 된다(제3항).
배상명령의 절차	① 배상신청의 통지 : 검사는 제25조 제1항에 규정된 죄로 공소를 제기한 경우에는 지체 없이 피해자 또는 그 법정대리인(피해자가 사망한 경우에는 그 배우자·직계친족·형제자매를 포함한다)에게 배상신청을 할 수 있음을 통지하여야 한다(제25조의2). ② 신청(제26조) 　㉠ 피해자는 제1심 또는 제2심 공판의 변론이 종결될 때까지 사건이 계속된 법원에 피해배상을 신청할 수 있다(제1항).(→ 따라서 상고심에서는 신청할 수 없다) [2013. 7급] 　㉡ 피해자는 배상신청을 할 때에는 신청서와 상대방 피고인 수만큼의 신청서 부본을 제출하여야 한다(제2항).

배상명령의 절차	ⓒ 신청서에는 필요한 증거서류를 첨부할 수 있다(제4항). ⓔ 피해자가 증인으로 법정에 출석한 경우에는 말로써 배상을 신청할 수 있다. 이 때에는 공판조서에 신청의 취지를 적어야 한다(제5항). ⓜ 신청인은 배상명령이 확정되기 전까지는 언제든지 배상신청을 취하할 수 있다(제6항). ⓗ 피해자는 피고사건의 범죄행위로 인하여 발생한 피해에 관하여 다른 절차에 따른 손해배상청구가 법원에 계속 중일 때에는 배상신청을 할 수 없다(제7항). [2013. 7급] ⓢ 배상신청은 민사소송에서의 소의 제기와 동일한 효력이 있다(제8항). ③ **대리인**(제27조) 　ⓐ 피해자는 법원의 허가를 받아 그의 배우자, 직계혈족 또는 형제자매에게 배상신청에 관하여 소송행위를 대리하게 할 수 있다(제1항). 　ⓑ 피고인의 변호인은 배상신청에 관하여 피고인의 대리인으로서 소송행위를 할 수 있다(제2항). ④ **배상명령사건의 심리** 　ⓐ 법원은 서면에 의한 배상신청이 있을 때에는 지체 없이 그 신청서 부본을 피고인에게 송달하여야 한다. 이 경우 법원은 직권 또는 신청인의 요청에 따라 신청서 부본상의 신청인 성명과 주소 등 신청인의 신원을 알 수 있는 사항의 전부 또는 일부를 가리고 송달할 수 있다(제28조). 　ⓑ 법원은 배상신청이 있을 때에는 신청인에게 공판기일을 알려야 하며 신청인이 공판기일을 통지받고도 출석하지 아니하였을 때에는 신청인의 진술 없이 재판할 수 있다(제29조).(→ 즉 신청인은 공판기일에 출석할 의무가 있는 것은 아니다) 　ⓒ 신청인 및 그 대리인은 공판절차를 현저히 지연시키지 아니하는 범위에서 재판장의 허가를 받아 소송기록을 열람할 수 있고, 공판기일에 피고인이나 증인을 신문할 수 있으며, 그 밖에 필요한 증거를 제출할 수 있다(제30조 제1항). 　ⓓ ⓒ의 허가를 하지 아니한 재판에 대하여는 불복을 신청하지 못한다(제30조 제2항). [2013. 7급] ⑤ **배상신청의 각하**(제32조) 　ⓐ 법원은 다음 경우 (1. 배상신청이 적법하지 아니한 경우, 2. 배상신청이 이유 없다고 인정되는 경우, 3. 배상명령을 하는 것이 타당하지 아니하다고 인정되는 경우)에는 결정으로 배상신청을 각하하여야 한다(제1항). 　ⓑ 유죄판결의 선고와 동시에 배상신청 각하의 재판을 할 때에는 이를 유죄판결의 주문에 표시할 수 있다(제2항). 　ⓒ 법원은 ⓐ의 재판서에 신청인 성명과 주소 등 신청인의 신원을 알 수 있는 사항의 기재를 생략할 수 있다(제3항). 　ⓓ 배상신청을 각하하거나 그 일부를 인용한 재판에 대하여 신청인은 불복을 신청하지 못하며, 다시 동일한 배상신청을 할 수 없다(제4항). ⑥ **배상명령의 선고**(제31조) 　ⓐ 배상명령은 유죄판결의 선고와 동시에 하여야 한다(제1항). [2013. 7급] 　ⓑ 배상명령은 일정액의 금전 지급을 명함으로써 하고 배상의 대상과 금액을 유죄판결의 주문에 표시하여야 한다. 배상명령의 이유는 특히 필요하다고 인정되는 경우가 아니면 적지 아니한다(제2항). [2013. 7급] 　ⓒ 배상명령은 가집행할 수 있음을 선고할 수 있다(제3항). 　ⓓ 배상명령을 하였을 때에는 유죄판결서의 정본을 피고인과 피해자에게 지체 없이 송달하여야 한다(제5항).

배상명령에 대한 불복 (제33조)	① 유죄판결에 대한 상소가 제기된 경우에는 배상명령은 피고사건과 함께 상소심으로 이심된다(제1항). [2013. 7급] ② 상소심에서 원심의 유죄판결을 파기하고 피고사건에 대하여 무죄, 면소 또는 공소기각의 재판을 할 때에는 원심의 배상명령을 취소하여야 한다. 이 경우 상소심에서 원심의 배상명령을 취소하지 아니한 경우에는 그 배상명령을 취소한 것으로 본다(제2항). ③ 상소심에서 원심판결을 유지하는 경우에도 원심의 배상명령을 취소하거나 변경할 수 있다(제4항). [2013. 7급] ④ 피고인은 유죄판결에 대하여 상소를 제기하지 아니하고 배상명령에 대하여만 상소 제기기간에 형사소송법에 따른 즉시항고를 할 수 있다. 다만, 즉시항고 제기 후 상소권자의 적법한 상소가 있는 경우에는 즉시항고는 취하된 것으로 본다(제5항).

제3장 비범죄화론

제1절 비범죄화와 신범죄화

1 비범죄화(Decriminalization)

1. 의의

(1) 비범죄화 혹은 탈범죄화란 형사사법절차에서 특정범죄에 대한 형사처벌의 범위를 축소하는 것을 의미한다. [2023. 9급]

(2) 형법이 가지는 보충적 성격과 공식적 사회통제기능의 부담가중을 고려하여 일정한 범죄유형을 형벌에 의한 통제로부터 제외시키는 경향이다. [2015. 9급] [2023. 7급 보호]

(3) 특정행위에 대한 범죄화와 비범죄화의 차원이 아닌 특정 행위에 대한 법적 규제와 비규제라는 형사정책적 접근론으로, 비범죄화론은 범죄행위에 대한 사회적 동의를 의미하는 것은 아니다.

(4) 비범죄화론은 행위에 대한 형사처벌의 폐지가 아니라 형사처벌의 완화를 목표로 한다. [2023. 9급] 총 2회 기출, [2023. 7급 보호]

(5) 비범죄화론은 특히 공공질서 관련 범죄들이 주로 거론되는데, 이러한 범죄들이 국가나 사회를 위한 공식조직의 관심사항이 아니라 가족이나 지역사회 등 비공식적 통제조직에 의해서 오히려 효과적으로 통제될 수 있기 때문이라는 것이다.

2. 비범죄화의 필요성

(1) 범죄개념의 상대성을 잘 설명해주고 있다.

(2) 형법의 보충성 원칙이나 최후수단성 원칙에 부합한다. [2017. 7급] 총 2회 기출, [2023. 7급 보호]

(3) 경미한 범죄에 대해서도 형사사법의 경제적 관점에서 비범죄화가 주장된다. [2023. 9급]

(4) 비범죄화는 다양한 가치관이 공존하는 사회에서 개인의 이익을 구체적으로 침해하지 않는 경우에는 범죄로서 처벌하지 못하게 하자는 것으로, 벌금 대신에 행정상의 행정벌을 과하는 경우도 비범죄화에 포함된다.

(5) 경미범죄에 대한 경찰의 훈방조치 내지 지도장 발부, 범칙금 납부제도 등은 넓은 의미의 비범죄화의 일환이다.

3. 비범죄화의 분류

(1) 수사상의 비범죄화 : 수사기관이 형벌법규가 존재함에도 불구하고 사실상 수사하지 아니함으로써 달성되는 비범죄화를 의미한다.

(2) 재판상의 비범죄화 : 재판주체가 더 이상 범죄로 판단하지 않음으로서 달성되는 비범죄화를 말한다.

(3) 입법상의 비범죄화 : 입법자에 의한 법률규정 그 자체의 폐지를 통한 비범죄화를 의미한다.

4. 법률상 비범죄화와 사실상의 비범죄화

법률상 비범죄화	입법작용이나 헌법재판소의 위헌결정과 같은 판결에 의해 형벌법규가 무효화됨으로써 이루어지는 비범죄화를 의미한다. ▸ 비범죄화와 동시에 해당행위가 법적·사회적으로 완전히 승인되는 경우 ▸ 국가의 임무에 대한 인식변화와 인권신장이 일정한 행위양태에 대해 국가적 중립성을 요구하는 경우(예 간통죄 폐지, 혼인빙자간음죄) [2023. 7급 보호]
사실상 비범죄화	형사사법의 공식적 통제권한에는 변함이 없으면서도 일정한 행위양태에 대해 형사사법체계의 점진적 활동축소로 이루어지는 비범죄화를 의미한다(예 검찰의 기소편의주의, 불기소처분, 범죄관련자의 고소·고발 기피, 경찰의 무혐의 처리, 법원의 절차 중단 등). [2017. 7급] ▸ 수사상의 비범죄화, 재판상의 비범죄화

5. 비범죄화의 논의 대상 [2015. 9급] 총 6회 기출

(1) 비영리적 공연음란죄, 음화판매죄, 사상범죄 등

(2) 피해자 없는 범죄 : 성매매, 마리화나 흡연 등 경미한 마약사용, 낙태, 단순도박 등

🔍 비범죄화 논의의 대표적 범죄로 거론되었던 혼인빙자간음죄와 간통죄는 위헌 및 형법 개정으로 폐지되었고, 낙태죄는 헌법불합치 결정(헌재 2019.4.11. 2017헌바127)을 받았다. [2023. 9급]

2 신범죄화(신규 범죄화)

1. 의의

(1) 산업화·도시화 등 사회구조의 변화에 따라 종래 예상치 못했던 행위에 대하여 형법이 관여하게 되는 경향을 말한다.

(2) 지금까지 존재하지 않던 새로운 형벌구성요건을 창설하는 것이다.

(3) 신범죄화 : 환경범죄, 교통범죄, 경제범죄, 컴퓨터범죄 등이 거론된다. [2015. 9급]

🔍 진화적 범죄 : 사상이나 윤리상의 견지에서 비난할 행동이 아니지만 그 시대의 상황에 의해 범죄로 규정되는 것으로 경제·정치·종교·확신범 등이 있다. 이러한 종교범, 정치범, 확신범, 경제범 등은 시대적 상황과 국가에 따라 달리 규정될 수 있는 특징이 있다.

2. 과범죄화

(1) 경범죄처벌법과 관련이 있다.

(2) 과거의 비공식적 기관에 의한 통제가 사회조직이 와해되면서 공식적 기관(경찰 등)에 의해 통제되는 경우이다.

제2절 다이버전

1 배경과 의의

1. 배경

(1) 다이버전(Diversion)은 사회통제수단으로서의 형벌이 갖는 기능상의 한계로 인식되는 효율성과 형사처벌로 인한 과잉처벌의 문제점에 대한 비판에서 비롯되었다.

(2) **낙인이론의 산물** : 범죄인에 대한 형사처벌 및 형집행이 낙인효과를 가져와 오히려 범죄인의 사회복귀를 힘들게 할 뿐만 아니라 범죄인의 자아의식을 왜곡시켜 재범으로 나아가게 한다는 사실이 다이버전을 모색하게 된 동기이다. [2014. 7급] [20214. 9급 보호]

2. 의의

(1) 일반적으로 공식적 형사절차로부터의 이탈과 동시에 사회 내 처우프로그램에 위탁하는 것을 그 내용으로 한다.

(2) 즉 다이버전이란 형사사법기관이 통상의 형사절차를 중단하고 이를 대체하는 절차에 의해 범죄인을 처리하는 제도를 말한다. [2023. 7급] 총 4회 기출

(3) 비범죄화가 실체적 의미를 갖는데 반하여 다이버전은 절차적 의미를 갖는다.

2 다이버전의 종류와 내용

1. 주체별 다이버전 [2020. 9급] [2024. 9급 보호]

경찰단계	훈방, 경고, 통고처분, 보호기관 위탁 등
검찰단계	기소유예, 불기소처분, 선도조건부 기소유예, 약식명령청구 등
법원(재판)단계	선고유예, 집행유예, 약식명령 등
교정(행형)단계	가석방, 개방처우, 보호관찰, 주말구금 등

2. 내용

(1) 형사사법기관이 통상의 형사절차를 중단하고 이를 대체하는 새로운 절차로 이행하는 것으로, 성인형사사법보다 소년형사사법에서 그 필요성이 더욱 강조된다. [2014. 7급] [2024. 9급 보호]

(2) 보석이나 구속적부심사제도는 통상의 형사절차에 해당한다는 점에서 다이버전의 한 예라고 볼 수 없다. [2018. 7급] 총 3회 기출

(3) 시설 내 처우를 사회 내 처우로 대체하는 것도 다이버전에 포함된다.

(4) 가석방은 넓은 의미의 전환에 속하나, 낙인이론적 관점에서 보면 전환이 아니다.

(5) 약물범죄와 같은 공공질서 관련 범죄에 대해서 많이 주장되고 있다. [2014. 7급]

3. 장점과 단점(문제점)

장점	단점
① 정식의 형사절차보다 경제적인 방법으로 범죄문제를 처리할 수 있고, 범죄자에 대한 보다 인도적인 처우방법이다. ② 범죄자를 전과자로 낙인찍는 낙인효과를 줄일 수 있다. [2020. 9급] 총 4회 기출 ③ 형사사법기관의 업무량을 줄여 상대적으로 중요한 범죄사건에 집중할 수 있도록 한다. [2024. 9급 보호]	① **사회통제망의 확대** : 다이버전의 등장으로 인하여 그동안 형사사법의 대상조차 되지 않았던 문제가 통제대상이 되어 오히려 사회적 통제가 강화될 우려가 있다. [2018. 7급] 총 3회 기출 ② 형벌의 고통을 감소시켜 오히려 재범의 위험성을 증가시킬 수 있다. ③ 범죄원인 제거에는 큰 효과가 없다는 비판이 있다. ④ 선별적 법집행으로 인하여 형사사법의 불평등을 가져올 수 있다. ⑤ 다이버전은 재판절차 전 형사개입이라는 점에서 또 다른 형사사법절차의 창출이라는 비판도 있다.

PART

04

범죄대책과
형사제재

제1장 범죄예방
제2장 범죄예측
제3장 형벌론
제4장 형벌의 종류
제5장 보안처분론
제6장 보안처분 주요 5법

PART 04 범죄대책과 형사제재

제1장 범죄예방

제1절 개관

1 범죄예방의 의의

1. 의의

(1) 범죄예방은 범죄발생의 원인을 제거하거나 범죄억제작용을 하는 여러 원인을 강화함으로써 장래에 범죄가 발생하지 않도록 하는 것을 말한다.

(2) 범죄예방을 주된 임무로 하는 기관은 경찰이지만 민간기관이나 시민들도 범죄예방활동에 관여할 수 있다.

2 기본 모델

1. 제프리(Jeffery)의 범죄대책모델

(1) 범죄억제모델

① 비결정론적 인간관을 전제로, 형법 내지 형벌을 통하여 범죄를 억제하는 가장 전통적인 방법으로 고전학파의 범죄이론과 맥을 같이 한다.

② 처벌을 통하여 범죄자들의 잠재적 범죄를 예방하고, 이를 통하여 사회를 안전하게 보호하는데 중점을 둔다. [2013. 7급]

③ 처벌을 통한 범죄예방의 효과를 높이기 위하여 처벌의 확실성, 엄격성, 신속성을 요구한다. [2018. 7급] 총 2회 기출

(2) 사회복귀모델

① 범죄인의 재사회화와 재범방지에 중점을 둔 임상적 개선방법 등 실증주의의 특별예방 관점에서의 행형론의 주요한 모델로, 형 집행단계에서 특별예방의 관점을 강조하며, 주관주의 형법이론과 맥을 같이 한다. [2018. 7급] 총 2회 기출

② 범죄인의 생물학적·심리학적 특성과 사회적 환경에 따른 효과에 차이가 난다는 문제가 있다.

(3) 환경개선을 통한 범죄예방모델

① 제프리가 특히 강조한 모델로, 도시정책, 환경정화, 인간관계의 개선과 정치·경제·사회 각 분야에서의 갈등해소 등 환경개혁을 통하여 범죄를 예방하고자 하는 범죄억제모델이다.

② 범죄의 원인을 개인과 환경과의 상호작용에서 찾음으로써 사회적 범죄환경요인을 개선 내지 제거할 것을 주장한다. [2013. 7급]

③ 환경설계를 통한 범죄예방(CPTED)개념을 제시하고, 주택 및 도시설계를 범죄예방에 적합하도록 구성하려고 하였다.

2. 뉴만(Newman)과 레피토(Reppetto)의 범죄예방모델

  (1) **방어공간** : 주택건축과정에서 공동체의 익명성을 줄이고 범죄자의 침입과 도주를 차단하며 순찰·감시가 용이하도록 구성하여 범죄예방을 도모하여야 한다는 방어공간(Defensible Space)의 개념을 사용하였다. [2022. 7급 보호]

  (2) **상황적 범죄예방모델** : 범죄행위에 대한 위험과 어려움을 높여 범죄기회를 줄임으로써 범죄예방을 도모하려는 방법을 상황적 범죄예방모델이라고 한다. [2022. 7급 보호]

  (3) **이론적 근거(일상범죄이론)** : 범죄발생요인으로 범죄욕구, 범죄능력 및 범죄기회를 들고, 범죄기회가 주어지면 누구든지 범죄를 저지를 수 있는 것으로 보는 일상범죄이론은 상황적 범죄예방 모델의 이론적 근거가 된다.

3. 브랜팅햄(Brantingham)과 파우스트(Faust)의 범죄예방모델 : 질병예방에 관한 보건의료모형을 응용하여 단계화한 범죄예방모델을 제시하였다. [2023. 7급 보호] 총 2회 기출

  (1) **1차적 범죄예방**

    ① 사회정책적 측면에서 이루어지는 범죄예방으로, 범죄행위를 야기할 가능성이 있는 문제들을 미연에 방지할 목적으로 범죄기회를 제공하거나 범죄를 촉진하는 물리적·사회적 환경조건을 변화시키는 것을 말한다. [2024. 9급 보호]

    ② 방법으로는 조명·자물쇠장치·접근통제 등과 같은 환경설비, 감시·시민순찰 등과 같은 이웃감시, 경찰방범활동, 범죄예방교육, 민간경비 등이 있다. [2024. 9급 보호] 총 2회 기출

  (2) **2차적 범죄예방**

    ① 범행가능성이 있는 잠재적 범죄자(우범자)를 조기에 발견하고 그를 감시·교육함으로써 반사회적 행위에 이르기 전에 미리 예방하는 것을 말한다.

    ② 방법으로는 비행가능성이 있는 소년의 직업훈련 및 교육프로그램 실시, 범죄발생지역의 분석, 전환제도 등이 있다.

  (3) **3차적 범죄예방**

    ① 범죄자를 대상으로 하는 예방조치로써 과거에 범행한 적이 있는 범죄자를 대상으로 재범하지 않도록 하는 것이 주된 임무이다. [2024. 9급 보호]

    ② 이 기능의 대부분은 형사사법기관에 의해 이루어지고 있으며 구금, 교정 및 치료, 사회복귀, 갱생보호사업, 지역사회교정 등이 여기에 해당한다.

③ 환경범죄학과 상황적 범죄예방모델

1. 상황적 범죄예방모델

  (1) 과거에는 범죄를 개인의 속성에서 찾았으나 상황적 범죄예방 이론은 범죄기회가 주어지면 누구든지 저지를 수 있는 행위로 보고, 범죄예방은 범죄기회를 감소시킴으로써 성취될 수 있다고 한다.

  (2) **정책대안** : 범죄예방을 위해서는 사람이나 재물 같은 범죄표적물에 대한 주의 깊은 보호, 범죄수단에 대한 통제, 잠재적 범죄자들의 행동에 대한 주의 깊은 추적 등 세 가지 요소를 기초로 이루어진다.

2. 환경범죄학과의 관계

(1) 환경범죄학은 주택이나 건물, 지역 등의 환경이 가진 범죄취약 요인을 분석하여 범죄기회를 감소하기 위해 환경설계를 통한 범죄예방 전략을 강조하는 이론으로, 방어공간이론, CPTED, 일상활동이론, 깨진 유리창이론 등을 포함한다.

(2) 상황적 범죄이론은 환경적 범죄기회 제거뿐만 아니라 개인의 생활양식의 개선에 의한 범죄기회 제거를 강조하는 생활양식 이론까지 포함한다는 측면에서 환경범죄학보다 그 범위가 더 넓다.

3. 뉴만(Newman)의 방어공간이론

(1) 제이콥스(Jacobs)와 뉴만(Newman)은 주택건설설계를 통해서 범죄자의 범죄기회를 제거하거나 감소시킬 수 있다는 방어공간이론(defensible space theory)을 제기하였다.

(2) 뉴만의 환경설계 4원칙

영역성 설정 원칙	영역성은 건물의 배치, 도로의 설계, 상징적인 혹은 실제 통제공간을 설계하여 그 지역의 거주자들이 자신들의 소유나 책임 영역이라는 의식을 심화시켜 범죄를 예방하려는 통제전략이다.
자연스런 감시의 확보 원칙	자연적 감시는 합법적인 이용자들에게 이웃과 외부인의 일상활동을 관찰할 수 있도록 영역을 설계함으로써 주민들에 의한 자연적인 감시가 이루어져야 한다는 것을 의미한다.
거주지 이미지 형성 원칙	주택단지가 범죄에 취약하게 보이지 않고 지역사회로부터 고립되지 않도록 지역사회를 조성해야 한다는 원칙이다.
입지조건 원칙	입지조건은 특정 장소 주변지역의 성격을 말하는 것으로서 주택지 주위에 범죄유발 위험시설이 없는 지역에 배치하고, 유흥시설이나 사행성 오락시설 또는 윤락업소 같은 풍속에 유해한 영향을 미치는 시설은 주택단지 주변에 위치하지 못하게 한다. 또한 경찰 등 범죄통제나 감시기관이 많은 지역을 선택함으로써 주거지역이 범죄로부터 안전을 확보해야 한다는 것을 강조한다.

4. CPTED

(1) 제프리(Jeffery)는 「환경설계를 통한 범죄예방(CPTED)」(1971)에서 방어공간의 개념을 주택지뿐만 아니라 학교나 공장 같은 비주거지역에 적용함으로써 범죄예방을 위한 환경설계는 미국 전역의 관심을 받기 시작했다.

(2) CPTED의 4가지 전략 [2022. 7급 보호]

자연적 감시	① 주민들이나 경찰이 침입자를 쉽게 관찰할 수 있도록 주택을 설계하는 것을 말한다. ② 건물 입구나 출입문에 대한 가시성 증가, 방문이나 창문을 주변 도로에서 잘 보이도록 설계, 고강도 가로등 설치, 주차장이나 현관에 CCTV 설치에 의한 침입자 관찰, 전자감시 장치 이용 등이 그 기법이다.
영역성 강화	① 주거지의 영역을 공적 영역보다 사적 영역화함으로써 외부인을 통제하고 또한 외부인은 자신이 통제대상이라는 것을 자각하게 함으로써 범죄를 예방하려는 전략이다. ② 조경, 도로의 포장, 특수 울타리 설치, 출입구 통제 강화, 표지판 설치, 내부 공원조성 등은 주민들의 소유재산이나 자기의 사적 영역이라는 인식을 강화한다.

접근통제	① 지역 및 지역 내 주택이나 건물에 수상한 사람들이 침입하지 못하도록 설계하는 것을 말한다. ② 범죄 표적대상 강화라고도 하며 건물 출입구의 수 줄이기, 특수 잠금장치 설치, 방범경보장치 설치, 방범창 설치, 방범견 배치, 경비원 배치 등이 있다.
주민에 의한 방범활동 지원	① 제이콥스가 제안한 거리의 눈, 즉 일반 주민들의 눈을 적극적으로 활용하는 설계전략이다. ② 주거지 주변에 레크레이션 시설의 설치, 산책로 주변에 벤치 설치, 주택단지 안에 농구장이나 테니스장 설치 등에 의해 범법자들의 이동을 감시하는 기능을 강화할 수 있다. ③ 일반 주민들의 방범협조는 주민들의 방범의식 강화와 함께 경찰과의 협조체계가 확립되어야 하는 것이 선결조건이다.

5. 윌슨과 켈링(Wilson & Kelling)의 깨진 유리창 이론 [2012. 7급]

(1) 공공의 안전을 결정하는데 있어서 주변의 사소한 생활환경이 중요함을 강조하는 이론이다.

(2) 기물 손괴행위, 쓰레기 투기, 난폭한 행동, 공공연한 추태, 새치기와 같은 경미한 질서 위반행위들이 방치되면, 지역사회를 통제하는 비공식적 통제능력이 약화되고 유사한 기초질서 위반행위들이나 경범죄를 증가시키는 결과를 초래하고, 더 심각한 범죄를 야기할 수 있다고 한다.

(3) **상황적 예방이론의 효과와 비판**

① 클라크(Clarke)와 와이즈버드(Weisburd)의 범죄통제 이익의 확산효과

㉠ 한 지역의 상황적 범죄예방활동의 효과는 다른 지역으로 확산되어 다른 지역의 범죄예방에도 긍정적인 영향을 미치게 된다는 것이 '이익의 확산효과(Diffusion of Benefit)'이다. [2022. 7급 보호] 총 2회 기출

㉡ 범죄전이 효과는 범죄발생 예방책을 시행한 대상에서 범죄감소효과가 다른 방식으로 재발생하는 현상을 설명하는 반면, 범죄통제 이익의 확산효과는 예방책의 대상을 비롯한 다른 대상에게도 범죄감소효과가 나타나는 현상을 설명한다.

㉢ 이익의 확산에 대해 '대상이 되는 장소, 개인, 범죄, 시간대 등을 넘어서 긍정적인 영향이 퍼지는 것'이라고 정의하고, 범죄통제 이익의 확산효과의 유형을 다음과 같이 구분하였다.

억제효과	범죄예방활동이 약화되었음에도 불구하고, 잠재적 범죄자가 그것을 인지하지 못하고 지속적으로 상황적 두려움을 느껴 범행을 저지르지 않음
단념효과	범죄에 가장 취약한 대상을 중심으로 안전정책을 시행하면 범행억제효과가 다른 대상에게도 미침

② 레페토(Reppetto)의 범죄전이 효과

㉠ 특정지역을 범죄로부터 보호하고자 경찰을 집중배치하거나, CCTV를 집중적으로 설치하는 등의 안전정책을 도입하였다면 해당지역의 범죄발생은 감소할 것이다. 하지만, 안전정책을 도입한 지역에서 감소한 범죄는 실제 감소한 것이 아니고 인근지역으로 옮겨가 인근지역에서 발생한다는 것이 풍선효과(Balloon Effect) 또는 범죄전이효과(Crime Displacement Effects)이다.

　　ⓛ 레페토(Reppetto)는 범죄의 전이는 '범죄 예방활동으로 장소, 시간 또는 범죄유형 등이 다른 형태로 변경되는 것'이라고 정의하고, 범죄전이의 유형을 다음과 같이 분류하였다. [2017. 5급 승진] [2022. 7급 보호]

공간적 전이	한 지역에서 다른 지역, 일반적으로 인접지역으로의 이동
시간적 전이	낮에서 밤으로와 같이 한 시간에서 다른 시간으로의 범행의 이동
전술적 전이	범행에 사용하는 방법을 바꿈
목표물 전이	같은 지역에서 다른 피해자를 선택
기능적 전이	범죄자가 한 범죄를 그만두고, 다른 범죄유형으로 옮겨감

　　ⓒ 랩(Lab)은 범죄전이를 '개인적 또는 사회적 범죄예방활동에 따라 범죄에 변화가 일어나는 것'이라고 정의하였다.

6. 브랜팅햄(Brantingham)의 범죄패턴이론(Crime Pattern Theory) [2018. 5급 승진]

　(1) 범죄는 일정한 장소적 패턴이 있으며 이는 범죄자의 일상적인 행동패턴과 유사하다는 논리로 범죄자의 여가활동장소나 이동경로·이동수단 등을 분석하여 범행지역을 예측함으로써 연쇄살인이나 연쇄강간 등의 연쇄범죄해결에 도움을 줄 수 있다는 범죄예방론이다.

　(2) 범죄의 공간적 패턴을 분석할 때 범죄자들이 평범한 일상생활 속에서 범죄기회와 조우하는 과정을 설명한다.

　(3) 개인은 의사결정을 통해 일련의 행동을 하게 되는데, 활동들이 반복되는 경우 의사결정과정은 규칙화된다.

　(4) 범죄자들은 평범한 일상생활 속에서 범행기회와 조우하게 된다.

　(5) 범죄자는 일반인과 같은 정상적인 시공간적 행동패턴을 갖는다. [2016. 7급]

　(6) 잠재적 피해자는 잠재적 범죄자의 활동공간과 교차하는 활동공간이나 위치를 갖는다.

　(7) 사람들이 활동하기 위해 움직이고 이동하는 것과 관련하여 축(교차점. nodes), 통로(경로. paths), 가장자리(edges)의 세 가지 개념을 제시한다.

제2장 범죄예측

제1절 개요

1 의의

(1) 범죄예측이란 범죄를 저지를 가능성이 있는 사람 또는 범죄자를 대상으로 추후 범죄개연성을 사전에 판별하는 활동을 의미한다.

(2) 즉 범죄예방, 수사, 재판, 교정의 각 단계에서 잠재적 범죄자의 범행가능성이나 범죄자의 재범가능성을 판단하는 것이다.

2 형사사법 각 단계별 범죄예측

1. 예방단계(조기예측)

(1) 조기예측은 특정인에 대해 범행 이전에 미리 그 위험성을 예측하는 것을 말한다.

(2) 잠재적 비행자를 조기에 식별하여 위험한 사람을 분류함으로써 범죄예방에 도움을 주기 위한 목적을 가지고 있어 사법예측이 아니라는 특징이 있다.

(3) 예방단계의 예측은 주로 소년범죄 예측에 사용되는데 잠재적인 비행소년을 식별함으로써 비행을 미연에 방지하고자 하는 방법이다. [2016. 7급]

2. 수사 · 재판 · 교정단계의 예측 [2020. 7급] 총 5회 기출

수사단계	① 경찰 · 검찰이 비행자 · 범죄자에 대한 수사를 종결하면서 내릴 처분내용을 결정할 때 사용하는 예측을 말한다. ② 기소 또는 기소유예처분 여부, 소년의 경우에는 가정법원 송치나 훈계결정 등 주로 장래의 수사방향이나 재판가능성 등을 내다보는 것으로 매우 중요한 의미를 가진다. ③ 범죄자나 비행소년에 대한 위험성 판정을 전제로 하며 이에 대한 적정한 예측은 수사종결 후 처분 선정을 하는데 있어서 중요한 역할을 한다.
재판단계	① 재판단계에서 유무죄 판결이나 처분의 종류를 정하는 과정에서의 예측은 양형책임을 결정하는 중요한 수단으로 작용하며, 재범예측과 적응예측이 있다. ② 효율적인 양형산정과 처우의 개별화를 위한 매우 중요한 예측이다. ③ 장래위험성에 대한 정확한 예측의 한계를 보완하기 위해 판결 전 조사제도가 활용되고 있다.
교정단계	① 주로 가석방 시 예측으로 교도소 및 소년원에서 가석방 및 임시퇴원을 결정할 때 그 대상자의 누범 및 재범위험성을 예측하는 것이다. ② 석방 시 사후관리, 사회보호를 위한 보호관찰이나 갱생보호의 위탁 등의 결정에 필요한 예측을 포함한다.

3 예측방법의 분류와 한계

● **예측방법의 분류** [2020. 7급] 총 8회 기출

분류	의의	단점
직관적 관찰법 (전체적 관찰법)	① 예측자의 직관적 예측능력을 토대로 하는 예측방법으로, 실무에서 자주 사용되는 방법이다. ② 인간의 보편적 예측능력, 판사·검사·교도관 등 범법자를 대상으로 한 직업경험이 중요한 역할을 한다.	① 판단자의 주관적 입장·지식·경험에 의존하여 신뢰하기 어렵다. ② 주관적 자의와 한계 및 합리적 판단기준의 결여를 극복하기 어렵다.
임상적 예측법 (경험적 개별예측)	① 정신건강의학과 의사나 범죄심리학자가 행위자의 성격분석을 위한 조사와 관찰, 임상실험의 도움을 통해 내리는 예측을 말한다. ② 각 개인에 내재하는 특수성이나 특이성을 집중적으로 관찰할 수 있다.	판단자의 주관적 평가의 개입가능성(객관성이 결여될 수 있다), 자료해석의 오류가능성, 비용이 많이 소요된다.
통계적 예측법 (점수법)	① 전체적 관찰법에서 범하기 쉬운 객관성 문제를 개선하기 위해 개발된 방법이다. ② 여러 자료를 통하여 범죄예측요인을 수량화함으로써 점수의 비중에 따라 범죄 또는 비행을 예측하는 방법으로 예측표를 작성하여 활용된다. ③ 누구나 쉽게 사용할 수 있고(전문가의 개입을 요하지 않는다), 객관적 기준에 의해 실효성·공평성이 높으며 비용도 절감된다.	① 예측표의 목록은 개별연구자에 따라 상이하여 보편타당한 예측표나 절차가 불가능하다. ② 일반적 경향성은 나타낼 수 있지만, 행위자의 인격적 특수성이나 자유로운 의지가 고려되지 못한다.
통합적 예측법 (구조예측)	직관적 방법과 통계적 예측방법을 조합하여 각각의 단점을 보완하고자 하는 방법이다.	각각의 예측방법의 결함은 어느 정도 줄일 수 있으나 완전히 제거하는 것은 불가능하다.

제3장 형벌론

제1절 형벌이론

1 개관

1. 형벌의 의의

(1) 형벌이란 국가가 형벌권의 주체가 되어 범죄에 대한 법률상의 효과로서 범죄자에게 과하는 법익의 박탈을 말한다.

(2) 형벌의 주체는 국가이므로 형벌은 언제나 공형벌이며, 또한 형벌은 범죄에 대한 법률효과이므로 범죄가 없으면 형벌도 있을 수 없지만, 형벌은 범죄에 대하여 과하는 것이 아니라 범죄인에 대하여 과하는 제재이다.

> 🔍 **광의의 형벌**
> 1. 형벌(협의의 형벌) : 책임을 기초로 과거의 침해에 대한 제재(형식적 의의)
> 2. 보안처분 : 범죄인의 위험성을 기초로 미래에 대한 제재

2. 형벌의 종류

(1) 생명형 : 사형(극형)

(2) 자유형 : 징역·금고 및 구류

(3) 명예형 : 자격상실·자격정지

(4) 재산형 : 벌금·과료 및 몰수

2 형벌이론

1. 응보형주의(절대주의, 절대설)

(1) 형벌의 본질을 범죄에 대한 응보로서의 해악으로 이해하는 사상으로 형벌은 범죄를 범하였기 때문에 당연히 과하여지는 것이지 다른 목적이 있을 수 없다고 본다. 즉 형벌의 본질은 응보로서 그 자체가 목적이 된다. [2018. 7급]

(2) 칸트(Kant : 정의설, 절대적 응보형론), 헤겔(Hegel : 변증법적 응보론, 이성적 응보형론), 빈딩(Binding : 법률적 응보형론) 등의 견해가 대표적이다.

2. 목적형주의(상대주의, 상대설)

(1) 목적형주의는 '형벌은 그 자체가 목적이 아니라 범죄로부터 사회를 방어·보호하는 목적을 달성하기 위한 수단'이라고 한다.

(2) 즉 장래의 범죄를 예방하기 위하여 형벌이 필요하다는 주장으로 범죄예방의 대상이 누구냐에 따라 일반예방주의와 특별예방주의로 나눈다. [2018. 7급]

일반예방주의	범죄예방의 대상을 일반인에 두고 형벌의 목적은 일반인에게 겁을 주어 범죄가능성이 있는 잠재적 범죄인이 장차 범죄를 범하지 않도록 예방함에 있다고 보는 견해이다.
특별예방주의	범죄예방의 대상을 범죄인에 두고 형벌의 목적은 범죄인을 개선·교화하여 다시는 범죄를 범하지 않도록 재사회화하는 데 있다고 보는 견해이다.

3. 결합설(절충설)

(1) 형벌은 본질상 해악에 대한 응보로서의 성질을 가지면서도 예방의 목적을 달성할 수 있어야 한다는 결합설이 다수설이다.

(2) 일반예방과 특별예방의 목적을 위하여 어떤 경우에도 범죄자의 책임의 상한선을 넘어서는 안되지만, 책임에 밑도는 가벼운 형벌을 과하는 것은 범죄자의 이익을 위하여 허용된다.

(3) 즉 책임은 형벌의 상한을 제한할 뿐이며, 형벌의 하한은 일반예방과 특별예방의 목적에 의하여 결정된다.

❸ 사회방위론

1. 의의와 연혁

(1) 사회방위론은 형벌은 단지 범죄행위에 대한 응보가 아닌 범죄로부터 사회를 보호하고 사회의 구성원이 범죄인이 되는 것을 예방하기 위한 것이어야 하고, 범죄인의 개선과 사회복귀를 통한 범죄예방 및 범죄인 처우수단을 주장하는 현대 범죄예방이론이다.

(2) 리스트(Liszt)의 목적형사상 내지 특별예방사상에 동조한 프린스(Prins)에 의해 이론적 기초가 마련되었다. 제2차 세계대전 이후 그라마티카(Gramatica)의 급진적 사회방위론과 앙셀(Ancel)의 신사회방위론으로 발전하였다.

2. 사회방위론의 공통된 특징

(1) 사회안전: 형사정책의 최우선적 목표는 범죄로부터 사회를 보호하는 것이기 때문에 범죄자를 제거·격리·치료할 수 있는 수단이라면 어떠한 수단도 무방하다고 본다.

(2) 실증주의적 성격: 사회방위는 처벌목적이 아니라 범죄위험성으로부터 사회를 사전에 보호하자는 것이므로 기존의 고의·과실이나 책임개념이 비실증적이고 규범적이라면, 사회방위는 물리적으로 범죄를 막는 실증적 범죄대응이라고 할 수 있다.

(3) 개인예방중심: 사회방위는 개별적 범죄자의 재범예방과 처우에 중점을 두기 때문에 재사회화를 위한 체계적 조치로써 형벌을 대신한다.

(4) 인도주의적 형사정책: 인도주의적 형사정책을 위해서 범죄심리학이나 정신의학 등과 면밀한 협조를 통해 오로지 인간을 위해서 존재한다.

제2절 **양형의 합리화와 판결 전 조사제도**

❶ 양형의 합리화

1. 의의와 한계

(1) 의의: 양형이란 형법상 일정한 범죄에 대하여 그에 해당하는 형벌의 종류와 범위를 규정함에 있어서 그 범위 내에서 법관이 피고인에 대하여 선고할 형을 구체적으로 정하는 것이다.

(2) 책임주의: 양형에서 정해지는 형벌의 양은 행위자의 개별적인 책임과 균형을 이루는 범위 내에서 정해져야 한다는 것으로 형법상의 책임주의 원칙이 기본적인 전제가 된다.

(3) 문제점 : 양형과정상 법관들의 개인차로 인한 양형의 불평등을 가져와 궁극적으로 부적합한 양형은 재범의 원인이 되는 등 형벌의 목적에 반하는 결과를 가져올 수 있다.

2. 양형인자(형법 제51조)

(1) 범인의 연령·성행·지능과 환경

(2) 피해자에 대한 관계

(3) 범행의 동기·수단과 결과

(4) 범행 후의 정황

🔍 **양형인자가 아닌 것** : 성별(남녀), 범인의 건강·체격, 국적여부, 전과여부 등

3. 합리화 방안

(1) 방안 : 양형지침서(양형기준표), 적응예측표의 활용, 양형위원회의 설치, 판결 전 조사제도의 활용, 공판절차의 이분화(유무죄 인부절차와 형의 양형절차), 검사 구형의 합리화, 판결서에 양형이유의 명시 등을 들 수 있다.

🔍 법관의 양형재량의 확대, 독일의 참심제 도입은 양형의 합리화 방안이 될 수 없다.

(2) 양형위원회 : 우리나라는 법원조직법에 양형위원회를 통한 양형기준을 마련하도록 하고, 법관은 형의 종류와 형량을 정하는데 양형기준을 존중하도록 하고 있다. 다만, 이를 벗어날 경우 판결서에 양형이유를 기재하고 있을 뿐 법적 구속력을 갖는 것은 아니다. [2024. 7급 보호]

📝 **양형위원회의 설치(법원조직법 제81조의2)** [2024. 7급 보호]

① 형을 정함에 있어 국민의 건전한 상식을 반영하고 국민이 신뢰할 수 있는 공정하고 객관적인 양형을 실현하기 위하여 대법원에 양형위원회를 둔다.
② 위원회는 양형기준을 설정·변경하고, 이와 관련된 양형정책을 연구·심의할 수 있다.
③ 위원회는 그 권한에 속하는 업무를 독립하여 수행한다.

4. 양형이론 [2024. 7급 보호]

유일점 형벌이론 (유일형이론)	① 책임은 언제나 고정된 일정한 크기를 가지므로 정당한 형벌은 오직 하나일 수밖에 없다는 이론이다(책임에 상응하는 형벌은 하나의 점의 형태로 존재한다). [2013. 7급] 총 3회 기출 ② 책임과 일치하는 형벌은 다른 형벌의 목적으로 인하여 수정될 수 있으나 책임을 초과할 수 없다는 것이다.
폭의 이론 (범위이론, 범주이론)	① 책임과 일치하는 정확한 형벌을 결정할 수는 없으며, 형벌은 그 하한과 상한에 있어서 책임에 적합한 범위가 있으므로 이 범위에서 특별예방과 일반예방을 고려하여 형을 양정해야 한다는 이론이다. ② 형량은 수량개념이지만, 가치개념이므로 책임에 상응하는 정당하고 유일한 형벌을 찾아내는 것은 현실적으로 불가능한 일이라는 점에 근거를 두고 있다. ③ 예방의 관점을 고려한 것으로 법관에게 일정한 형벌목적으로 고려할 수 있는 일정한 재량범위를 인정하는 장점을 가지고 있다. [2012. 7급]
단계이론 (위가이론)	① 유일점 이론과 폭의 이론이 대립하는 과정에서 폭의 이론을 변형하기 위한 시도로 등장한 이론으로 양형의 단계에 따라 개별적인 형벌목적의 의의와 가치를 결정해야 한다는 이론이다. ② 형량은 불법과 책임에 따라 결정하고 형벌의 종류와 집행 여부는 예방을 고려하여 결정해야 한다는 것이다.

❷ 판결 전 조사제도

1. 의의

(1) 형의 종류나 양 및 보안처분의 적용에 있어서 다른 방법으로 조사할 수 없는 피고인의 인격 및 환경에 관한 자료를 수집하여 교정처우과정에서 활용함으로써 범죄자의 교정과 갱생의 촉진에 크게 기여하는 제도이다. [2024. 7급 보호]

(2) 사실심리절차와 양형절차를 분리하는 소송절차이분을 전제로 하며, 미국에서 보호관찰제도와 밀접한 관련을 가지고 발전되어 온 제도이다. [2012. 7급] [2024. 7급 보호]

2. 유용성 및 문제점

유용성	문제점
① 판사가 가장 유효·적절한 판결을 할 수 있도록 양형의 합리화에 도움을 준다. [2012. 7급] 총 3회 기출	① 조사결과에 대한 피고인측의 반대신문권의 확보 문제, 조사결과의 피고인에 대한 공개여부, 직권주의 부활, 소송의 신속한 진행을 저해하는 등 소송경제에 반한다는 비판이 있다.
② 변호인의 변호활동을 보완하는 기능을 하며 피고인의 인권보장에 기여한다.	② 정보제공자들이 주로 가까운 친지 등이므로 피고인과의 인간관계를 해칠 우려가 있다.
③ 교정시설에서 수용자에 대한 개별처우의 자료로 활용된다. [2012. 7급] 총 3회 기출	③ 소송법상에서는 엄격한 증거조사가 요구되는데, 판결 전 조사는 엄격한 증거조사와는 동떨어진 사회조사이다.
④ 보호관찰시 조사보고서(보안처분의 기초자료)는 지역사회에서의 범죄인처우지침으로 활용된다.	
⑤ 양형절차 이전에 유죄인부절차에서 무죄판결시 피고인의 인격에 대한 조사가 불필요하여 소송경제에도 유리하다.	

❸ 우리나라의 판결 전 조사제도

판결 전 조사	보호관찰 등에 관한 법률(제19조 제1항) [2020. 7급 보호]	법원은 피고인에 대하여 형법 제59조의2(선고유예시 보호관찰) 및 제62조의2(집행유예시 보호관찰, 사회봉사·수강명령)에 따른 보호관찰, 사회봉사 또는 수강을 명하기 위하여 필요하다고 인정하면 그 법원의 소재지 또는 피고인의 주거지를 관할하는 보호관찰소의 장에게 범행 동기, 직업, 생활환경, 교우관계, 가족상황, 피해회복 여부 등 피고인에 관한 사항의 조사를 요구할 수 있다.
	성폭력범죄의 처벌 등에 관한 특례법 (제17조 제1항)	법원은 성폭력범죄를 범한 피고인에 대하여 보호관찰, 사회봉사, 수강명령 또는 이수명령을 부과하기 위하여 필요하다고 인정하면 그 법원의 소재지 또는 피고인의 주거지를 관할하는 보호관찰소의 장에게 피고인의 신체적·심리적 특성 및 상태, 정신성적 발달과정, 성장배경, 가정환경, 직업, 생활환경, 교우관계, 범행동기, 병력, 피해자와의 관계, 재범위험성 등 피고인에 관한 사항의 조사를 요구할 수 있다.
	아동·청소년의 성보호에 관한 법률 (제22조 제1항)	법원은 피고인에 대하여 보호관찰, 사회봉사, 수강명령 또는 이수명령을 부과하거나 취업제한 명령을 부과하기 위하여 필요하다고 인정하면 그 법원의 소재지 또는 피고인의 주거지를 관할하는 보호관찰소의 장에게 피고인의 신체적·심리적 특성 및 상태, 정신성적 발달과정, 성장배경, 가정환경, 직업, 생활환경, 교우관계, 범행동기, 병력, 피해자와의 관계, 재범위험성 등 피고인에 관한 사항의 조사를 요구할 수 있다.
결정 전 조사	보호관찰 등에 관한 법률(제19조의2 제1항) [2020. 7급]	법원은 소년 보호사건에 대한 조사 또는 심리를 위하여 필요하다고 인정하면 그 법원의 소재지 또는 소년의 주거지를 관할하는 보호관찰소의 장에게 소년의 품행, 경력, 가정상황, 그 밖의 환경 등 필요한 사항에 관한 조사를 의뢰할 수 있다.
	소년법(제11조)	소년부 판사는 조사관에게 사건 본인, 보호자 또는 참고인의 심문이나 그 밖에 필요한 사항을 조사하도록 명할 수 있다.

PART 04

제4장 형벌의 종류

제1절 사형제도

1 개관

1. 의의

(1) 사형은 수형자의 생명을 박탈하여 그를 사회로부터 영구히 제거시키는 형벌로서, 형법에 규정된 형벌 중 가장 중한 것으로 교정시설 안에서 교수하여 집행한다(형법 제66조).

(2) 사형은 소속 군 참모총장 또는 군사법원의 관할관이 지정한 장소에서 총살로써 집행한다(군형법 제3조).

2. 사형제도 존·폐론

폐지론	존치론
① 사형은 야만적이고 잔혹하므로 인간의 존엄성에 반한다.	① 사람을 살해한 자는 생명을 박탈해야 한다는 것이 국민의 법감정이다.
② 국가는 사람의 생명을 박탈하는 권리를 가질 수 없다.	② 흉악범 등 중대범죄에 대하여는 사형으로써 위하하지 않으면 법익보호의 목적을 달성할 수 없다.
③ 오판에 의한 사형집행은 이를 회복할 방법이 없다.	③ 극악한 인물은 국가사회에 대하여 유해하므로 사회방위를 위해서는 사회로부터 완전히 제거되어야 한다.
④ 사형은 일반사회의 기대처럼 범죄억제효과가 크지 않다.	
⑤ 사형은 형벌의 교육적·개선적 기능을 전혀 달성할 수 없다.	④ 사형에 대한 오판의 우려는 지나친 염려이다.
⑥ 사형은 피해자에 대한 손해배상이나 구제에 도움이 되지 않는다.	⑤ 사형은 무기형보다는 정부의 재정적 부담을 덜어준다.
⑦ 사형은 미국연방수정헌법이 금지하고 있는 '잔혹하고 비정상적인 형벌'에 해당되어 위헌이다.	⑥ 사형은 위하에 의한 범죄억제력의 효과가 있다.
	⑦ 사형제도 자체를 위헌이라고 할 수 없다.
⑧ 산업사회의 노동력으로 활용하는 것이 더 유용하다.	⑧ 엘리히(Ehrlich)의 연구에 의하면 사형에는 범죄억제력이 있는 것으로 나타났다.

3. 사형제도 폐지론자

사형폐지론자	내용
베카리아	「범죄와 형벌」(1764)에서 사회계약설에 입각한 사형폐지를 주장하였다.
존 하워드	「감옥상태론」(1777)에서 사형폐지운동을 전개하였다.
페스탈로치	형벌의 교육적 기능을 중시하여 사형폐지를 주장하였다.
빅토르 위고	사형은 범죄억지력이 없으므로 종신징역형으로 대체하여야 한다.
리프만	사형에는 위하력이 없고, 오판의 경우 회복할 수 없다.
앙셀	사형뿐만 아니라 무기징역도 폐지되어야 한다.

4. 사형제도 존치론자

칸트(Kant), 비르크메이어(Birkmeyer), 로크(Locke) 등

5. 사형의 집행

(1) 사형은 교정시설의 사형장에서 집행한다(형집행법 제91조 제1항).

(2) 공휴일과 토요일에는 사형을 집행하지 아니한다(동법 제91조 제2항).

(3) 사형집행은 상관의 지시를 받은 교정직교도관이 하여야 한다(교도관직무규칙 제44조).

(4) 사형집행 후의 검시 : 소장은 사형을 집행하였을 경우에는 시신을 검사한 후 5분이 지나지 아니하면 교수형에 사용한 줄을 풀지 못한다(형집행법 시행령 제111조).

제2절 자유형제도

1 개요

1. 의의

(1) 자유형이란 수형자의 신체적 자유를 박탈하는 것을 내용으로 하는 것으로, 현행 형법은 징역, 금고 및 구류의 세 가지 자유형을 인정하고 있다.

(2) 자유형의 주된 목적은 교화개선을 통한 수형자의 재사회화에 있다.

2. 자유형제도의 기능과 목적

기능	목적
격리	응보형주의와 일반예방효과, 사회방위
개선	교육형주의와 특별예방효과

3. 자유형의 종류와 기간

구분	내용	기간
징역	노역에 복무하게 한다.	1월 이상 30년 이하(가중시 50년 이하), 무기의 경우 기간 제한 없음.
금고	신청에 의해 작업부과 가능	
구류	주로 경범죄처벌법 등에 규정, 신청에 의해 작업부과 가능	1일 이상 30일 미만(이하가 아님)

4. 자유형 관련 형법조문

구분	내용
징역 또는 금고의 기간(제42조)	징역 또는 금고는 무기 또는 유기로 하고 유기는 1개월 이상 30년 이하로 한다. 단, 유기징역 또는 유기금고에 대하여 형을 가중하는 때에는 50년까지로 한다. [2019. 5급 승진] 총 4회 기출
구류(제46조)	구류는 1일 이상 30일 미만으로 한다. [2019. 5급 승진]
판결선고전 구금일수의 통산(제57조)	① 판결선고전의 구금일수는 그 전부를 유기징역, 유기금고, 벌금이나 과료에 관한 유치 또는 구류에 산입한다. [2015. 5급 승진] ② 전항의 경우에는 구금일수의 1일은 징역, 금고, 벌금이나 과료에 관한 유치 또는 구류의 기간의 1일로 계산한다.

형의 시효의 효과(제77조)	형을 선고받은 사람에 대해서는 시효가 완성되면 그 집행이 면제된다.
형의 시효의 정지(제79조) [2015. 5급 승진]	① 시효는 형의 집행의 유예나 정지 또는 가석방 기타 집행할 수 없는 기간은 진행되지 아니한다. ② 시효는 형이 확정된 후 그 형의 집행을 받지 아니한 자가 형의 집행을 면할 목적으로 국외에 있는 기간 동안은 진행되지 아니한다.
형의 시효의 중단(제80조)	시효는 징역, 금고와 구류에 경우에는 수형자를 체포한 때, 벌금, 과료, 몰수 및 추징의 경우에는 강제처분을 개시함으로 인하여 중단된다.
형기의 기산(제84조)	① 형기는 판결이 확정된 날로부터 기산한다. ② 징역, 금고, 구류와 유치에 있어서는 구속되지 아니한 일수는 형기에 산입하지 아니한다.
형의 집행과 시효기간의 초일(제85조)	형의 집행과 시효기간의 초일은 시간을 계산함이 없이 1일로 산정한다.
석방일(제86조)	석방은 형기종료일에 하여야 한다.

2 자유형에 대한 개선논의

1. 자유형의 단일화

목적형·교육형주의의 입장에서 자유형의 내용에 따른 구별을 폐지하고 자유형을 자유박탈을 내용
으로 하는 형벌로 단일화하여 행형의 통일을 기하고자 하는 노력이다. 협의로는 징역과 금고를, 광의
로는 징역·금고·구류를 징역으로의 단일화를 의미한다.

2. 단기자유형의 문제

(1) 단기자유형의 폐해 주장

① 뽀레스타(Poresta): 수형자의 개선을 위해서는 너무나 짧은 기간이지만, 그를 부패시키는 데는
충분한 기간이다.

② 리스트(Liszt): 단기자유형에 맞서 싸우는 십자군임을 자칭하면서, 단기자유형은 형사정책상
무용할 뿐만 아니라 해롭기까지 한 형벌이라고 하였다.

(2) 비교적 경미한 범죄, 초범자 등이 적용대상이 된다.

(3) 단기의 기준

① 1949년 국제형법형무회의: 3월 이하

② 독일과 오스트리아 형법: 6월 이하(우리나라의 지배적인 견해)

③ 미국: 1년 이하

(4) 문제점과 개선방안

문제점	개선방안 [2017. 9급] 총 6회 기출
① 직업훈련 · 성격개선 등 처우프로그램을 실행할 시간적 여유가 없다.	① **벌금형의 활용**: 단기자유형을 대체하는 수단으로 가장 빈번하게 논의되는 대안이다.
② 수형자에 대한 정신적 고통이 적어 위하력이 약하다.	② **선고유예 · 집행유예 · 기소유예제도의 활용**: 단기자유형 대체수단으로 실무에서 가장 활발하게 이용되며, 범죄인의 정서에 충격을 주면서
③ 비록 짧은 기간이지만 자유박탈에 따른 폐해는 그대로 내포하고 있다. 즉 구금의 충격이 크고 사회화의 단절로 직업의 상실 등 정신적 부담이 크다. [2012. 9급]	동시에 재사회화 가능성을 높일 수 있다는 장점이 있다. 그러나 대체형벌로서 정당성이 있는가 하는 문제점이 있다.
④ 범죄의 정도에 비해 가족이 겪는 고통이 너무 크다.	③ **구금제도의 완화**: 자유형제도를 유지하면서 신체구금을 완화하는 다양한 방법을 말한다. 주말
⑤ 누범가중이나 집행유예결격의 사유가 될 수 있다. [2017. 5급 승진]	구금, 휴일구금, 단속구금, 반구금제도 등과 무구금노역제도, 선행보증, 가택구금, 거주제한 등
⑥ 전과자라는 낙인의 결과를 가져와 재범가능성이 커진다.	을 수반하는 독자적인 보호관찰(probation) 등 [2017. 5급 승진]
⑦ 수형시설 내 범죄자들의 범죄성향에 오염(악성감염)될 위험성이 높아 형벌의 예방적 효과를 위태롭게 한다. [2017. 5급 승진] 총 2회 기출	④ **기타**: 불간섭주의, 원상회복, 사회봉사명령제도 등
⑧ 교정기관의 업무가 가중되고 교정시설의 생활환경을 열악하게 한다.	
⑨ 수형시설의 부족현상을 가중한다. [2017. 5급 승진]	

3. 구류형의 문제

(1) 구류(1일 이상 30일 미만)는 단기자유형에 해당하여, 단기자유형의 문제점과 구류 자체의 문제점을 내포하고 있다.

(2) 문제점과 개선방안

문제점	개선방안 [2017. 9급] 총 6회 기출
① 자유형임에도 불구하고 현행법상 집행유예나 선고유예를 할 수 없다.	① 경미한 위법행위에 대해 과태료를 부과하여 비범죄화하여야 한다.
② 경미한 위법행위에 대해 자유형 부과는 지나친 형법의 개입이다.	② 벌금 또는 과료로 대체하는 방법을 고려하여야 한다.
③ 피고인의 방어권이 제약받는 즉결심판절차에 의한 구류형은 법치국가적 요청에 반한 것이다.	③ 즉결심판절차를 통해서는 구류를 선고할 수 없도록 하여야 한다.
④ 구류형의 집행장소가 대부분 경찰서 유치장으로 분류미흡, 범죄학습 등의 문제가 있다.	④ 자유형의 단일화와 재산형의 단일화를 통해 해결하여야 한다.

4. 부정기형제도의 도입문제

(1) 의의

① 정기형은 재판에서 일정한 자유형의 기간을 확정하여 형을 선고하는 것을 말하고, 부정기형은 자유형을 선고할 때 형기를 확정하지 않는 것으로서 형기는 형집행단계에서 결정된다.

② 절대적 부정기형과 상대적 부정기형이 있으며, 절대적 부정기형은 전혀 형기를 정하지 않는 것으로 죄형법정주의의 명확성의 원칙에 반한다.

(2) **연혁**

① 19세기 말 미국의 드와이트(Dwight), 와인즈(Wines), 브록웨이(Brockway) 등이 아메리카 감옥협회를 조직하여 부정기형 운동을 전개하였다.

② 1877년 뉴욕주의 엘마이라 감화원에서 최초로 상대적 부정기형을 실시하였다.

③ 소년범을 제외하고 거의 채택하지 않는 것이 일반적이다.

(3) **부정기형 도입 찬성 논거 및 반대 논거**

부정기형 도입 찬성 논거	부정기형 도입 반대 논거
① 부정기형은 범죄자 개선목적을 달성하기 위한 가장 적당한 방법이다. ② 개선되지 않은 자의 사회복귀를 막을 수 있고, 형의 감경은 개선의욕을 촉진시킨다. ③ 성인범의 경우 위험범죄자나 상습적 누범자에 대하여 장기간의 구금확보로 사회방위에 유리하다. ④ 사회적 위험성이 큰 범죄인에게 위하효과가 있다. ⑤ 행형단계에서 수형자를 더욱 면밀히 관찰하고 범죄성을 다시 평가하여 형량을 정하는 등 형의 불균형을 시정할 수 있다. ⑥ 수형기간을 개선정도에 따라 결정할 수 있으므로 사회나 수형자 모두에 대하여 이익이 된다.	① 부정기형의 개선효과를 입증하기 곤란하다. ② 부정기형은 주로 사회적 약자에게 과해지므로 부당한 장기화 등 사회적 불공정을 야기하기 쉽다. ③ 운용상 교도관과 수형자 간 인간관계를 왜곡하고, 인권을 침해할 수 있다. ④ 교활한 수형자에게는 유리하지만, 정직한 수형자에게는 오히려 준엄한 형벌이 될 수 있다. ⑤ 석방기일이 분명하지 않기 때문에 가족에 대해서도 상당한 압박이 될 수 있다. ⑥ 부정기형에서 형의 정도를 판단할 수 있는 객관적인 기준이 없다. ⑦ 부정기형은 행위 당시의 책임을 넘어서는 처벌을 가능하게 할 수 있어 형의 판단은 행위 당시의 책임을 기준으로 하여야 한다는 죄형법정주의 이념에 위배된다.

제3절 재산형제도

☑ 서론

1. 의의

재산형이란 범죄인으로부터 일정한 재산을 박탈하는 것을 내용으로 하는 형벌이다. 형법은 재산형으로 벌금, 과료 및 몰수 세 가지를 규정하고 있다.

☑ 벌금형과 과료형

1. 의의

벌금형은 범죄인으로 하여금 일정한 금액을 지불하도록 강제하는 형벌이다. 과료와는 적용대상범죄와 금액 면에서 구별된다. 독립된 형벌로서 일정한 금액의 지불의무만을 부담시킨다는 점에서 주형에 부가적인 몰수형과 다르다.

2. 벌금형의 장·단점

장점	단점
① 자유형보다는 형집행 비용이 적고 구금으로 인한 실업, 가정파탄, 범죄오염 등의 위험성을 제거할 수 있다.	① 공공의 안전을 해친다.
	② 인플레이션 하에서는 예방력이 약하다.
② 주로 이욕적인 범죄자에게 효과적이며 국고의 수입을 늘릴 수 있다.	③ 현재 벌금 미납자의 노역집행을 위한 별도의 시설이 없다.
③ 벌금형을 탄력적으로 운영하면 빈부에 따른 정상 참작이 가능하다.	④ 거액의 벌금 미납자도 3년 이하의 노역으로 벌금을 대체하므로 형평성에 위배된다.
④ 단체, 즉 법인에 대한 적절한 형벌수단이 된다.	⑤ 교육·개선작용이 미흡하여 형벌의 개별화와 거리가 멀다.
⑤ 오판 시 회복이 가능하고 신속한 업무처리를 할 수 있다.	
⑥ 피해자와 범죄인의 명예보호적 측면도 있다.	
⑦ 형사정책상 비시설화의 도모로 인한 범죄자의 사회화에 기여한다.	

3. 벌금형과 과료형

(1) 벌금은 5만원 이상으로 한다. 다만, 감경하는 경우에는 5만원 미만으로 할 수 있다(형법 제45조).
[2023. 7급 보호] 총 7회 기출

(2) 과료는 2천원 이상 5만원 미만으로 한다(형법 제47조). [2019. 9급] 총 4회 기출

(3) **집행**(형법 제69조 제1항)

   ① 벌금과 과료는 판결확정일로부터 30일 내에 납입하여야 한다. [2024. 9급] 총 9회 기출

   ➡ 그러므로 노역장유치의 집행은 벌금 또는 과료의 재판이 확정된 후 30일 이내에는 집행할 수 없다.

   ② 단, 벌금을 선고할 때에는 동시에 그 금액을 완납할 때까지 노역장에 유치할 것을 명할 수 있다.
   [2024. 9급 보호] 총 8회 기출

(4) **노역장 유치**

   ① 벌금을 납입하지 아니한 자는 1일 이상 3년 이하, 과료를 납입하지 아니한 자는 1일 이상 30일 미만의 기간 노역장에 유치하여 작업에 복무하게 한다(형법 제69조 제2항). [2019. 9급] 총 10회 기출

   ② 벌금이나 과료를 선고할 때에는 이를 납입하지 아니하는 경우의 노역장 유치기간을 정하여 동시에 선고하여야 한다(형법 제70조 제1항). [2019. 5급 승진] 총 4회 기출

   ③ 선고하는 벌금이 1억원 이상 5억원 미만인 경우에는 300일 이상, 5억원 이상 50억원 미만인 경우에는 500일 이상, 50억원 이상인 경우에는 1천일 이상의 노역장 유치기간을 정하여야 한다(형법 제70조 제2항). [2023. 7급 보호] 총 9회 기출

(5) **판결선고 전의 구금일수** : 판결선고 전의 구금일수는 그 전부를 벌금이나 과료에 관한 유치 또는 구류에 산입하며, 구금일수의 1일은 벌금이나 과료에 관한 유치기간의 1일로 계산한다(형법 제57조).

(6) **유치일수의 공제** : 벌금이나 과료의 선고를 받은 사람이 그 금액의 일부를 납입한 경우에는 벌금 또는 과료액과 노역장 유치기간의 일수에 비례하여 납입금액에 해당하는 일수를 뺀다(형법 제71조).
[2023. 9급 보호] 총 3회 기출

(7) **형의 시효의 기간과 효과**

① 형의 시효는 형을 선고하는 재판이 확정된 후 그 집행을 받지 아니하고 벌금은 5년, 과료는 1년의 기간이 지나면 완성된다(형법 제78조). [2023. 9급 보호] 총 5회 기출

② 형을 선고받은 사람에 대해서는 시효가 완성되면 그 집행이 면제된다(형법 제77조). [2020. 5급 승진] 총 2회 기출

(8) **시효의 중단**: 형의 시효는 벌금, 과료에 있어서는 강제처분을 개시함으로 인하여 중단된다(형법 제80조).

(9) **실효**(형의 실효 등에 관한 법률 제7조 제1항)

① 벌금형: 수형인이 자격정지 이상의 형을 받지 아니하고 형의 집행을 종료하거나 그 집행이 면제된 날부터 2년이 경과한 때에 그 형은 실효된다. [2024 9급 보호] 총 2회 기출

② 과료형: 형의 집행을 종료하거나 그 집행이 면제된 때에 그 형이 실효된다.

(10) **선고유예·집행유예**

① 벌금형: 선고유예가 가능하고(형법 제59조 제1항), 500만원 이하의 벌금형에 대하여는 집행유예가 가능하나 500만원을 초과하는 벌금형에 대하여는 집행유예를 할 수 없다(형법 제62조 제1항). [2020. 5급 승진]

② 과료형: 선고유예·집행유예 모두 불가능하다(형법 제59조 제1항·제62조 제1항).

● **벌금 vs 과료**

구분	벌금	과료
금액	① 5만원 이상 ② 감경하는 경우: 5만원 미만 가능	2천원 이상 5만원 미만
노역장 유치요건	① 벌금과 과료는 판결확정일로부터 30일 내에 납입하여야 한다. ② 벌금과 과료를 납입하지 아니한 자는 노역장에 유치하여 작업에 복무하게 한다.	
노역장 유치기간	1일 이상 3년 이하	1일 이상 30일 미만
시효의 기간	5년	1년
시효의 중단	강제처분을 개시함으로 인하여 중단된다.	
실효 기간	2년	완납 시 또는 집행이 면제된 때
선고유예	가능	불가능
집행유예	500만원 이하의 벌금형은 집행유예 가능, 500만원을 초과하는 벌금형은 집행유예 불가능	불가능

4. 현행법상 벌금형제도(우리나라 - 총액벌금제도)

(1) **의의** : 원칙적으로 범행을 기준으로 일정한 금액이 정해지므로, 범죄인의 빈부를 고려하지 않고 동일액의 벌금액을 부과하는 벌금제도이다.

(2) 제3자에 의한 대납을 금지하며, 국가에 대한 채권과 상계할 수 없고, 공동연대책임을 인정하지 않고 개별책임을 원칙으로 한다. [2014. 9급]

(3) 벌금은 상속되지 않는 일신전속(一身專屬)적 성격을 가지고 있다. 즉 벌금납부의무자가 사망하면 납부의무까지도 소멸하는 것이다. [2014. 7급] 총 2회 기출

(4) **문제점** : 범죄인의 빈부의 차이에 따라 같은 액수라도 형벌이 가지는 효과는 다를 수밖에 없어 배분적 정의에 의한 벌금형의 형평성 문제를 야기할 수 있다.

5. 일수벌금제

(1) **연혁과 취지**

① 1910년 스웨덴의 타이렌(Thyren) 교수에 의해서 주장되어 포르투갈에서 처음 실시되었고 스칸디나비아제국을 중심으로 발전함으로써 '스칸디나비아식'이라고도 한다.

② 취지 : 범죄인의 경제력에 따른 벌금액의 차등화를 통하여 형벌의 상대적인 균등화를 이룩하는 데 있다.

(2) **내용**

① 행위자의 경제상태 내지 지불능력을 고려하는 벌금형 선고방식의 하나이다.

② 행위자의 수입, 자산, 부양의무 기타 경제사정을 고려하여 1일의 벌금액을 산정한 다음 양자를 곱하여 벌금액을 정하는 방법이다(전체일수 × 1일 벌금액수).

(3) **장 · 단점**

장점	단점
① 불법과 책임이 동일한 행위는 행위자의 경제적 능력에 관계없이 일수에 의해 동일하게 처벌받게 됨으로써 정의가 실현된다는 인상을 주게 된다. ② 형벌의 책임주의에 의한 위하력과 배분적 정의의 실현이라는 희생동등의 원칙이 동시에 가능하다. [2012. 사시]	① 벌금총액의 증대에 따른 법관들의 기계적인 1일 벌금액 산정의 위험성이 있다. ② 피고인의 경제적 능력에 대한 정확한 조사 · 확정이 현실적으로 대단히 어렵다.

❸ 벌금 미납자의 사회봉사 집행에 관한 특례법

1. 목적

벌금 미납자에 대한 노역장 유치를 사회봉사로 대신하여 집행할 수 있는 특례와 절차를 규정함으로써 경제적인 이유로 벌금을 낼 수 없는 사람의 노역장 유치로 인한 구금을 최소화하여 그 편익을 도모함을 목적으로 한다(제1조).

2. 현행법상 벌금미납자법 규정

정의(제2조)	이 법에서 사용하는 용어의 뜻은 다음과 같다.

벌금 미납자	법원으로부터 벌금을 선고받아 확정되었는데도 그 벌금을 내지 아니한 사람
사회봉사	보호관찰관이 지정한 일시와 장소에서 공공의 이익을 위하여 실시하는 무보수 근로
사회봉사 대상자	벌금 미납자의 신청에 따른 검사의 청구로 법원이 사회봉사를 허가한 사람

사회봉사의 신청(제4조)	① 30일 이내 신청: 대통령령으로 정한 금액 범위 내의 벌금형이 확정된 벌금 미납자는 검사의 납부명령일부터 30일 이내에 주거지를 관할하는 지방검찰청(지방검찰청지청을 포함)의 검사에게 사회봉사를 신청할 수 있다. 다만, 검사로부터 벌금의 일부납부 또는 납부연기를 허가받은 자는 그 허가기한 내에 사회봉사를 신청할 수 있다(제1항). [2019. 7급] 총 6회 기출 ② 벌금형의 금액은 500만원으로 한다(시행령 제2조). [2024. 7급 보호] ③ 다음 각 호(1. 징역 또는 금고와 동시에 벌금을 선고받은 사람 [2020. 5급 승진] 총 4회 기출, 2. 법원으로부터 벌금 선고와 동시에 벌금을 완납할 때까지 노역장에 유치할 것을 명받은 사람 [2018. 5급 승진] 총 4회 기출, 3. 다른 사건으로 형 또는 구속영장이 집행되거나 노역장에 유치되어 구금 중인 사람, 4. 사회봉사를 신청하는 해당 벌금에 대하여 법원으로부터 사회봉사를 허가받지 못하거나 취소당한 사람. 다만, 사회봉사 불허가 사유가 소멸한 경우에는 그러하지 아니하다.)는 사회봉사를 신청할 수 없다(제2항). [2024. 7급 보호] ④ 사회봉사를 신청할 때에 필요한 서류 및 제출방법에 관한 사항은 대통령령으로 정하되, 신청서식 및 서식에 적을 내용 등은 법무부령으로 정한다(제3항).
사회봉사의 청구(제5조)	① 검사의 청구: 사회봉사의 신청을 받은 검사는 사회봉사 신청인이 법원의 사회봉사 불허가 사유(제6조 제2항)에 해당하지 아니하는 때에는 법원에 사회봉사의 허가를 청구하여야 한다(제1항). ② 검사가 사회봉사의 허가를 청구할 때에는 사회봉사 청구서와 함께 사회봉사 신청인이 제출한 자료 및 관련 소명자료를 관할 법원에 제출하여야 한다(시행령 제4조). ③ 출석 또는 자료제출: 검사는 사회봉사의 청구 여부를 결정하기 위하여 필요한 경우 신청인에게 출석 또는 자료의 제출을 요구하거나, 신청인의 동의를 받아 공공기관, 민간단체 등에 벌금 납입 능력 확인에 필요한 자료의 제출을 요구할 수 있다(제2항). ④ 신청인이 정당한 이유 없이 검사의 출석 요구나 자료제출 요구를 거부한 경우 검사는 신청을 기각할 수 있다(제3항). ⑤ 7일 이내 청구여부 결정: 검사는 신청일부터 7일 이내에 사회봉사의 청구 여부를 결정하여야 한다. 다만, 출석 요구, 자료제출 요구에 걸리는 기간은 위 기간에 포함하지 아니한다(제4항). [2012. 7급] ⑥ 검사는 사회봉사의 신청을 기각한 때에는 이를 지체 없이 신청인에게 서면으로 알려야 한다(제5항). ⑦ 기각시 이의신청: 사회봉사의 신청을 기각하는 검사의 처분에 대한 이의신청에 관하여는 「형사소송법」 제489조(이의신청)를 준용한다(제6항). 즉 사회봉사신청을 기각한 검사가 소속한 지방검찰청에 대응하는 법원에 이의신청을 할 수 있다. [2018. 5급 승진] 총 2회 기출
사회봉사 허가(제6조)	① 14일 이내 허가여부 결정: 법원은 검사로부터 사회봉사 허가 청구를 받은 날부터 14일 이내에 벌금 미납자의 경제적 능력, 사회봉사 이행에 필요한 신체적 능력, 주거의 안정성 등을 고려하여 사회봉사 허가 여부를 결정한다. 다만, 출석 요구, 자료제출 요구에 걸리는 기간은 위 기간에 포함하지 아니한다(제1항). [2014. 7급] 총 2회 기출, [2024. 7급 보호]

사회봉사의 허가(제6조)	② **즉시항고**: 신청인과 검사는 사회봉사 허가 여부 결정에 대하여는 즉시항고 할 수 있다(제16조). ③ 다음 각 호의 경우(1. 벌금의 범위를 초과하거나 신청 기간이 지난 사람이 신청을 한 경우, 2. 사회봉사를 신청할 수 없는 사람이 신청을 한 경우, 3. 정당한 사유 없이 제3항에 따른 법원의 출석 요구나 자료제출 요구를 거부한 경우, 4. 신청인이 일정한 수입원이나 재산이 있어 벌금을 낼 수 있다고 판단되는 경우, 5. 질병이나 그 밖의 사유로 사회봉사를 이행하기에 부적당하다고 판단되는 경우)에는 사회봉사를 허가하지 아니한다(제2항). ④ **자료제출 요구**: 법원은 사회봉사 허가 여부를 결정하기 위하여 필요한 경우 신청인에게 출석 또는 자료의 제출을 요구하거나 신청인의 동의를 받아 공공기관, 민간단체 등에 벌금 납입 능력 확인에 필요한 자료의 제출을 요구할 수 있다(제3항). [2024. 7급 보호] ⑤ **1시간 미만 미집행**: 법원은 사회봉사를 허가하는 경우 벌금 미납액에 의하여 계산된 노역장 유치 기간에 상응하는 사회봉사시간을 산정하여야 한다. 다만, 산정된 사회봉사시간 중 1시간 미만은 집행하지 아니한다(제4항). [2018. 5급 승진] 총 3회 기출 ⑥ **불허시 15일 이내 납부**: 사회봉사를 허가받지 못한 벌금 미납자는 그 결정을 고지받은 날부터 15일 이내에 벌금을 내야 하며, 위의 기간 내에 벌금을 내지 아니할 경우 노역장에 유치한다. 다만, 사회봉사 불허가에 관한 통지를 받은 날부터 15일이 지나도록 벌금을 내지 아니한 사람 중 벌금 납입기간(판결확정일로부터 30일 내)이 지나지 아니한 사람의 경우에는 그 납입기간이 지난 후 노역장에 유치한다(제5항).
사회봉사 허가 여부에 대한 통지(제7조)	① 법원은 사회봉사 허가 여부의 결정을 검사와 신청인에게 서면으로 알려야 한다(제1항). ② 법원은 사회봉사를 허가하는 경우 그 확정일부터 3일 이내에 사회봉사대상자의 주거지를 관할하는 보호관찰소(보호관찰지소를 포함)의 장에게 사회봉사 허가서, 판결문 등본, 약식명령 등본 등 사회봉사 집행에 필요한 서류를 송부하여야 한다(제2항).
사회봉사의 신고(제8조)	① 사회봉사대상자는 법원으로부터 사회봉사 허가의 고지를 받은 날부터 10일 이내에 사회봉사대상자의 주거지를 관할하는 보호관찰소의 장에게 주거, 직업, 그 밖에 대통령령으로 정하는 사항을 신고하여야 한다(제1항). [2019. 7급] ② 사회봉사대상자로부터 사회봉사의 신고를 받은 보호관찰소의 장은 사회봉사대상자에게 사회봉사의 내용, 준수사항, 사회봉사 종료 및 취소 사유 등에 대하여 고지하여야 한다(제2항). ③ 사회봉사대상자의 신고를 받은 보호관찰소의 장은 보호관찰관에게 사회봉사 집행 장소 등 집행 여건을 갖추어 지체 없이 사회봉사를 집행하게 하여야 한다. 다만, 사회봉사대상자의 생업, 학업, 질병 등을 고려하여 집행 개시 시기를 조정할 수 있다(시행령 제7조).
사회봉사의 집행담당자 (제9조)	① 사회봉사는 보호관찰관이 집행한다. 다만, 보호관찰관은 그 집행의 전부 또는 일부를 국공립기관이나 그 밖의 단체 또는 시설의 협력을 받아 집행할 수 있다(제1항).(위탁집행 ×)(비교·구분: 사회봉사명령은 위탁집행할 수 있음) [2015. 5급 승진] 총 2회 기출 ② 검사는 보호관찰관에게 사회봉사 집행실태에 대한 관련 자료의 제출을 요구할 수 있고, 집행방법 및 내용이 부적당하다고 인정하는 경우에는 이에 대한 변경을 요구할 수 있다(제2항). [2015. 5급 승진] ③ 보호관찰관은 검사로부터 변경 요구를 받으면 그에 따라 사회봉사의 집행방법 및 내용을 변경하여 집행하여야 한다(제3항).

사회봉사의 집행(제10조)	① 보호관찰관은 사회봉사대상자의 성격, 사회경력, 범죄의 원인 및 개인적 특성 등을 고려하여 사회봉사의 집행분야를 정하여야 한다(제1항). [2018. 5급 승진] 총 2회 기출 ② 보호관찰관은 사회봉사 집행의 분야 및 장소 등을 고려하여 적절한 사회봉사 집행 대상인원을 결정하여야 한다(시행령 제9조). ③ 사회봉사는 평일 주간에 집행하는 것을 원칙으로 한다. 다만, 사회봉사대상자의 동의 또는 신청을 받아 사회봉사대상자의 생업, 학업, 질병 등을 고려하여 야간 또는 공휴일에 집행할 수 있다(시행령 제8조 제1항). ④ 사회봉사는 1일 9시간을 넘겨 집행할 수 없다. 다만, 사회봉사의 내용상 연속집행의 필요성이 있어 보호관찰관이 승낙하고 사회봉사대상자가 분명히 동의한 경우에만 연장하여 집행할 수 있다(제2항). [2019. 7급] 총 3회 기출 ⑤ 연속집행의 필요성에 따라 1일 9시간을 넘겨 사회봉사를 집행하는 경우에도 1일 총 13시간을 초과할 수 없다(시행령 제8조 제2항). ⑥ 사회봉사의 집행시간은 사회봉사 기간 동안의 집행시간을 합산하여 시간 단위로 인정한다. 다만, 집행시간을 합산한 결과 1시간 미만이면 1시간으로 인정한다(제3항). [2015. 5급 승진] ⑦ 집행 개시 시기와 그 밖의 사회봉사 집행기준에 관한 사항은 대통령령으로 정하되, 구체적인 절차 및 서식에 적을 내용 등은 법무부령으로 정한다(제4항).
사회봉사의 집행기간	① 사회봉사의 집행은 사회봉사가 허가된 날부터 6개월 이내에 마쳐야 한다. 다만, 보호관찰관은 특별한 사정이 있으면 검사의 허가를 받아 6개월의 범위에서 한 번 그 기간을 연장하여 집행할 수 있다(제11조). [2019. 7급] 총 2회 기출 ② 집행기간의 연장(시행령 제10조) 　㉠ 보호관찰관은 사회봉사의 집행기간을 연장하려는 경우에는 그 집행기간이 끝나기 10일 전까지 관할 지방검찰청의 검사에게 서면으로 사회봉사 집행기간의 연장허가를 신청하여야 한다. 　㉡ 검사는 신청을 받은 날부터 7일 이내에 사회봉사 집행기간의 연장 여부를 결정하여야 한다.
사회봉사 대상자의 벌금 납입 (제12조)	① 사회봉사대상자는 사회봉사의 이행을 마치기 전에 벌금의 전부 또는 일부를 낼 수 있다(제1항). [2015. 9급] ② 사회봉사 집행 중에 벌금을 내려는 사회봉사대상자는 보호관찰소의 장으로부터 사회봉사집행확인서를 발급받아 주거지를 관할하는 지방검찰청의 검사에게 제출하여야 한다(제2항). [2020. 5급 승진] ③ 사회봉사집행확인서를 제출받은 검사는 미납한 벌금에서 이미 집행한 사회봉사시간에 상응하는 금액을 공제하는 방법으로 남은 벌금을 산정하여 사회봉사대상자에게 고지한다(제3항). ④ 검사가 사회봉사시간에 상응하는 벌금액을 산정하는 경우에는 법원이 해당 사회봉사를 허가할 때에 적용한 벌금액의 비율에 따르며, 산정된 남은 벌금액 중 1천원 미만은 집행하지 아니한다(시행령 제11조). ⑤ 검사는 사회봉사대상자가 벌금을 전부 또는 일부 낸 경우 그 사실을 지체 없이 사회봉사를 집행 중인 보호관찰소의 장에게 통보하여야 한다(제4항). ⑥ 사회봉사대상자가 미납벌금의 일부를 낸 경우 검사는 법원이 결정한 사회봉사시간에서 이미 납입한 벌금에 상응하는 사회봉사시간을 공제하는 방법으로 남은 사회봉사시간을 다시 산정하여 사회봉사대상자와 사회봉사를 집행 중인 보호관찰소의 장에게 통보하여야 한다(제5항). [2024. 7급 보호] ⑦ 검사가 납부한 벌금액에 상응하는 사회봉사시간을 산정하는 경우에는 법원이 해당 사회봉사를 허가할 때에 적용한 사회봉사시간의 비율에 따르며, 산정된 남은 사회봉사시간 중 1시간 미만은 집행하지 아니한다(시행령 제11조).

사회봉사 이행의 효과(제13조)	이 법에 따른 사회봉사를 전부 또는 일부 이행한 경우에는 집행한 사회봉사시간에 상응하는 벌금액을 낸 것으로 본다. [2014. 7급]
사회봉사 허가의 취소(제14조)	① 사회봉사대상자가 다음 각 호의 경우(1. 정당한 사유 없이 사회봉사의 신고를 하지 아니하는 경우, 2. 사회봉사의 기간 내에 사회봉사를 마치지 아니한 경우, 3. 정당한 사유 없이 「보호관찰 등에 관한 법률」 제62조 제2항의 준수사항(사회봉사 · 수강명령 대상자의 준수사항)을 위반하거나 구금 등의 사유로 사회봉사를 계속 집행하기에 적당하지 아니하다고 판단되는 경우)에 보호관찰소 관할 지방검찰청의 검사는 보호관찰소의 장의 신청에 의하여 사회봉사 허가의 취소를 법원에 청구한다(제1항). ② 취소신청이 있는 경우 보호관찰관은 사회봉사의 집행을 중지하여야 한다. 다만, 취소신청에 따라 사회봉사의 집행이 중지된 기간은 사회봉사의 집행기간(제11조)에 포함하지 아니한다(제2항). ③ 청구를 받은 법원은 사회봉사대상자의 의견을 듣거나 필요한 자료의 제출을 요구할 수 있다(제3항). ④ 법원은 청구가 있는 날부터 14일 이내에 사회봉사 취소 여부를 결정한다. 다만, 사회봉사대상자의 의견을 듣거나 필요한 자료의 제출 요구 등에 걸리는 기간은 위 기간에 포함하지 아니한다(제4항). ⑤ 신청인과 검사는 사회봉사 허가의 취소 여부 결정에 대하여는 즉시항고 할 수 있다(제16조). ⑥ 법원은 사회봉사 취소 여부의 결정을 검사와 사회봉사대상자에게 서면으로 알려야 한다(제5항). ⑦ 고지를 받은 검사는 보호관찰소의 장에게 지체 없이 서면으로 알려야 한다(제6항). ⑧ 사회봉사 허가가 취소된 사회봉사대상자는 취소통지를 받은 날부터 7일 이내에 남은 사회봉사시간에 해당하는 미납벌금을 내야 하며, 그 기간 내에 미납벌금을 내지 아니하면 노역장에 유치한다(제7항). ⑨ 사회봉사의 취소를 구하는 보호관찰소의 장의 신청 또는 검사의 취소청구가 받아들여지지 아니하는 경우 보호관찰관은 지체 없이 사회봉사를 집행하여야 한다(제8항).
사회봉사의 종료(제15조)	① 사회봉사는 다음 각 호의 경우(1. 사회봉사의 집행을 마친 경우, 2. 사회봉사대상자가 벌금을 완납한 경우, 3. 사회봉사 허가가 취소된 경우, 4. 사회봉사대상자가 사망한 경우)에 종료한다. ② 보호관찰소의 장은 사회봉사대상자가 1. 또는 4.에 해당되면 사회봉사대상자의 주거지를 관할하는 지방검찰청의 검사에게 지체 없이 통보하여야 한다.

4 몰수와 추징

몰수(부가형적 성격)	추징(몰수에 갈음)
① 범죄의 반복을 막거나 범죄로부터 이득을 얻지 못하게 할 목적으로 범행과 관련된 재산을 박탈하여 이를 국고에 귀속시키는 재산형이다. ② 임의적 몰수원칙: 법관의 자유재량에 속하는 임의적 몰수가 원칙이지만(형법 제48조 제1항), 수뢰죄의 경우에 '범인 또는 사정을 아는 제3자가 받은 뇌물 또는 뇌물로 제공하려고 한 금품'에 대해서는 필요적 몰수를 인정한다(형법 제134조). ③ 몰수는 다른 형벌에 부가하여 과하는 것을 원칙으로 하지만, 예외적으로 행위자에게 유죄의 재판을 아니할 때에도 몰수의 요건이 있는 때에는 몰수만을 선고할 수 있다(형법 제49조). ④ 대물적 보안처분 성격: 몰수는 실정법(형법)상 또는 형식상 형벌이지만, 실질적으로는 범죄반복의 위험성을 예방하고 범인이 범죄로부터 부당한 이득을 취하지 못하도록 하는 것을 목적으로 하는 대물적 보안처분의 성질을 갖는다는 것이 다수설의 입장이다. ⑤ 범인 외의 자의 소유에 속하지 아니하거나 범죄후 범인 외의 자가 사정을 알면서 취득한 다음의 경우(1. 범죄행위에 제공하였거나 제공하려고 한 물건, 2. 범죄행위로 인하여 생겼거나 취득한 물건, 3. 제1호 또는 제2호의 대가로 취득한 물건)에는 전부 또는 일부를 몰수할 수 있다(형법 제48조 제1항).	① 몰수할 대상물의 전부 또는 일부를 몰수하기 불가능한 때에는 몰수에 갈음하여 그 가액의 납부를 명하는 사법처분의 일종이다. ② 형법상의 형벌이 아니며, 몰수의 취지를 관철하기 위한 일종의 사법처분이나 실질적으로는 부가형으로서의 성질을 가진다. ③ 형법 제48조 제1항의 물건을 몰수할 수 없을 때에는 그 가액을 추징한다(형법 제48조 제2항).

제4절 **명예형제도**

1 자격상실

사형, 무기징역 또는 무기금고의 판결을 받은 자는 다음의 자격을 상실한다(형법 제43조 제1항).

> **[사형, 무기징역 또는 무기금고자의 자격상실]**
> 1. 공무원이 되는 자격
> 2. 공법상의 선거권과 피선거권
> 3. 법률로 요건을 정한 공법상의 업무에 관한 자격
> 4. 법인의 이사, 감사 또는 지배인 기타 법인의 업무에 관한 검사역이나 재산관리인이 되는 자격

2 자격정지

일정 기간 동안 일정한 자격의 전부 또는 일부를 정지시키는 것을 말한다. 형법은 자격정지를 선택형 또는 병과형으로 규정하고 있으며, 일정한 형의 판결을 받은 자에게 당연히 정지되는 당연정지와 판결의 선고로 정지되는 선고정지가 있다.

1. 당연정지

유기징역 또는 유기금고의 판결을 받은 자는 그 형의 집행이 종료하거나 면제될 때까지 다음의 자격 (1. 공무원이 되는 자격, 2. 공법상의 선거권과 피선거권, 3. 법률로 요건을 정한 공법상의 업무에 관한 자격)이 정지된다. 다만, 다른 법률에 특별한 규정이 있는 경우에는 그 법률에 따른다(형법 제43조 제2항).

2. 선고정지(병과와 선택형) [2019. 5급 승진] 총 2회 기출

(1) 판결의 선고에 의하여 다음 각 호(1. 공무원이 되는 자격, 2. 공법상의 선거권과 피선거권, 3. 법률로 요건을 정한 공법상의 업무에 관한 자격, 4. 법인의 이사, 감사 또는 지배인 기타 법인의 업무에 관한 검사역이나 재산관리인이 되는 자격)의 전부 또는 일부가 정지되는 것을 말한다.

(2) 자격정지 기간 : 자격정지기간은 1년 이상 15년 이하로 하며(형법 제44조 제1항),

(3) 병과시 : 그 기간은 유기징역 또는 유기금고에 자격정지를 병과한 때에는 징역 또는 금고의 집행을 종료하거나 면제된 날로부터 정지기간을 기산한다(형법 제44조 제2항).

(4) 선택형인 때 : 자격정지가 선택형인 때에는 판결이 확정된 날로부터 기산한다.

제5절 각종 유예제도

1 기소유예제도

1. 의의

공소를 제기하기에 충분한 범죄의 혐의가 있고 소송조건도 구비되었으나 범인의 연령·성행·지능과 환경, 범행의 동기·수단과 결과, 피해자에 대한 관계, 범행 후의 정황 등(형법 제51조) 양형인자를 참작하여 검사의 재량에 의하여 공소를 제기하지 않는 처분을 말한다.

2. 장·단점

장점	단점
① 구체적 정의의 실현과 실질적 공평의 추구에 필요한 탄력성을 제공한다. ② 피의자에게 전과의 낙인 없이 기소 전 단계에서 형사정책적 고려를 통하여 사회복귀를 가능하게 하고, 단기자유형의 폐해를 방지할 수 있다. [2017. 7급] 총 3회 기출 ③ 합리적 공소제기로 일반의 신뢰 및 공소제기 자체의 일반예방적 효과와 특별예방적 효과를 증대시킨다. ④ 법원 및 교정기관의 부담을 경감시킨다. [2017. 7급] 총 2회 기출	① 범죄인의 유무죄판단을 검찰의 행정적 처분에 맡기는 것은 옳지 않다. ② 정치적 개입이나 부당한 불기소처분의 가능성 등 검사의 지나친 자의적 재량의 여지가 있다. [2014. 7급] ③ 기소유예기간 동안 피의자는 불안한 법적 지위를 가져야 하기 때문에 법적 안정성을 침해할 수 있다. 그러나 이러한 피의자의 불이익 때문에 기소유예제도는 오히려 형벌적 기능을 담당할 수 있다고 한다. [2017. 7급]

2 선고유예제도

1. 의의

범정이 비교적 경미한 범죄인에 대해 일정기간 형의 선고를 유예하고 그 유예기간(2년)을 실효됨이 없이 경과하면 면소된 것으로 간주하는 제도로 이는 처벌의 오점을 남기지 않음으로써 장차 피고인의 사회복귀를 용이하게 하는 특별예방적 목적을 달성하기 위한 제도라는 점에서 특별예방을 위해 책임주의를 양보한 것이라 할 수 있다.

2. 요건

(1) 1년 이하의 징역이나 금고, 자격정지 또는 벌금의 형을 선고할 경우에 제51조(양형의 조건)의 사항을 고려하여 뉘우치는 정상이 뚜렷할 때에는 그 형의 선고를 유예할 수 있다. 다만, 자격정지 이상의 형을 받은 전과가 있는 사람에 대해서는 예외로 한다(형법 제59조 제1항).

(2) 형을 병과할 경우에도 형의 전부 또는 일부에 대하여 선고를 유예할 수 있다(형법 제59조 제2항).

(3) 구류나 과료의 형을 선고할 경우에는 선고를 유예할 수 없다.

3. 보호관찰

(1) 형의 선고를 유예하는 경우에 재범방지를 위하여 지도 및 원호가 필요한 때에는 보호관찰을 받을 것을 명할 수 있다(형법 제59조의2 제1항). [2018. 7급] 총 6회 기출

(2) 보호관찰의 기간은 1년으로 한다(형법 제59조의2 제2항). [2020. 7급] 총 6회 기출

(3) 형의 선고를 유예하는 경우에는 사회봉사나 수강을 명할 수 없다. [2018. 7급]

4. 효과

형의 선고유예를 받은 날로부터 2년을 경과한 때에는 면소된 것으로 간주한다(형법 제60조). [2020. 7급] 총 4회 기출

5. 실효

(1) 형의 선고유예를 받은 자가 유예기간 중 자격정지 이상의 형에 처한 판결이 확정되거나 자격정지 이상의 형에 처한 전과가 발견된 때에는 유예한 형을 선고한다(형법 제61조 제1항).

(2) 보호관찰을 명한 선고유예를 받은 자가 보호관찰기간 중에 준수사항을 위반하고 그 정도가 무거운 때에는 유예한 형을 선고할 수 있다(형법 제61조 제2항). [2016. 7급] 총 2회 기출

3 집행유예제도

1. 의의

형의 선고 후 범정이 가볍고 형의 현실적 집행의 필요가 없다고 인정되는 경우에 일정기간 형의 집행을 유예하고 그 기간을 특정한 사고 없이 경과한 때에는 형의 선고가 효력을 상실하여 형의 선고가 없었던 것과 동일한 효과를 발생하게 하는 제도(조건부 유죄판결제도)이다.

2. 요건

(1) 3년 이하의 징역이나 금고 또는 500만원 이하의 벌금의 형을 선고할 경우에 제51조의 사항을 참작하여 그 정상에 참작할 만한 사유가 있는 때에는 1년 이상 5년 이하의 기간 형의 집행을 유예할 수 있다. 다만, 금고 이상의 형을 선고한 판결이 확정된 때부터 그 집행을 종료하거나 면제된 후 3년까지의 기간에 범한 죄에 대하여 형을 선고하는 경우에는 그러하지 아니하다(형법 제62조 제1항). [2020. 5급 승진] 총 2회 기출

(2) 형을 병과할 경우에는 그 형의 일부에 대하여 집행을 유예할 수 있다(형법 제62조 제2항). [2020. 7급] 총 3회 기출

🔍 500만원을 초과하는 벌금, 자격정지, 구류, 과료의 형을 선고할 경우에는 집행유예를 할 수 없다.

3. 보호관찰 및 사회봉사명령과 수강명령

(1) 형의 집행을 유예하는 경우에는 보호관찰을 받을 것을 명하거나 사회봉사 또는 수강을 명할 수 있다(형법 제62조의2 제1항). [2016. 7급] 총 9회 기출

(2) 보호관찰의 기간은 집행을 유예한 기간으로 한다. 다만, 법원은 유예기간의 범위 내에서 보호관찰 기간을 정할 수 있다(형법 제62조의2 제2항). [2020. 7급] 총 7회 기출

(3) 사회봉사명령 또는 수강명령은 집행유예기간 내에 이를 집행한다(형법 제62조의2 제3항). [2020. 7급] 총 4회 기출

🔍 보호관찰은 형벌이 아니라 보안처분의 성격을 갖는 것이다(대법원 1997.6.13. 97도703).

> **Plus** | 사회봉사명령과 수강명령
>
> ① 사회봉사명령과 수강명령은 선고유예나 가석방에는 할 수 없고 집행유예를 하는 경우에만 할 수 있다. [2016. 7급]
>
> ② 사회봉사명령은 500시간, 수강명령은 200시간의 범위 내에서 법원이 그 기간을 정해야 한다(보호관찰 등에 관한 법률 제59조). [2020. 9급] 총 7회 기출

4. 실효와 취소 및 효과

(1) **집행유예의 실효** : 집행유예의 선고를 받은 자가 유예기간 중 고의로 범한 죄로 금고 이상의 실형을 선고받아 그 판결이 확정된 때에는 집행유예의 선고는 효력을 잃는다(형법 제63조).

(2) **집행유예의 취소**

① 집행유예의 선고를 받은 후 제62조 단행의 사유(금고 이상의 형을 선고한 판결이 확정된 때부터 그 집행을 종료하거나 면제된 후 3년까지의 기간에 범한 죄에 대하여 형을 선고하는 경우)가 발각된 때에는 집행유예의 선고를 취소한다(형법 제64조 제1항).

② 보호관찰이나 사회봉사 또는 수강을 명한 집행유예를 받은 자가 준수사항이나 명령을 위반하고 그 정도가 무거운 때에는 집행유예의 선고를 취소할 수 있다(형법 제64조 제2항).

(3) **집행유예의 효과**: 집행유예의 선고를 받은 후 그 선고의 실효 또는 취소됨이 없이 유예기간을 경과한 때에는 형의 선고는 효력을 잃는다(형법 제65조).

● **선고유예 · 집행유예 · 가석방의 총정리**

구분	선고유예	집행유예	가석방
요건	① 1년 이하 징역 · 금고, 자격정지 또는 벌금의 형을 선고할 경우 ② 뉘우치는 정상이 뚜렷할 것 ③ 자격정지 이상의 전과가 없을 것	① 3년 이하의 징역이나 금고 또는 500만원 이하의 벌금의 형을 선고할 경우 ② 정상을 참작할 만한 사유가 있는 때 ③ 금고 이상의 형을 선고한 판결이 확정된 때부터 그 집행을 종료하거나 면제된 후 3년까지의 기간에 범한 죄에 대하여 형을 선고하는 경우에는 그러하지 아니하다.	① 징역이나 금고의 집행 중에 있는 사람으로서 무기형은 20년, 유기형은 형기의 3분의 1이 지난 후일 것 ② 행상이 양호하여 뉘우침이 뚜렷할 것 ③ 벌금이나 과료가 병과되어 있는 때에는 그 금액을 완납할 것
기간	2년	1년 이상 5년 이하	무기는 10년, 유기는 잔형기
결정	법원의 재량	법원의 재량	행정처분
효과	면소된 것으로 간주(전과가 남지 않음)	형선고의 효력상실	형집행이 종료된 것으로 간주
보호관찰	보호관찰 ① 임의적 ② 1년의 기간	보호관찰, 사회봉사 · 수강명령 ① 임의적 ② 기간 ㉠ 보호관찰 ➡ 집행유예기간 (단, 법원의 재량 인정) ㉡ 사회봉사 · 수강명령 ➡ 집행유예기간 내에 집행	보호관찰 ① 필요적(단, 가석방을 허가한 행정관청이 필요 없다고 인정한 때에는 제외) ② 기간: 가석방기간 중
실효	① 유예기간 중 자격정지 이상의 형에 대한 판결이 확정된 경우나 자격정지 이상의 형에 대한 전과가 발견된 경우 ➡ 필요적 ② 보호관찰기간 중에 준수사항을 위반하고 그 정도가 무거운 때 ➡ 임의적	유예기간 중 금고 이상의 형선고를 받아 그 판결이 확정된 때 (과실범은 제외)	가석방 기간 중 고의로 지은 죄로 금고 이상의 형을 선고받아 그 판결이 확정된 경우 (과실범은 제외)

제6절 형의 실효

❶ 형법상의 형의 실효(제81조)

징역 또는 금고의 집행을 종료하거나 집행이 면제된 자가 피해자의 손해를 보상하고 자격정지 이상의 형을 받음이 없이 7년을 경과한 때에는 본인 또는 검사의 신청에 의하여 그 재판의 실효를 선고할 수 있다. [2017. 9급] 총 2회 기출

❷ 「형의 실효 등에 관한 법률」상 형의 실효(제7조)

(1) 수형인이 자격정지 이상의 형을 받지 아니하고 형의 집행을 종료하거나 그 집행이 면제된 날부터 다음의 구분에 따른 기간이 경과한 때에 그 형은 실효된다. 다만, 구류와 과료는 형의 집행을 종료하거나 그 집행이 면제된 때에 그 형이 실효된다(제1항). [2024. 9급] 총 2회 기출

> 📝 **형의 실효 요건**
>
> 1. 3년을 초과하는 징역·금고: 10년
> 2. 3년 이하의 징역·금고: 5년
> 3. 벌금: 2년

(2) 하나의 판결로 여러 개의 형이 선고된 경우에는 각 형의 집행을 종료하거나 그 집행이 면제된 날부터 가장 무거운 형에 대한 (1)의 기간이 경과한 때에 형의 선고는 효력을 잃는다. 다만, 징역과 금고는 같은 종류의 형으로 보고 각 형기를 합산한다(제2항). [2017. 9급]

제5장 보안처분론

제1절 개관

1 의의

1. 보안처분과 형벌

(1) 보안처분이란 형벌로는 행위자의 사회복귀와 범죄로부터 사회방위가 불가능하거나 부적당한 경우에 범죄행위자 또는 장래 범죄의 위험성이 있는 자에 대하여 과해지는 형벌 이외의 범죄예방처분을 말한다.

(2) 이는 형벌의 책임주의에 따른 사회방위수단으로서의 한계를 보충하기 위한 수단으로, 현행 헌법은 보안처분 법정주의를 선언하고 있다(헌법 제12조 제1항). [2012. 9급]

2. 형벌과 보안처분의 구별 [2020. 7급] 총 2회 기출

형벌	보안처분
① 책임주의: 책임을 전제로 하고 책임주의의 범위 내에서 과하여 진다.	① 위험성: 행위자의 사회적 위험성을 전제로 하여 특별예방의 관점에서 과하여진다.
② 과거: 과거 침해행위를 대상으로 하는 형사제재이다.	② 미래: 장래에 대한 예방적 성격을 가진 형사제재이다.

제2절 형벌과 보안처분의 관계 [2024. 7급 보호][2024. 7급]

1 이원론

(1) 형벌의 본질이 응보에 있다고 보는 입장에서 형벌과 보안처분은 각기 그 성격을 달리한다고 보는 관점이다.

(2) 형벌의 본질이 책임을 전제로 한 과거 행위에 대한 응보이고, 보안처분은 장래에 예상되는 위험성에 대한 사회방위처분이라는 점에서 양자의 차이를 인정한다. [2020. 7급] 총 2회 기출

(3) 형벌이 범죄라는 과거의 사실에 중점을 두는 반면, 보안처분은 장래에 예상되는 범죄의 예방에 중점을 둔다.

2 일원론

(1) 교육형주의 관점에서 형벌이나 보안처분 가운데 어느 하나만을 선고·집행해야 한다는 주장으로, 관련학자로는 록신(Roxin), 리스트(Liszt), 페리(Ferri) 등이 있다.

(2) 형벌과 보안처분의 목적을 모두 사회방위와 범죄인의 교육·개선으로 본다. [2020. 7급] 총 2회 기출

3 대체주의

(1) 형벌은 책임의 정도에 따라 선고하되 그 집행단계에서 보안처분에 의해 대체하거나 보안처분의 집행이 종료된 후에 집행하는 주의를 말한다.

(2) 형벌과 보안처분이 선고되어 보안처분이 집행된 경우 그 기간을 형기에 산입하여야 한다.

(3) 일원론자들은 형벌과 보안처분 양자의 대체성을 인정하고, 이원론자들은 부정한다.

제3절 보안처분(보호관찰)의 발달

1 보호관찰제도

1. 의의

(1) 협의 : 범죄인을 교정시설에 수용하는 대신 일정기간 동안 판결의 선고 또는 집행을 유예하고 일정한 조건을 붙인 후에 일상의 사회생활을 하면서 재범에 빠지지 않도록 보호관찰관의 지도 및 감독, 원호를 받게 하는 사회 내 처우제도이다.

협의	법관의 보호관찰 결정 이후 보호관찰관의 지도·감독·원호의 과정만을 의미
광의	보호관찰부 선고유예·집행유예·가석방·임시퇴원·사회봉사명령·수강명령 등 모두를 의미

(2) 광의 : 일반적으로 보호관찰제도라 할 때에는 협의의 보호관찰과 사회봉사명령, 수강명령 등을 포함한 광의의 의미로 사용된다.

2. 연혁

(1) **최초의 보호관찰**

① 오거스터스(John Augustus) : 1841년 미국의 매사추세츠주 보스턴시에서 제화점을 경영하면서 금주협회 회원으로 활동하던 민간독지가인 존 오거스터스가 한 알코올중독자의 재판에서 법관에게 청원하여 형의 선고유예를 얻어 내고 그를 근면한 시민으로 갱생시키는 데 성공한데서 비롯되었다.

② 최초로 프로베이션(Probation)이라는 용어를 사용하고 케이스웍(Case Work)의 방법을 첨가하여 보호관찰제도의 원형을 완성하였다.

(2) 현대적 의미의 Probation : 1878년 매사추세츠주에서 국가가 채용한 보호관찰관이 시행하는 강제적(공식적) 보호관찰제도가 최초로 입법화(여기에 처음으로 Probation이라는 용어가 규정됨)되면서 보호관찰제도의 권리장전으로 불리었다.

3. 보호관찰제도의 유형

(1) Probation : 영미법계에서 발전된 보호관찰제도의 유형으로 유죄가 인정되는 범죄인에 대하여 그 형의 선고를 유예하거나 형의 집행을 유예하면서 그 유예기간 중 재범방지 및 재사회화를 달성하기 위해서 보호관찰을 행하는 것을 말한다.

(2) Parole : 대륙법계에서 발전된 보호관찰제도의 유형으로 교정성적이 양호한 자를 가석방 또는 임시퇴원 시키면서 그 목적을 달성하기 위하여 그 기간 중 필요적으로 보호관찰을 행하는 것을 말한다.

4. 보호관찰의 기능과 법적 성격

(1) 기능 : 처벌기능, 재활기능, 범죄통제기능, 억제기능, 지역사회통합기능을 가진다.

(2) 보호관찰의 법적 성격

구분	내용
보안처분설 (통설과 판례입장)	범죄의 특별예방을 목적으로 하는 보안처분이다. 다만 보안처분이 시설 내 처우를 원칙으로 한 책임무능력자에 대한 사회방위처분인 데 반하여, 보호관찰제도는 사회 내 처우를 원칙으로 한 범죄인의 갱생보호를 목적으로 한다는 점에서 양자는 구별된다.
변형된 형벌집행설	범죄가 발생한 것을 전제로 하여 준수사항을 부여하고 이를 위반하면 재구금하는 등 시설 내 수용처분과 자유로운 상태와의 중간형태로 파악할 수 있기 때문에 자유형의 변형이라고 본다.
독립된 제재수단설	형벌도 보안처분도 아닌 제3의 형법적 제재방법이라고 보는 설로 단기자유형의 폐단을 예방하면서 범죄자의 장래 범행의 위험으로부터 보호함으로써 재사회화를 실현하는 데에 현실적으로 최상의 방법이기 때문에 제3의 제재수단이라는 것이다.

5. 보호관찰의 종류 및 방법

(1) 집중감독 보호관찰(Intensive Probation Supervision : IPS) : 갱(gang) 집단이나 약물중독자에 대하여 주 5회 이상의 집중적인 접촉관찰과 병행하여 대상자의 신체에 전자추적장치를 부착하여 제한구역을 이탈하면 즉시 감응장치가 작동되도록 하는 추적관찰을 실시하는 프로그램이다.

(2) 충격 보호관찰(Shock Probation) : 형의 유예처분을 받은 초범자에 대해 3~4개월(90~120일)간 병영식캠프(Boot Camp)라는 수용시설에 수감하여 군대식 극기훈련 및 준법교육을 실시한 후에 일반 보호관찰로 전환하는 것이다.

2 보호관찰관의 유형

1. 올린(L. E. Ohlin)의 보호관찰관 유형 [2021. 7급] 2회

보호관찰관 유형	내용
처벌적(Punitive)	① 위협과 처벌을 수단으로 범죄자를 사회에 동조하도록 강요한다. ② 사회의 보호, 범죄자의 통제, 범죄자에 대한 체계적 의심 등을 중요시한다.
보호적(Protective)	① 지역사회보호와 범죄자의 보호 양자 사이를 망설이는 유형으로 주로 직접적인 지원이나 강연 또는 칭찬과 꾸중의 방법을 이용한다. ② 지역사회와 범죄자의 입장을 번갈아 편들기 때문에 어정쩡한 입장에 처하기 쉽다.
복지적(Welfare)	① 자신의 목표를 범죄자에 대한 복지의 향상에 두고 범죄자의 능력과 한계를 고려하여 적응할 수 있도록 도와주려고 한다. ② 범죄자의 개인적 적응없이는 사회의 보호도 있을 수 없다고 믿고 있다.
수동적(Passive)	① 통제나 지원 모두에 소극적이다. ② 자신의 임무는 최소한의 개입이라고 믿는 유형이다.

2. 스미크라(Smykla)**의 보호관찰 모델** : 보호관찰관의 기능과 자원의 활용 측면 [2021. 7급] 총 2회 기출

보호관찰 모형	의미
전통적 모형 (Traditional Model)	① 보호관찰관이 지식인으로서 내부자원을 이용한다. ② 지역적으로 균등배분된 대상자에 대해서 지도·감독에서 보도·원호에 이르기까지 다양한 기능을 수행하나 통제를 중시한다.
프로그램 모형 (Program Model)	① 보호관찰관은 전문가를 지향하지만 목적수행을 위한 자원은 내부적으로 해결하려고 한다. ② 보호관찰관이 전문가의 기능을 지향하기 때문에 대상자를 전문성에 따라 배정하게 된다. ③ 문제점 : 범죄자의 상당수는 특정한 한 가지 문제만으로 범죄자가 된 것은 아니며, 한 가지의 처우만을 필요로 하는 것도 아니라는 것
옹호 모형 (Advocacy Model)	① 보호관찰관은 지식인으로서 외부자원을 적극 활용한다. ② 무작위로 배정된 대상자들을 다양하고 전문적인 사회적 서비스를 제공받을 수 있도록 사회기관에 위탁하는 것을 주된 임무로 한다.
중개 모형 (Brokerage Model)	① 보호관찰관은 전문가로서 외부자원을 적극 활용한다. ② 자신의 전문성에 맞게 배정된 대상자에 대하여 사회자원의 개발과 중개의 방법으로 전문적인 보호관찰을 한다.

PART
04

제6장 보안처분 주요 5법

제1절 보호관찰 등에 관한 법률(약칭 : 보호관찰법)

1 총칙

목적	이 법은 죄를 지은 사람으로서 재범 방지를 위하여 보호관찰, 사회봉사, 수강 및 갱생보호 등 체계적인 사회 내 처우가 필요하다고 인정되는 사람을 지도하고 보살피며 도움으로써 건전한 사회 복귀를 촉진하고, 효율적인 범죄예방 활동을 전개함으로써 개인 및 공공의 복지를 증진함과 아울러 사회를 보호함을 목적으로 한다(제1조).
보호관찰 및 사회봉사 또는 수강명령 대상자	① 보호관찰을 받을 사람은 다음과 같다(제3조 제1항). [보호관찰대상자](제3조 제1항). [2016. 7급] 총 2회 기출 1. 「형법」 제59조의2에 따라 보호관찰을 조건으로 형의 선고유예를 받은 사람 2. 「형법」 제62조의2에 따라 보호관찰을 조건으로 형의 집행유예를 선고받은 사람 3. 「형법」 제73조의2 또는 이 법 제25조에 따라 보호관찰을 조건으로 가석방되거나 임시퇴원된 사람 4. 「소년법」 제32조 제1항 제4호(단기 보호관찰) 및 제5호(장기 보호관찰)의 보호처분을 받은 사람 5. 다른 법률에서 이 법에 따른 보호관찰을 받도록 규정된 사람 ② 사회봉사 또는 수강을 하여야 할 사람은 다음과 같다(제3조 제2항). [사회봉사·수강명령 대상자] 1. 「형법」 제62조의2에 따라 사회봉사 또는 수강을 조건으로 형의 집행유예를 선고받은 사람 2. 「소년법」 제32조에 따라 사회봉사명령 또는 수강명령을 받은 사람 3. 다른 법률에서 이 법에 따른 사회봉사 또는 수강을 받도록 규정된 사람
보호관찰소	설치(제14조) ① 보호관찰, 사회봉사, 수강 및 갱생보호에 관한 사무를 관장하기 위하여 법무부장관 소속으로 보호관찰소를 둔다(제1항). ② 보호관찰소의 사무 일부를 처리하게 하기 위하여 그 관할 구역에 보호관찰지소를 둘 수 있다(제2항). [보호관찰소의 관장 사무](제15조) 1. 보호관찰, 사회봉사명령 및 수강명령의 집행 2. 갱생보호 3. 검사가 보호관찰관이 선도함을 조건으로 공소제기를 유예[선도조건부 기소유예(성인·소년)]하고 위탁한 선도 업무 4. 범죄예방 자원봉사위원에 대한 교육훈련 및 업무지도 5. 범죄예방활동 6. 이 법 또는 다른 법령에서 보호관찰소의 관장 사무로 규정된 사항

보호관찰소의
역할
	① 판결 전 조사(제19조) - 성인·소년 형사사건
	  ㉠ 법원은 피고인에 대하여 형법 제59조의2(선고유예시 보호관찰) 및 제62조의2(집행
	    유예시 보호관찰, 사회봉사·수강명령)에 따른 보호관찰, 사회봉사 또는 수강을 명
	    하기 위하여 필요하다고 인정하면 그 법원의 소재지 또는 피고인의 주거지를 관할
	    하는 보호관찰소의 장에게 범행 동기, 직업, 생활환경, 교우관계, 가족상황, 피해회
	    복 여부 등 피고인에 관한 사항의 조사를 요구할 수 있다(제1항). [2023. 9급] 총 4회 기출
	  ㉡ 요구를 받은 보호관찰소의 장은 지체 없이 이를 조사하여 서면으로 해당 법원에
	    알려야 한다. 이 경우 필요하다고 인정하면 피고인이나 그 밖의 관계인을 소환하여
	    심문하거나 소속 보호관찰관에게 필요한 사항을 조사하게 할 수 있다(제2항). [2023.
	    9급] 총 2회 기출
	  ㉢ 법원은 요구를 받은 보호관찰소의 장에게 조사진행상황에 관한 보고를 요구할 수
	    있다(제3항). [2023. 9급]
	
	② 결정 전 조사(제19조의2) - 소년 보호사건
	  ㉠ 법원은 소년법 제12조(전문가의 진단)에 따라 소년 보호사건에 대한 조사 또는 심
	    리를 위하여 필요하다고 인정하면 그 법원의 소재지 또는 소년의 주거지를 관할하
	    는 보호관찰소의 장에게 소년의 품행, 경력, 가정상황, 그 밖의 환경 등 필요한 사
	    항에 관한 조사를 의뢰할 수 있다(제1항). [2023. 9급] 총 2회 기출
	  ㉡ 의뢰를 받은 보호관찰소의 장은 지체 없이 조사하여 서면으로 법원에 통보하여야
	    하며, 조사를 위하여 필요한 경우에는 소년 또는 관계인을 소환하여 심문하거나 소
	    속 보호관찰관으로 하여금 필요한 사항을 조사하게 할 수 있다(제2항).
	
	③ 법원의 판결 통지(제20조)
	법원은 형법 제59조의2(형의 선고유예) 또는 제62조의2(형의 집행유예)에 따라 보호관찰
	을 명하는 판결이 확정된 때부터 3일 이내에 판결문 등본 및 준수사항을 적은 서면을 피
	고인의 주거지를 관할하는 보호관찰소의 장에게 보내야 한다(제1항).

보호관찰심사 위원회	**[보호관찰심사위원회 관장사무](법 제6조)** [2024. 7급] 총 4회 기출, [2024. 7급 보호] 1. (소년수형자에 대한) 가석방과 (보호관찰을 받는 성인·소년 가석방 대상자의) 그 취소에 관한 사항 2. 임시퇴원, 임시퇴원의 취소 및 보호소년의 퇴원에 관한 사항 3. 보호관찰의 임시해제와 그 취소에 관한 사항 4. 보호관찰의 정지와 그 취소에 관한 사항 5. 가석방 중인 사람의 부정기형의 종료에 관한 사항 6. 이 법 또는 다른 법령에서 심사위원회의 관장사무로 규정된 사항 7. 1부터 6까지의 사항과 관련된 사항으로서 위원장이 회의에 부치는 사항

가석방 및
임시퇴원
	① 교도소장 등의 통보의무(제21조)
	  ㉠ 교도소·구치소·소년교도소의 장은 징역 또는 금고의 형을 선고받은 소년(소년
	    수형자)이 소년법 제65조의 기간(무기형의 경우에는 5년, 15년 유기형의 경우에는
	    3년, 부정기형의 경우에는 단기의 3분의 1)이 지나면 그 교도소·구치소·소년교도
	    소의 소재지를 관할하는 보호관찰심사위원회에 그 사실을 통보하여야 한다(제1항).
	    [2024. 9급 보호]
	  ㉡ 소년원장은 보호소년이 수용된 후 6개월이 지나면 그 소년원의 소재지를 관할하는
	    심사위원회에 그 사실을 통보하여야 한다(제2항).

가석방 및 임시퇴원	② 소년의 가석방·퇴원 및 임시퇴원의 신청, 심사와 결정 　㉠ 교도소·구치소·소년교도소 및 소년원(수용기관)의 장은 소년법 제65조의 기간이 지난 소년수형자 또는 수용 중인 보호소년에 대하여 법무부령으로 정하는 바에 따라 관할 보호관찰심사위원회에 가석방, 퇴원 또는 임시퇴원 심사를 신청할 수 있다(제22조 제1항). 　㉡ 심사위원회는 가석방·퇴원 및 임시퇴원의 신청을 받으면 소년수형자에 대한 가석방 또는 보호소년에 대한 퇴원·임시퇴원이 적절한지를 심사하여 결정한다(제23조 제1항). [2020. 7급] 총 2회 기출 　㉢ 심사위원회는 제21조에 따른 통보를 받은 사람에 대하여는 가석방·퇴원 및 임시퇴원의 신청이 없는 경우에도 직권으로 가석방·퇴원 및 임시퇴원이 적절한지를 심사하여 결정할 수 있다(제23조 제2항). ③ 성인수형자에 대한 보호관찰의 심사와 결정(제24조) 　㉠ 보호관찰심사위원회는 가석방되는 사람에 대하여 보호관찰의 필요성을 심사하여 결정한다(제1항). 　㉡ 심사위원회는 보호관찰심사를 할 때에는 보호관찰 사안조사 결과를 고려하여야 한다(제2항). ④ 법무부장관의 허가(제25조) 　㉠ 보호관찰심사위원회는 가석방·퇴원 및 임시퇴원의 심사 결과 가석방, 퇴원 또는 임시퇴원이 적절하다고 결정한 경우 및 성인수형자에 대한 보호관찰의 심사 결과 보호관찰이 필요없다고 결정한 경우에는 결정서에 관계 서류를 첨부하여 법무부장관에게 이에 대한 허가를 신청하여야 한다. 　㉡ 법무부장관은 심사위원회의 결정이 정당하다고 인정하면 이를 허가할 수 있다.
보호관찰의 개시 및 신고(제29조)	① 보호관찰은 법원의 판결이나 결정이 확정된 때 또는 가석방·임시퇴원된 때부터 시작된다(제1항). [2024. 9급 보호] 총 3회 기출 ② 보호관찰대상자는 대통령령으로 정하는 바에 따라 주거, 직업, 생활계획, 그 밖에 필요한 사항을 관할 보호관찰소의 장에게 신고하여야 한다(제2항). ③ 보호관찰대상자는 다음의 경우[1. 형법 제59조의2(선고유예) 또는 제62조의2(집행유예)의 규정에 의한 판결이 확정된 때, 2. 형법 제73조의2(가석방) 또는 보호관찰법 제25조(법무부장관의 허가)에 따라 가석방 또는 임시퇴원된 때, 3. 소년법 제32조 제1항 제4호(단기 보호관찰) 또는 제5호(장기 보호관찰)의 보호처분이 확정된 때, 4. 다른 법률에 의하여 이 법에 의한 보호관찰을 받도록 명하는 판결 또는 결정이 확정된 때]에는 10일 이내에 주거지를 관할하는 보호관찰소에 출석하여 서면으로 신고를 하여야 한다(시행령 제16조).

	적용법규	대상(근거)	기간
보호관찰의 기간(제30조) [2024. 7급 보호] [2024. 7급]	「형법」	보호관찰을 조건으로 형의 선고유예를 받은 자(제59조의2)	1년
		보호관찰을 조건으로 형의 집행유예를 받은 자(제62조의2)	유예기간(기간을 따로 정한 경우는 그 기간) - 1년 이상 5년 이하
		가석방된 자(제73조의2)	잔형기간(10년 초과할 수 없음)
	「소년법」	단기보호관찰처분을 받은 자 (제32조 제1항 제4호)	1년
		장기보호관찰처분을 받은 자 (제32조 제1항 제5호)	2년(＋1차 1년)
		임시퇴원된 자(「보호관찰 등에 관한 법률」 제30조)	6월~2년
	「치료감호 등에 관한 법률」	가종료자와 치료위탁된 자, 만료자	3년
	「가정폭력범죄의 처벌 등에 관한 특례법」	보호관찰처분을 받은 자(제40조)	6월 이내 (보호관찰처분 변경 시 1년 가능)
	「성매매알선 등 행위의 처벌에 대한 법률」	보호관찰처분을 받은 자(제14조)	6월 이내 (보호관찰처분 변경 시 1년 가능)
	「아동·청소년의 성보호에 관한 법률」	「소년법」상의 보호처분사건으로 처리(제27조, 「소년법」 제32조)	1년~2년
		재범위험성이 높은 아동·청소년 대상 성폭행범에 대한 형 집행 종료 이후 실시	2년 이상 5년 이하 (검사의 청구, 법원의 판결)
	「전자장치 부착 등에 관한 법률」	재범의 위험성이 높은 특정 범죄자에 대한 형 집행 종료 이후 실시	2년 이상 5년 이하 (검사의 청구, 법원의 판결)
	「성폭력 범죄의 처벌 등에 관한 특례법」	선고유예와 집행유예시 실시	선고유예 : 1년(소년 필요적, 성인 임의적 부과) 집행유예 : 유예기간 내(소년·성인 임의적 부과)
보호관찰 담당자 및 대상자 준수사항	① 보호관찰은 보호관찰대상자의 주거지를 관할하는 보호관찰소 소속 보호관찰관이 담당한다(제31조). [2016. 5급 승진] ② **보호관찰대상자의 일반준수사항**(제32조 제2항) [2023. 9급] 총 3회 기출		

② **보호관찰대상자의 일반준수사항**(제32조 제2항) [2023. 9급] 총 3회 기출

> 1. 주거지에 상주하고 생업에 종사할 것
> 2. 범죄로 이어지기 쉬운 나쁜 습관을 버리고 선행을 하며 범죄를 저지를 염려가 있는 사람들과 교제하거나 어울리지 말 것
> 3. 보호관찰관의 지도·감독에 따르고 방문하면 응대할 것
> 4. 주거를 이전하거나 1개월 이상 국내외 여행을 할 때에는 미리 보호관찰관에게 신고할 것

③ 보호관찰대상자가 다른 보호관찰소의 관할구역 안으로 주거를 이전한 때에는 10일 이내에 신주거지를 관할하는 보호관찰소에 출석하여 서면으로 주거이전의 사실을 신고하여야 한다(시행령 제18조 제2항).

④ 법원 및 심사위원회는 판결의 선고 또는 결정의 고지를 할 때에는 일반준수사항 외에 범죄의 내용과 종류 및 본인의 특성 등을 고려하여 필요하면 보호관찰 기간의 범위에서 기간을 정하여 다음의 사항을 특별히 지켜야 할 사항으로 따로 과할 수 있다(제32조 제3항). [2023. 7급] 총 4회 기출

보호관찰 담당자 및 대상자 준수사항	**[보호관찰대상자의 특별준수사항]** 1. 야간 등 재범의 기회나 충동을 줄 수 있는 특정 시간대의 외출 제한 2. 재범의 기회나 충동을 줄 수 있는 특정 지역·장소의 출입 금지 3. 피해자 등 재범의 대상이 될 우려가 있는 특정인에 대한 접근 금지 4. 범죄행위로 인한 손해를 회복하기 위하여 노력할 것 5. 일정한 주거가 없는 자에 대한 거주장소 제한 6. 사행행위에 빠지지 아니할 것 7. 일정량 이상의 음주를 하지 말 것 8. 마약 등 중독성 있는 물질을 사용하지 아니할 것 9. 「마약류관리에 관한 법률」상의 마약류 투약, 흡연, 섭취 여부에 관한 검사에 따를 것 10. 그 밖에 보호관찰대상자의 재범 방지를 위하여 필요하다고 인정되어 대통령령으로 정하는 사항 **[보호관찰대상자의 대통령령으로 정하는 특별준수사항]**(시행령 제19조) 1. 운전면허를 취득할 때까지 자동차(원동기장치자전거를 포함) 운전을 하지 않을 것 2. 직업훈련, 검정고시 등 학과교육 또는 성행(성품과 행실)개선을 위한 교육, 치료 및 처우 프로그램에 관한 보호관찰관의 지시에 따를 것 3. 범죄와 관련이 있는 특정 업무에 관여하지 않을 것 4. 성실하게 학교수업에 참석할 것 5. 정당한 수입원에 의하여 생활하고 있음을 입증할 수 있는 자료를 정기적으로 보호관찰관에게 제출할 것 6. 흉기나 그 밖의 위험한 물건을 소지 또는 보관하거나 사용하지 아니할 것 7. 가족의 부양 등 가정생활에 있어서 책임을 성실히 이행할 것 8. 그 밖에 보호관찰대상자의 생활상태, 심신의 상태, 범죄 또는 비행의 동기, 거주지의 환경 등으로 보아 보호관찰대상자가 준수할 수 있고 자유를 부당하게 제한하지 아니하는 범위에서 개선·자립에 도움이 된다고 인정되는 구체적인 사항

⑤ 보호관찰대상자가 일반준수사항 또는 특별준수사항을 위반하거나 사정변경의 상당한 이유가 있는 경우

법원은 보호관찰소의 장의 신청 또는 검사의 청구에 따라	각각 준수사항의 전부 또는 일부를 추가, 변경하거나 삭제할 수 있다(제32조 제4항).
심사위원회는 보호관찰소의 장의 신청에 따라	

⑥ 준수사항은 서면으로 고지하여야 한다(제32조 제5항).

구인과 긴급구인	① **구인**(제39조) 　㉠ 보호관찰소의 장은 보호관찰대상자가 준수사항을 위반하였거나 위반하였다고 의심할 상당한 이유가 있고, 다음의 어느 하나에 해당하는 사유가 있는 경우에는 관할 지방검찰청의 검사에게 신청하여 검사의 청구로 관할 지방법원 판사의 구인장을 발부받아 보호관찰대상자를 구인할 수 있다(제1항). [2024. 9급 보호] 총 3회 기출

구인사유 (*주소도 없어 구인)	유치사유
1. 일정한 주거가 없는 경우 2. 조사에 따른 소환에 따르지 아니한 경우(소환 불응) 3. 도주한 경우 또는 도주할 염려가 있는 경우	1. 보호관찰을 조건으로 한 형(벌금형을 제외한다)의 선고유예의 실효 및 집행유예의 취소 청구의 신청 2. 가석방 및 임시퇴원의 취소 신청 3. 보호처분의 변경 신청 [2016. 5급 승진]

PART **04**

구인과 긴급구인	ⓛ 구인장은 검사의 지휘에 따라 보호관찰관이 집행한다. 다만, 보호관찰관이 집행하기 곤란한 경우에는 사법경찰관리에게 집행하게 할 수 있다(제2항). ⓒ 보호관찰관은 사법경찰관리에게 구인장의 집행을 의뢰하는 때에는 그 사유를 기재한 서면으로 하되, 검사의 지휘를 받아야 한다(시행령 제25조). ② 긴급구인(제40조) ⓞ 보호관찰소의 장은 준수사항을 위반한 보호관찰대상자가 구인사유가 있는 경우로서 긴급하여 구인장을 발부받을 수 없는 경우에는 그 사유를 알리고 구인장 없이 그 보호관찰대상자를 구인할 수 있다. 이 경우 긴급하다 함은 해당 보호관찰대상자를 우연히 발견한 경우 등과 같이 구인장을 발부받을 시간적 여유가 없는 경우를 말한다(제1항). [2014. 7급] ⓛ 보호관찰소의 장은 보호관찰대상자를 긴급구인한 경우에는 긴급구인서를 작성하여 즉시 관할 지방검찰청 검사의 승인을 받아야 한다(제2항). [2019. 5급 승진] 총 2회 기출 ⓒ 긴급구인승인신청은 보호관찰대상자를 구인한 때부터 12시간 이내에 하여야 한다(시행령 제26조 제1항). ⓔ 보호관찰소의 장은 검사의 승인을 받지 못하면 즉시 보호관찰대상자를 석방하여야 한다(제3항). [2014. 7급] ③ 보호관찰소의 장은 보호관찰대상자를 구인 또는 긴급구인하였을 때에는 유치 허가를 청구한 경우를 제외하고는 구인한 때부터 48시간 이내에 석방하여야 한다. 다만, 유치 허가를 받지 못하면 즉시 보호관찰대상자를 석방하여야 한다(제41조). [2019. 5급 승진]
유치(제42조)	① 유치 사유(제42조): 보호관찰소의 장은 다음 각 호(1. 보호관찰을 조건으로 한 형(벌금형을 제외한다)의 선고유예의 실효 및 집행유예의 취소 청구의 신청, 2. 가석방 및 임시퇴원의 취소 신청, 3. 보호처분의 변경 신청)가 필요하다고 인정되면 구인 또는 긴급구인한 보호관찰대상자를 수용기관 또는 소년분류심사원에 유치할 수 있다(제42조 제1항). [2019. 7급] 총 3회 기출 ② 유치절차 ⓞ 유치를 하려는 경우에는 보호관찰소의 장이 검사에게 신청하여 검사의 청구로 관할 지방법원 판사의 허가를 받아야 한다. 이 경우 검사는 보호관찰대상자가 구인된 때부터 48시간 이내에 유치 허가를 청구하여야 한다(제2항). [2024. 9급 보호] 총 2회 기출 ⓛ 보호관찰소의 장은 유치 허가를 받은 때부터 24시간 이내에 유치사유에 따른 신청을 하여야 한다(제3항). [2019. 5급 승진] ⓒ 검사는 보호관찰소의 장으로부터 보호관찰을 조건으로 한 형(벌금형 제외)의 선고유예의 실효 및 집행유예의 취소 청구의 신청(제42조 제1항 제1호)을 받고 그 이유가 타당하다고 인정되면 48시간 이내에 관할 지방법원에 보호관찰을 조건으로 한 형의 선고유예의 실효 또는 집행유예의 취소를 청구하여야 한다(제4항). [2024. 9급 보호] ③ 유치기간(제43조) ⓞ 유치의 기간은 구인 또는 긴급구인한 날부터 20일로 한다(제1항). ⓛ 법원과 보호관찰소장의 기간 연장(제2항, 제3항) [2019. 7급] 총 2회 기출

법원	보호관찰을 조건으로 한 형의 선고유예의 실효 및 집행유예의 취소 청구의 신청 또는 보호처분의 변경 신청이 있는 경우에 심리를 위하여 필요하다고 인정되면	심급마다 20일의 범위에서 한 차례만 유치기간을 연장할 수 있다.
보호관찰소의 장	가석방 및 임시퇴원의 취소 신청이 있는 경우에 보호관찰심사위원회의 심사에 필요하면 검사에게 신청하여 검사의 청구로 지방법원 판사의 허가를 받아	10일의 범위에서 한 차례만 유치기간을 연장할 수 있다.

유치(제42조)	④ **유치기간의 형기 산입**: 유치된 사람에 대하여 보호관찰을 조건으로 한 형의 선고유예가 실효되거나 집행유예가 취소된 경우 또는 가석방이 취소된 경우에는 그 유치기간을 형기에 산입한다(제45조). [2024. 9급 보호] 총 3회 기출
보호장구	① **보호장구의 사용**(제46조의2) 보호관찰소 소속 공무원은 보호관찰대상자가 다음 각 호(1. 구인 또는 긴급구인한 보호관찰대상자를 보호관찰소에 인치하거나 수용기관 등에 유치하기 위해 호송하는 때, 2. 구인 또는 긴급구인한 보호관찰대상자가 도주하거나 도주할 우려가 있는 때, 3. 위력으로 보호관찰소 소속 공무원의 정당한 직무집행을 방해하는 때, 4. 자살·자해 또는 다른 사람에 대한 위해의 우려가 큰 때, 5. 보호관찰소 시설의 설비·기구 등을 손괴하거나 그 밖에 시설의 안전 또는 질서를 해칠 우려가 큰 때)에 해당하고, 정당한 직무집행 과정에서 필요하다고 인정되는 상당한 이유가 있으면 보호장구를 사용할 수 있다(제1항). [2017. 7급] 총 2회 기출

② **보호장구의 종류 및 사용요건**(제46조의3)

종류	사용요건
수갑·포승·보호대	1. 구인 또는 긴급구인한 보호관찰대상자를 보호관찰소에 인치하거나 수용기관 등에 유치하기 위해 호송하는 때 2. 구인 또는 긴급구인한 보호관찰대상자가 도주하거나 도주할 우려가 있는 때 3. 위력으로 보호관찰소 소속 공무원의 정당한 직무집행을 방해하는 때 4. 자살·자해 또는 다른 사람에 대한 위해의 우려가 큰 때 5. 보호관찰소 시설의 설비·기구 등을 손괴하거나 그 밖에 시설의 안전 또는 질서를 해칠 우려가 큰 때
가스총	위 1.을 제외한 2.~5.의 사유가 있을 때 사용 가능
전자충격기	위 1.을 제외한 2.~5.의 어느 하나에 해당하는 경우로서 상황이 긴급하여 다른 보호장구만으로는 그 목적을 달성할 수 없는 때

③ **보호장구 사용의 고지**(제46조의4)
 ㉠ **수갑, 포승, 보호대**: 보호관찰대상자에게 그 사유를 알려주어야 한다. 다만, 상황이 급박하여 시간적인 여유가 없을 때에는 보호장구 사용 직후 지체 없이 알려주어야 한다(제1항).
 ㉡ **가스총, 전자충격기**: 사전에 상대방에게 이를 경고하여야 한다. 다만, 상황이 급박하여 경고할 시간적인 여유가 없는 때에는 그러하지 아니하다(제2항).
 ㉢ **보호장구 남용 금지**: 보호장구는 필요한 최소한의 범위에서 사용하여야 하며, 보호장구를 사용할 필요가 없게 되면 지체 없이 사용을 중지하여야 한다(제46조의5).

보호관찰의 종료·임시해제·정지	① **보호관찰의 종료**: 보호관찰은 보호관찰대상자가 다음 각 호(1. 보호관찰 기간이 지난 때, 2. 보호관찰을 조건으로 한 형의 선고유예가 실효되거나 보호관찰을 조건으로 한 집행유예가 실효되거나 취소된 때, 3. 가석방 또는 임시퇴원이 실효되거나 취소된 때, 4. 보호처분이 변경된 때, 5. 부정기형 종료 결정이 있는 때, 6. 보호관찰이 정지된 임시퇴원자가 22세가 된 때, 7. 다른 법률에 따라 보호관찰이 변경되거나 취소·종료된 때)에 해당하는 때 종료한다(제51조 제1항).
	② **보호관찰의 계속진행**: 보호관찰대상자가 보호관찰 기간 중 금고 이상의 형의 집행을 받게 된 때에는 해당 형의 집행기간 동안 보호관찰대상자에 대한 보호관찰 기간은 계속 진행되고, 해당 형의 집행이 종료·면제되거나 보호관찰대상자가 가석방된 경우 보호관찰 기간이 남아있는 때에는 그 잔여기간 동안 보호관찰을 집행한다(제2항).

<table>
<tr>
<td rowspan="2">보호관찰의 종료
·
임시해제
·
정지</td>
<td>

③ **보호관찰의 임시해제**(제52조)
- ㉠ 보호관찰심사위원회는 보호관찰대상자의 성적이 양호할 때에는 보호관찰소의 장의 신청을 받거나 직권으로 보호관찰을 임시해제할 수 있다(제1항).
- ㉡ 임시해제 중에는 보호관찰을 하지 아니한다. 다만, 보호관찰대상자는 준수사항을 계속하여 지켜야 한다(제2항). [2023. 7급 보호]
- ㉢ 심사위원회는 임시해제 결정을 받은 사람에 대하여 다시 보호관찰을 하는 것이 적절하다고 인정되면 보호관찰소의 장의 신청을 받거나 직권으로 임시해제 결정을 취소할 수 있다(제3항).
- ㉣ 임시해제 결정이 취소된 경우에는 그 임시해제 기간을 보호관찰 기간에 포함한다(제4항). [2023. 7급 보호]

</td>
</tr>
<tr>
<td>

④ **보호관찰의 정지 결정**(제53조)
- ㉠ 보호관찰심사위원회는 가석방 또는 임시퇴원된 사람이 있는 곳을 알 수 없어 보호관찰을 계속할 수 없을 때에는 보호관찰소의 장의 신청을 받거나 직권으로 보호관찰을 정지하는 결정을 할 수 있다(제1항).
- ㉡ 심사위원회는 보호관찰을 정지한 사람이 있는 곳을 알게 되면 즉시 그 정지를 해제하는 결정을 하여야 한다(제2항).
- ㉢ 보호관찰 정지 중인 사람이 구인된 경우에는 구인된 날에 정지해제결정을 한 것으로 본다(제3항).
- ㉣ 형기 또는 보호관찰 기간은 정지결정을 한 날부터 그 진행이 정지되고, 정지해제결정을 한 날부터 다시 진행된다(제4항).
- ㉤ 심사위원회는 정지결정을 한 후 소재 불명이 천재지변이나 그 밖의 부득이한 사정 등 보호관찰대상자에게 책임이 있는 사유로 인한 것이 아닌 것으로 밝혀진 경우에는 그 정지결정을 취소하여야 한다. 이 경우 정지결정은 없었던 것으로 본다(제5항).

</td>
</tr>
<tr>
<td rowspan="3">사회봉사 및 수강</td>
<td>

① **법원의 명령과 장소지정**(제59조)
- ㉠ 법원은 사회봉사를 명할 때에는 500시간, 수강을 명할 때에는 200시간의 범위에서 그 기간을 정하여야 한다. 다만, 다른 법률에 특별한 규정이 있는 경우에는 그 법률에서 정하는 바에 따른다(제1항). [2020. 9급] 총 7회 기출
- ㉡ 법원은 사회봉사·수강명령 대상자가 사회봉사를 하거나 수강할 분야와 장소 등을 지정할 수 있다(제2항). [2016. 9급]

</td>
</tr>
<tr>
<td>

② **3일 이내 판결의 통지**(제60조)
- ㉠ 법원은 사회봉사 또는 수강을 명하는 판결이 확정된 때부터 3일 이내에 판결문 등본 및 준수사항을 적은 서면을 피고인의 주거지를 관할하는 보호관찰소의 장에게 보내야 한다(제1항).
- ㉡ 법원 또는 법원의 장은 통지를 받은 보호관찰소의 장에게 사회봉사명령 또는 수강명령의 집행상황에 관한 보고를 요구할 수 있다(제3항).

</td>
</tr>
<tr>
<td>

③ **사회봉사·수강명령 집행 담당자**(제61조)
- ㉠ 사회봉사명령 또는 수강명령은 보호관찰관이 집행한다. 다만, 보호관찰관은 국공립기관이나 그 밖의 단체에 그 집행의 전부 또는 일부를 위탁할 수 있다(제1항). [2016. 9급] 총 4회 기출
- ㉡ 보호관찰관은 사회봉사명령 또는 수강명령의 집행을 국공립기관이나 그 밖의 단체에 위탁한 때에는 이를 법원 또는 법원의 장에게 통보하여야 한다(제2항). [2024. 7급]

</td>
</tr>
</table>

PART
04

www.pmg.co.kr

	ⓒ 법원은 법원 소속 공무원으로 하여금 사회봉사 또는 수강할 시설 또는 강의가 사회봉사·수강명령 대상자의 교화·개선에 적당한지 여부와 그 운영 실태를 조사·보고하도록 하고, 부적당하다고 인정하면 그 집행의 위탁을 취소할 수 있다(제3항). ⓛ 보호관찰관은 사회봉사명령 또는 수강명령의 집행을 위하여 필요하다고 인정하면 국공립기관이나 그 밖의 단체에 협조를 요청할 수 있다(제4항).
사회봉사 및 수강	④ **사회봉사·수강명령 대상자의 준수사항**(제62조) ㉠ 사회봉사·수강명령 대상자는 대통령령으로 정하는 바에 따라 주거, 직업, 그 밖에 필요한 사항을 관할 보호관찰소의 장에게 신고하여야 한다(제1항). ㉡ 사회봉사·수강명령 대상자는 다음(1. 보호관찰관의 집행에 관한 지시에 따를 것, 2. 주거를 이전하거나 1개월 이상 국내외 여행을 할 때에는 미리 보호관찰관에게 신고할 것)의 사항을 준수하여야 한다(제2항). [2024. 7급] 총 4회 기출 ㉢ 법원은 판결의 선고를 할 때 ㉡의 준수사항 외에 대통령령으로 정하는 범위에서 본인의 특성 등을 고려하여 특별히 지켜야 할 사항을 따로 과할 수 있다(제3항). ㉣ 사회봉사·수강명령대상자의 특별준수사항은 대통령령으로 정하는 보호관찰대상자의 특별준수사항(시행령 제19조)을 준용한다(시행령 제39조 제1항). ㉤ 준수사항은 서면으로 고지하여야 한다(제4항). [2024. 7급]
	⑤ **사회봉사·수강의 종료**(제63조) ㉠ 사회봉사·수강은 사회봉사·수강명령 대상자가 다음의 해당하는 경우(1. 사회봉사명령 또는 수강명령의 집행을 완료한 때, 2. 형의 집행유예 기간이 지난 때, 3. 사회봉사·수강명령을 조건으로 한 집행유예의 선고가 실효되거나 취소된 때, 4. 다른 법률에 따라 사회봉사·수강명령이 변경되거나 취소·종료된 때)에 종료한다(제1항). [2016. 5급 승진] 총 3회 기출 ㉡ 사회봉사·수강명령 대상자가 사회봉사·수강명령 집행 중 금고 이상의 형의 집행을 받게 된 때에는 해당 형의 집행이 종료·면제되거나 사회봉사·수강명령 대상자가 가석방된 경우 잔여 사회봉사·수강명령을 집행한다(제2항).

제2절	치료감호 등에 관한 법률(약칭 : 치료감호법)

목적	이 법은 심신장애 상태, 마약류·알코올이나 그 밖의 약물중독 상태, 정신성적 장애가 있는 상태 등에서 범죄행위를 한 자로서 재범의 위험성이 있고 특수한 교육·개선 및 치료가 필요하다고 인정되는 자에 대하여 적절한 보호와 치료를 함으로써 재범을 방지하고 사회복귀를 촉진하는 것을 목적으로 한다(제1조).
적용범위 및 관할	① **치료감호대상자** : 치료감호대상자란 다음의 경우[1.「형법」제10조 제1항(심신상실자)에 따라 벌하지 아니하거나 제2항(심신미약자)에 따라 형을 감경할 수 있는 심신장애인으로서 금고 이상의 형에 해당하는 죄를 지은 자, 2. 마약·향정신성의약품·대마, 그 밖에 남용되거나 해독을 끼칠 우려가 있는 물질이나 알코올을 식음·섭취·흡입·흡연 또는 주입받는 습벽이 있거나 그에 중독된 자로서 금고 이상의 형에 해당하는 죄를 지은 자, 3. 소아성기호증, 성적가학증 등 성적 성벽이 있는 정신성적 장애인으로서 금고 이상의 형에 해당하는 성폭력범죄를 지은 자]로서 치료감호시설에서 치료를 받을 필요가 있고 재범의 위험성이 있는 자를 말한다(제2조 제1항). [2021. 9급] 총 7회 기출, [2024. 7급 보호] ② **치료명령대상자** : 치료명령대상자란 다음의 경우[1.「형법」제10조 제2항(심신미약자)에 따라 형을 감경할 수 있는 심신장애인으로서 금고 이상의 형에 해당하는 죄를 지은 자, 2. 알코올을 식음하는 습벽이 있거나 그에 중독된 자로서 금고 이상의 형에 해당하는 죄를 지은 자, 3. 마약·향정신성의약품·대마, 그 밖에 대통령령으로 정하는 남용되거나 해독을 끼칠 우려가 있는 물질을 식음·섭취·흡입·흡연 또는 주입받는 습벽이 있거나 그에 중독된 자로서 금고 이상의 형에 해당하는 죄를 지은 자]로서 통원치료를 받을 필요가 있고 재범의 위험성이 있는 자를 말한다(제2조의3).
치료감호의 청구	① 검사의 치료감호 청구(제4조) ㉠ 검사는 치료감호대상자가 치료감호를 받을 필요가 있는 경우 관할 법원에 치료감호를 청구할 수 있다(제1항). ㉡ 검사의 치료감호 청구시 청구 요건(제2항) [2024. 7급 보호] {표} ㉢ 치료감호를 청구할 때에는 검사가 치료감호청구서를 관할 법원에 제출하여야 한다. 치료감호청구서에는 피치료감호청구인 수만큼의 부본을 첨부하여야 한다(제3항). ㉣ 검사는 공소제기한 사건의 항소심 변론종결 시까지 치료감호를 청구할 수 있다(제5항). ㉤ 법원은 공소제기된 사건의 심리결과 치료감호를 할 필요가 있다고 인정할 때에는 검사에게 치료감호 청구를 요구할 수 있다(제7항). [2018. 5급 승진] 총 3회 기출

치료감호의 청구 표(제2항):

진단이나 감정의 참고	치료감호대상자 치료감호 청구시 정신건강의학과 등의 전문의의 진단이나 감정을 참고하여야 한다.
필요적 진단이나 감정	다만, 소아성기호증, 성적가학증 등 성적 성벽이 있는 정신성적 장애인으로서 금고 이상의 형에 해당하는 성폭력범죄를 지은 자에 대하여는 정신건강의학과 등의 전문의의 진단이나 감정을 받은 후 치료감호를 청구하여야 한다.

	② 치료감호영장 청구 사유와 절차(제6조)

<table>
<tr><th>검사</th><th>사법경찰관</th></tr>
<tr><td>치료감호를 할 필요가 있다고 인정되고 다음의 어느 하나에 해당하는 사유가 있을 때에는 검사는 관할 지방법원 판사에게 청구하여 치료감호영장을 발부받아 치료감호대상자를 보호구속(보호구금과 보호구인을 포함)할 수 있다(제1항).</td><td>사법경찰관은 1의 요건(일정한 주거가 없을 때)에 해당하는 치료감호대상자에 대하여 검사에게 신청하여 검사의 청구로 관할 지방법원 판사의 치료감호영장을 발부받아 보호구속할 수 있다(제2항).</td></tr>
</table>

치료감호의 청구

[보호구속 사유]
1. 일정한 주거가 없을 때
2. 증거를 인멸할 염려가 있을 때
3. 도망하거나 도망할 염려가 있을 때

③ 치료감호의 청구와 구속영장의 효력
  ㉠ **치료감호의 독립청구**: 검사는 다음의 경우[1. 피의자가 「형법」 제10조 제1항(심신상실자)에 해당하여 벌할 수 없는 경우, 2. 고소·고발이 있어야 논할 수 있는 죄에서 그 고소·고발이 없거나 취소된 경우 또는 피해자의 명시적인 의사에 반하여 논할 수 없는 죄에서 피해자가 처벌을 원하지 아니한다는 의사표시를 하거나 처벌을 원한다는 의사표시를 철회한 경우, 3. 피의자에 대하여 「형사소송법」 제247조(기소유예)에 따라 공소를 제기하지 아니하는 결정을 한 경우]에는 공소를 제기하지 아니하고 치료감호만을 청구할 수 있다(제7조). [2020. 7급] 총 7회 기출
  ㉡ **치료감호청구와 구속영장의 효력**: 구속영장에 의하여 구속된 피의자에 대하여 검사가 공소를 제기하지 아니하는 결정을 하고 치료감호 청구만을 하는 때에는 구속영장은 치료감호영장으로 보며 그 효력을 잃지 아니한다(제8조). [2020. 9급] 총 3회 기출

공판절차

치료감호의 판결(제12조)
① **법원의 판결**: 법원은 치료감호사건을 심리하여 그 청구가 이유 있다고 인정할 때에는 판결로써 치료감호를 선고하여야 하고, 이유 없다고 인정할 때 또는 피고사건에 대하여 심신상실 외의 사유로 무죄를 선고하거나 사형을 선고할 때에는 판결로써 청구기각을 선고하여야 한다(제1항). [2019. 9급]
② 치료감호사건의 판결은 피고사건의 판결과 동시에 선고하여야 한다. 다만, 공소를 제기하지 아니하고 치료감호만을 청구한 경우에는 그러하지 아니하다(제2항).

치료감호의 내용 및 치료감호시설

① **치료감호의 내용**(제16조)
  ㉠ 치료감호를 선고받은 자(피치료감호자)에 대하여는 치료감호시설에 수용하여 치료를 위한 조치를 한다(제1항).
  ㉡ 피치료감호자를 치료감호시설에 수용하는 기간(치료감호기간)은 다음의 구분에 따른 기간을 초과할 수 없다(제2항). [2021. 9급] 총 4회 기출

<table>
<tr><td>1. 「형법」 제10조 제1항(심신상실자)에 따라 벌하지 아니하거나 제2항(심신미약자)에 따라 형을 감경할 수 있는 심신장애인으로서 금고 이상의 형에 해당하는 죄를 지은 자
2. 소아성기호증, 성적가학증 등 성적 성벽이 있는 정신성적 장애인으로서 금고 이상의 형에 해당하는 성폭력범죄를 지은 자</td><td>15년</td></tr>
<tr><td>마약·향정신성의약품·대마, 그 밖에 남용되거나 해독을 끼칠 우려가 있는 물질이나 알코올을 식음·섭취·흡입·흡연 또는 주입받는 습벽이 있거나 그에 중독된 자로서 금고 이상의 형에 해당하는 죄를 지은 자</td><td>2년</td></tr>
</table>

	② 감호기간의 연장

대상	절차
살인범죄자로 다시 범할 위험성이 있고, 계속 치료가 필요하다고 인정되는 경우	치료감호시설의 장의 신청 ➡ 검사의 청구 ➡ 법원의 결정으로 3회까지 매회 2년의 범위에서 연장 가능

치료감호의 내용 및 치료감호시설	㉠ 「전자장치 부착 등에 관한 법률」 제2조 제3호의2에 따른 살인범죄를 저질러 치료감호를 선고받은 피치료감호자가 살인범죄를 다시 범할 위험성이 있고 계속 치료가 필요하다고 인정되는 경우에는 법원은 치료감호시설의 장의 신청에 따른 검사의 청구로 3회까지 매회 2년의 범위에서 피치료감호자를 치료감호시설에 수용하는 기간을 연장하는 결정을 할 수 있다(제3항). ㉡ **전문의의 진단이나 감정**: 치료감호시설의 장은 정신건강의학과 등 전문의의 진단이나 감정을 받은 후 치료감호시설에 수용하는 기간을 연장하는 신청을 하여야 한다(제4항). ㉢ **종료 6개월 전 청구**: 치료감호시설에 수용하는 기간을 연장하는 검사의 청구는 피치료감호자를 치료감호시설에 수용하는 기간(제2항) 또는 살인범죄 피치료감호자의 연장된 수용 기간(제3항)이 종료하기 6개월 전까지 하여야 한다(제5항). [2019. 9급] ㉣ **종료 3개월 전 결정**: 치료감호시설에 수용하는 기간을 연장하는 법원의 결정은 피치료감호자를 치료감호시설에 수용하는 기간(제2항) 또는 살인범죄 피치료감호자의 연장된 수용 기간(제3항)이 종료하기 3개월 전까지 하여야 한다(제6항). ㉤ 치료감호시설에서의 치료와 그 밖에 필요한 사항은 대통령령으로 정한다(제8항).
	③ **치료감호의 집행** ㉠ **집행 지휘**: 치료감호의 집행은 검사가 지휘한다(제17조 제1항). ㉡ **집행 순서 및 방법**: 치료감호와 형이 병과된 경우에는 치료감호를 먼저 집행한다. 이 경우 치료감호의 집행기간은 형 집행기간에 포함한다(제18조). [2020. 9급] 총 14회 기출 ㉢ **구분 수용**: 피치료감호자는 특별한 사정이 없으면 제2조 제1항의 구분에 따라 구분하여 수용하여야 한다(제19조).
	④ **치료감호 내용 등의 공개** ㉠ **공개**: 치료감호의 내용과 실태는 대통령령으로 정하는 바에 따라 공개하여야 한다. 이 경우 피치료감호자나 그의 보호자가 동의한 경우 외에는 피치료감호자의 개인신상에 관한 것은 공개하지 아니한다(제20조). ㉡ **판사와 검사의 시찰**: 판사와 검사는 치료감호시설을 수시로 시찰할 수 있다(시행령 제6조 제1항). ㉢ **참관**: 판사나 검사가 아닌 사람이 치료감호시설을 참관하려면 치료감호시설의 장의 허가를 받아야 한다(시행령 제6조 제2항). ㉣ **참관허가 요건**: 치료감호시설의 장은 치료감호시설을 참관하려는 사람에 대하여 그 성명·직업·주소 및 참관의 목적을 명백히 한 후 정당한 이유가 있을 때에는 참관을 허가하여야 한다(시행령 제6조 제3항). ㉤ **외국인 참관시 법무부장관 승인**: 치료감호시설의 장은 외국인이 치료감호시설을 참관하려는 경우에는 법무부장관의 승인을 받아 참관을 허가하여야 한다(시행령 제6조 제4항). ㉥ 치료감호시설의 장은 참관을 허가받은 사람에게 참관할 때의 주의사항을 고지하여야 한다(시행령 제6조 제5항).

소환, 이송 등	**① 소환 및 치료감호 집행(제21조)** ㉠ 검사는 보호구금되어 있지 아니한 피치료감호자에 대한 치료감호를 집행하기 위하여 피치료감호자를 소환할 수 있다(제1항). ㉡ 피치료감호자가 소환에 응하지 아니하면 검사는 치료감호집행장을 발부하여 보호구인할 수 있다(제2항). ㉢ 피치료감호자가 도망하거나 도망할 염려가 있을 때 또는 피치료감호자의 현재지를 알 수 없을 때에는 소환 절차를 생략하고 치료감호집행장을 발부하여 보호구인할 수 있다(제3항). ㉣ 치료감호집행장은 치료감호영장과 같은 효력이 있다(제4항). **② 치료감호시설 간 이송(제21조의2)** ㉠ 6개월마다 이송심사 : 치료감호심의위원회는 피치료감호자에 대하여 치료감호 집행을 시작한 후 6개월마다 치료감호소에서 지정법무병원으로 이송할 것인지를 심사·결정한다(제1항). ㉡ 지정법무병원으로 이송된 피치료감호자가 수용질서를 해치거나 증상이 악화되는 등의 사유로 지정법무병원에서 계속 치료하기 곤란할 경우 치료감호심의위원회는 지정법무병원의 피치료감호자를 치료감호소로 재이송하는 결정을 할 수 있다(제2항). ㉢ 치료감호심의위원회는 결정을 위하여 치료감호시설의 장 또는 소속 정신건강의학과 의사의 의견을 청취할 수 있다(제3항). **③ 가종료 등의 심사·결정(제22조)** ㉠ 6개월마다 종료 또는 가종료 심사·결정 : 치료감호심의위원회는 피치료감호자에 대하여 치료감호 집행을 시작한 후 매 6개월마다 치료감호의 종료 또는 가종료 여부를 심사·결정하고, ㉡ 6개월마다 가종료 또는 치료위탁자 종료 심사·결정 : 가종료 또는 치료위탁된 피치료감호자에 대하여는 가종료 또는 치료위탁 후 매 6개월마다 종료 여부를 심사·결정한다. **④ 치료의 위탁(제23조)** ㉠ 치료감호만 선고받은 피치료감호자 1년 경과 시 치료위탁 : 치료감호심의위원회는 치료감호만을 선고받은 피치료감호자에 대한 집행이 시작된 후 1년이 지났을 때에는 상당한 기간을 정하여 그의 법정대리인, 배우자, 직계친족, 형제자매(법정대리인 등)에게 치료감호시설 외에서의 치료를 위탁할 수 있다(제1항). ㉡ 형병과자 형기에 상당한 치료감호 집행받은 자 치료위탁 : 치료감호심의위원회는 치료감호와 형이 병과되어 형기에 상당하는 치료감호를 집행받은 자에 대하여는 상당한 기간을 정하여 그 법정대리인 등에게 치료감호시설 외에서의 치료를 위탁할 수 있다(제2항). ㉢ 치료위탁을 결정하는 경우 치료감호심의위원회는 법정대리인 등으로부터 치료감호시설 외에서의 입원·치료를 보증하는 내용의 서약서를 받아야 한다(제3항).
피치료감호자 및 피치료감호 청구인 등의 처우와 권리	**① 피치료감호자(치료감호를 선고받은 자)의 처우(제25조)** ㉠ 치료감호시설의 장은 피치료감호자의 건강한 생활이 보장될 수 있도록 쾌적하고 위생적인 시설을 갖추고 의류, 침구, 그 밖에 처우에 필요한 물품을 제공하여야 한다(제1항). ㉡ 피치료감호자에 대한 의료적 처우는 정신병원에 준하여 의사의 조치에 따르도록 한다(제2항). ㉢ 치료감호시설의 장은 피치료감호자의 사회복귀에 도움이 될 수 있도록 치료와 개선 정도에 따라 점진적으로 개방적이고 완화된 처우를 하여야 한다(제3항).

② **피치료감호청구인의 처우**(제25조의2)

    ㉠ **피치료감호청구인**: 검사로부터 치료감호청구를 받은 사람. 즉 검사의 청구로 법원에서 치료감호여부를 심리 중인 사람

    ㉡ **구분수용**: 피치료감호청구인은 피치료감호자와 구분하여 수용한다. 다만, 다음의 경우(1. 치료감호시설이 부족한 경우, 2. 범죄의 증거인멸을 방지하기 위하여 필요하거나 그 밖에 특별한 사정이 있는 경우)에는 피치료감호청구인을 피치료감호자와 같은 치료감호시설에 수용할 수 있다(제1항).

    ㉢ **분리수용**: ㉡의 단서에 따라 같은 치료감호시설에 수용된 피치료감호자와 피치료감호청구인은 분리하여 수용한다(제2항).

    ㉣ 치료감호시설의 장은 피치료감호청구인이 치료감호시설에 수용된 경우에는 그 특성을 고려하여 적합한 처우를 하여야 한다(제3항).

③ **격리 등 제한의 금지**(제25조의3)

    ㉠ 치료감호시설의 장은 피치료감호자 및 피치료감호청구인(피치료감호자 등)이 다음의 어느 하나에 해당하는 경우가 아니면 피치료감호자 등에 대하여 격리 또는 묶는 등의 신체적 제한을 할 수 없다. 다만, 피치료감호자 등의 신체를 묶는 등으로 직접적으로 제한하는 것은 1.의 경우에 한정한다(제1항).

격리등의 신체적 제한	신체를 묶는 등의 직접적 제한 (보호복 또는 억제대 이용)
1. 자신이나 다른 사람을 위험에 이르게 할 가능성이 뚜렷하게 높고 신체적 제한 외의 방법으로 그 위험을 회피하는 것이 뚜렷하게 곤란하다고 판단되는 경우 2. 중대한 범법행위 또는 규율위반 행위를 한 경우 3. 그 밖에 수용질서를 문란케 하는 중대한 행위를 한 경우	1. 자신이나 다른 사람을 위험에 이르게 할 가능성이 뚜렷하게 높고 신체적 제한 외의 방법으로 그 위험을 회피하는 것이 뚜렷하게 곤란하다고 판단되는 경우(시행령 제7조의3)
1. 정신건강의학과 전문의 지시 필요 2. 정신건강의학과 전문의 or 담당의사의 지시도 가능	정신건강의학과 전문의 지시 필요
15일 이내, 1회에 7일 이내 연장가능, 계속하여 30일 초과할 수 없다.	24시간 이내, 정신건강의학과 전문의 의견으로 계속 필요시 24시간 이내에서 한차례만 연장할 수 있다.

    ㉡ 치료감호시설의 장은 피치료감호자 등에 대하여 격리 또는 묶는 등의 신체적 제한을 하려는 경우 정신건강의학과 전문의의 지시에 따라야 한다. 다만, 중대한 범법행위 또는 규율위반 행위를 한 경우(제1항 제2호) 또는 그 밖에 수용질서를 문란케 하는 중대한 행위를 한 경우(제1항 제3호)에는 담당 의사의 지시에 따를 수 있다(제2항).

    ㉢ 피치료감호자 등을 격리하는 경우에는 해당 치료감호시설 안에서 하여야 한다(제3항).

④ **피치료감호자 및 피치료감호청구인 등의 권리**

    ㉠ **면회, 편지, 전화통화 보장**: 치료감호시설의 장은 수용질서 유지나 치료를 위하여 필요한 경우 외에는 피치료감호자 등의 면회, 편지의 수신·발신, 전화통화 등을 보장하여야 한다(제26조).

    ㉡ **텔레비전시청 등 자유보장**: 피치료감호자 등의 텔레비전 시청, 라디오 청취, 신문·도서의 열람은 일과시간이나 취침시간 등을 제외하고는 자유롭게 보장된다(제27조). [2020. 9급] 총 3회 기출

    ㉢ **외부의료기관 치료가능**: 치료감호시설의 장은 피치료감호자 등이 치료감호시설에서 치료하기 곤란한 질병에 걸렸을 때에는 외부의료기관에서 치료를 받게 할 수 있다(제28조 제1항).

피치료감호자 및 피치료감호 청구인 등의 처우와 권리	㉣ **자비치료 허가가능**: 치료감호시설의 장은 피치료감호자 등이 치료감호시설에서 치료하기 곤란한 질병에 걸렸을 경우 본인이나 보호자 등이 직접 비용을 부담하여 치료받기를 원하면 이를 허가할 수 있다(제28조 제2항). ㉤ **근로보상금 필요적 지급**: 근로에 종사하는 피치료감호자에게는 근로의욕을 북돋우고 석방 후 사회정착에 도움이 될 수 있도록 법무부장관이 정하는 바에 따라 근로보상금을 지급하여야 한다(제29조). [2016. 5급 승진] [2019. 9급] ㉥ **법무부장관에 청원권**: 피치료감호자 등이나 법정대리인 등은 법무부장관에게 피치료감호자 등의 처우개선에 관한 청원을 할 수 있다(제30조 제1항). ㉦ **연 2회이상 점검**: 법무부장관은 연 2회 이상 치료감호시설의 운영실태 및 피치료감호자 등에 대한 처우상태를 점검하여야 한다(제31조).
피치료감호자의 보호관찰	① **보호관찰**(제32조) [2024. 7급 보호] ㉠ 피치료감호자가 다음[1. 피치료감호자에 대한 치료감호가 가종료되었을 때, 2. 피치료감호자가 치료감호시설 외에서 치료받도록 법정대리인등에게 위탁되었을 때, 3. 치료감호기간(치료감호시설 수용기간 또는 살인범죄 피치료감호자의 연장된 수용 기간)이 만료되는 피치료감호자에 대하여 치료감호심의위원회가 심사하여 보호관찰이 필요하다고 결정한 경우에는 치료감호기간이 만료되었을 때]에 해당하게 되면「보호관찰 등에 관한 법률」에 따른 보호관찰이 시작된다(제1항). ㉡ 보호관찰의 기간은 3년으로 한다(제2항). [2021. 9급] 총 6회 기출 ㉢ 보호관찰을 받기 시작한 자(피보호관찰자)가 다음(1. 보호관찰기간이 끝났을 때, 2. 보호관찰기간이 끝나기 전이라도 치료감호심의위원회의 치료감호의 종료결정이 있을 때, 3. 보호관찰기간이 끝나기 전이라도 피보호관찰자가 다시 치료감호 집행을 받게 되어 재수용되었을 때)에 해당하게 되면 보호관찰이 종료된다(제3항). ㉣ 피보호관찰자가 보호관찰기간 중 새로운 범죄로 금고 이상의 형의 집행을 받게 된 때에는 보호관찰은 종료되지 아니하며, 해당 형의 집행기간 동안 피보호관찰자에 대한 보호관찰기간은 계속 진행된다(제4항). ㉤ 피보호관찰자에 대하여 ㉣에 따른 금고 이상의 형의 집행이 종료·면제되는 때 또는 피보호관찰자가 가석방되는 때에 보호관찰기간이 아직 남아있으면 그 잔여기간 동안 보호관찰을 집행한다(제5항). ② **피보호관찰자의 준수사항**(제33조) ㉠ 피보호관찰자는「보호관찰 등에 관한 법률」에 따른 일반준수사항[1. 주거지에 상주(常住)하고 생업에 종사할 것, 2. 범죄로 이어지기 쉬운 나쁜 습관을 버리고 선행(善行)을 하며 범죄를 저지를 염려가 있는 사람들과 교제하거나 어울리지 말 것, 3. 보호관찰관의 지도·감독에 따르고 방문하면 응대할 것, 4. 주거를 이전(移轉)하거나 1개월 이상 국내외 여행을 할 때에는 미리 보호관찰관에게 신고할 것(제32조 제2항)]을 성실히 이행하여야 한다(제1항). ㉡ **준수사항 변경**: 치료감호심의위원회는 피보호관찰자가 일반준수사항 또는 특별준수사항을 위반하거나 상당한 사정변경이 있는 경우에는 직권 또는 보호관찰소의 장의 신청에 따라 준수사항 전부 또는 일부의 추가·변경 또는 삭제에 관하여 심사하고 결정할 수 있다(제3항). ㉢ **준수사항 서면고지**: 준수사항은 서면으로 고지하여야 한다(제4항).

피치료감호자의 보호관찰	③ **유치 및 유치기간**(제33조의2) 　㉠ **구인**: 보호관찰소의 장은 준수사항을 위반한 피보호관찰자를 구인할 수 있다(제1항). 　㉡ **유치 사유**: 보호관찰소의 장은 다음 각 호(1. 가종료의 취소 신청, 2. 치료 위탁의 취소 신청)를 검사에게 요청할 필요가 있다고 인정하는 경우에는 구인한 피보호관찰자를 교도소, 구치소 또는 치료감호시설에 유치할 수 있다(제2항). 　㉢ **48시간 이내 유치허가 청구**: 보호관찰소의 장은 피보호관찰자를 유치하려는 경우에는 검사에게 신청하여 검사의 청구로 관할 지방법원 판사의 허가를 받아야 한다. 이 경우 검사는 피보호관찰자가 구인된 때부터 48시간 이내에 유치허가를 청구하여야 한다(제3항). 　㉣ **24시간 이내 가종료 등 취소신청**: 보호관찰소의 장은 유치허가를 받은 때부터 24시간 이내에 검사에게 가종료 등의 취소 신청을 요청하여야 한다(제4항). 　㉤ **48시간 이내 검사의 취소신청**: 검사는 보호관찰소의 장으로부터 가종료 등의 취소 신청을 받았을 경우에 그 이유가 타당하다고 인정되면 48시간 이내에 치료감호심의위원회에 가종료 등의 취소를 신청하여야 한다(제5항). 　㉥ **유치기간 30일**: 보호관찰소의 장이 피보호관찰자를 유치할 수 있는 기간은 구인한 날부터 30일로 한다. 　㉦ **20일 범위 유치기간 연장**: 다만, 보호관찰소의 장은 검사의 치료감호심의위원회에 가종료 등의 취소를 신청이 있는 경우에 치료감호심의위원회의 심사에 필요하면 검사에게 신청하여 검사의 청구로 관할 지방법원 판사의 허가를 받아 20일의 범위에서 한 차례만 유치기간을 연장할 수 있다(제6항). 　㉧ **기각시 즉시석방**: 보호관찰소의 장은 다음의 경우(1. 치료감호심의위원회가 검사의 가종료 등의 취소 신청을 기각한 경우, 2. 검사가 보호관찰소의 장의 가종료 등의 취소 신청에 대한 요청을 기각한 경우)에는 유치를 해제하고 피보호관찰자를 즉시 석방하여야 한다(제7항). 　㉨ **유치기간 감호기간 산입**: 유치된 피보호관찰자에 대하여 가종료 등이 취소된 경우에는 그 유치기간을 치료감호기간에 산입한다(제8항). ④ **피보호관찰자 등의 신고 의무**(제34조) 　㉠ **치료감호 시설장에 미리 신고**: 피보호관찰자나 법정대리인 등은 대통령령으로 정하는 바에 따라 출소 후의 거주 예정지나 그 밖에 필요한 사항을 미리 치료감호시설의 장에게 신고하여야 한다(제1항). 　㉡ **10일 이내 서면신고**: 피보호관찰자나 법정대리인 등은 출소 후 10일 이내에 주거, 직업, 치료를 받는 병원, 피보호관찰자가 등록한 정신건강복지센터, 그 밖에 필요한 사항을 보호관찰관에게 서면으로 신고하여야 한다(제2항). ⑤ **치료감호의 종료**(제35조) 　㉠ **가종료 또는 치료위탁 보호관찰 종료 시**: 피치료감호자에 대한 치료감호가 가종료되었을 때(제32조 제1항 제1호) 또는 피치료감호자가 치료감호시설 외에서 치료받도록 법정대리인등에게 위탁되었을 때(제32조 제1항 제2호)에는 보호관찰기간이 끝나면 피보호관찰자에 대한 치료감호가 끝난다(제1항). [2021. 9급] 　㉡ **보호관찰 기간 전 치료감호심의위원회의 결정**: 치료감호심의위원회는 피보호관찰자의 관찰성적 및 치료경과가 양호하면 보호관찰기간이 끝나기 전에 보호관찰의 종료를 결정할 수 있다(제2항).
시효와 실효 등	① **치료감호 청구의 시효**(제45조) [2011. 9급] 총 2회 기출 　㉠ 치료감호 청구의 시효는 치료감호가 청구된 사건과 동시에 심리하거나 심리할 수 있었던 죄에 대한 공소시효기간이 지나면 완성된다(제1항). 　㉡ 치료감호가 청구된 사건은 판결의 확정 없이 치료감호가 청구되었을 때부터 15년이 지나면 청구의 시효가 완성된 것으로 본다(제2항).

시효와 실효 등	② 치료감호의 시효(제46조) 피치료감호자는 그 판결이 확정된 후 집행을 받지 아니하고 다음의 구분에 따른 기간이 지나면 시효가 완성되어 집행이 면제된다(제1항).	
	1. 「형법」 제10조 제1항(심신상실자)에 따라 벌하지 아니하거나 제2항(심신미약자)에 따라 형을 감경할 수 있는 심신장애인으로서 금고 이상의 형에 해당하는 죄를 지은 자 2. 소아성기호증, 성적가학증 등 성적 성벽이 있는 정신성적 장애인으로서 금고 이상의 형 에 해당하는 성폭력범죄를 지은 자	10년
	마약·향정신성의약품·대마, 그 밖에 남용되거나 해독을 끼칠 우려가 있는 물질이나 알코 올을 식음·섭취·흡입·흡연 또는 주입받는 습벽이 있거나 그에 중독된 자로서 금고 이상 의 형에 해당하는 죄를 지은 자	7년

	③ 치료감호의 실효(제48조)
	  ㉠ 7년 경과시 신청: 치료감호의 집행을 종료하거나 집행이 면제된 자가 피해자의 피해를
	    보상하고 자격정지 이상의 형이나 치료감호를 선고받지 아니하고 7년이 지났을 때에는
	    본인이나 검사의 신청에 의하여 그 재판의 실효를 선고할 수 있다(제1항).(재판상 실효)
	  ㉡ 10년 경과시 실효: 치료감호의 집행을 종료하거나 집행이 면제된 자가 자격정지 이상
	    의 형이나 치료감호를 선고받지 아니하고 10년이 지났을 때에는 그 재판이 실효된 것
	    으로 본다(제2항).(당연실효)	

	④ 기간의 계산(제49조)
	  ㉠ 치료감호의 기간은 치료감호를 집행한 날부터 기산한다. 이 경우 치료감호 집행을 시
	    작한 첫날은 시간으로 계산하지 아니하고 1일로 산정한다(제1항).
	  ㉡ 치료감호의 집행을 위반한 기간은 그 치료감호의 집행기간에 포함하지 아니한다(제2항).	

치료명령사건	① 선고유예·집행유예시 치료명령(제44조의2)
	  ㉠ 선고 또는 집행유예시: 법원은 치료명령대상자에 대하여 형의 선고 또는 집행을 유예
	    하는 경우에는 치료기간을 정하여 치료를 받을 것을 명할 수 있다(제1항).
	  ㉡ 보호관찰 병과: 치료를 명하는 경우 보호관찰을 병과하여야 한다(제2항).
	  ㉢ 보호관찰기간은 선고유예의 경우에는 1년, 집행유예의 경우에는 그 유예기간으로 한
	    다. 다만, 법원은 집행유예 기간의 범위에서 보호관찰기간을 정할 수 있다(제3항).
	  ㉣ 치료기간은 ㉢에 따른 보호관찰기간을 초과할 수 없다(제4항).	

	② 치료명령의 집행(제44조의6) 치료명령은 검사의 지휘를 받아 보호관찰관이 집행한다(제1항).	

	③ 선고유예의 실효·집행유예의 취소(제44조의8)
	  ㉠ 선고유예의 실효: 법원은 치료를 명한 선고유예를 받은 사람이 정당한 사유 없이 치료
	    기간 중에 준수사항을 위반하고 그 정도가 무거운 때에는 유예한 형을 선고할 수 있다
	    (제1항).
	  ㉡ 집행유예의 취소: 법원은 치료를 명한 집행유예를 받은 사람이 정당한 사유 없이 치료
	    기간 중에 준수사항을 위반하고 그 정도가 무거운 때에는 집행유예의 선고를 취소할
	    수 있다(제2항).
	  ㉢ 치료명령대상자에 대한 경고·구인·긴급구인·유치·선고유예의 실효 및 집행유예
	    의 취소 등에 대하여는 「보호관찰 등에 관한 법률」을 준용한다(제3항).	

	④ 비용부담(제44조의9) 자비부담: 치료명령을 받은 사람은 치료기간 동안 치료비용을 부담하여야 한다. 다만, 치 료비용을 부담할 경제력이 없는 사람의 경우에는 국가가 비용을 부담할 수 있다(제1항).	

| 제3절 | **전자장치 부착 등에 관한 법률**(약칭 : 전자장치부착법) |

| 총칙 | ① 목적과 정의
　㉠ 목적: 수사·재판·집행 등 형사사법 절차에서 전자장치를 효율적으로 활용하여 불구속재판을 확대하고, 범죄인의 사회복귀를 촉진하며, 범죄로부터 국민을 보호함을 목적으로 한다(제1조).
　㉡ "특정범죄"란 성폭력범죄, 미성년자 대상 유괴범죄, 살인범죄, 강도범죄 및 스토킹범죄를 말한다.(제2조 제1호.) [2020. 7급] 총 4회 기출
② 국가의 책무와 적용범위
　㉠ 국가의 책무: 국가는 「전자장치 부착 등에 관한 법률」의 집행과정에서 국민의 인권이 부당하게 침해되지 아니하도록 주의하여야 한다(제3조).
　㉡ 적용범위: 만 19세 미만의 자에 대하여 부착명령을 선고한 때에는 19세에 이르기까지 「전자장치 부착 등에 관한 법률」에 따른 전자장치를 부착할 수 없다(제4조). [2020. 7급] 총 5회 기출 |

| 형 집행 종료 후의 전자장치 부착 | ① 검사의 전자장치 청구 대상(제5조)
　㉠ 성폭력범죄자(제1항)(임의적 청구)
　　다음의 어느 하나에 해당하고, 성폭력범죄를 다시 범할 위험성이 있다고 인정되는 사람에 대하여 전자장치를 부착하도록 하는 명령(부착명령)을 법원에 청구할 수 있다. [2024. 9급 보호] 총 6회 기출 |

[폭력성범죄자 전자장치부착명령 청구사유](1,2,3은 재범, 4,5는 초범)
1. 성폭력범죄로 징역형의 실형을 선고받은 사람이 그 집행을 종료한 후 또는 집행이 면제된 후 10년 이내에 성폭력범죄를 저지른 때
2. 성폭력범죄로 이 법에 따른 전자장치를 부착받은 전력이 있는 사람이 다시 성폭력범죄를 저지른 때
3. 성폭력범죄를 2회 이상 범하여(유죄의 확정판결을 받은 경우를 포함한다) 그 습벽이 인정된 때
4. 19세 미만의 사람에 대하여 성폭력범죄를 저지른 때
5. 신체적 또는 정신적 장애가 있는 사람에 대하여 성폭력범죄를 저지른 때

　㉡ 미성년자 대상 유괴범죄자(제2항) [2024. 9급 보호] 총 4회 기출

임의적 청구(초범+재범 위험성)	필요적 청구(재범)
미성년자 대상 유괴범죄를 저지른 사람으로서 미성년자 대상 유괴범죄를 다시 범할 위험성이 있다고 인정되는 사람에 대하여 부착명령을 법원에 청구할 수 있다.	유괴범죄로 징역형의 실형 이상의 형을 선고받아 그 집행이 종료 또는 면제된 후 다시 유괴범죄를 저지른 경우에는 부착명령을 청구하여야 한다.

　㉢ 살인범죄자(제3항) [2023. 교정 7급]

임의적 청구(초범+재범 위험성)	필요적 청구(재범)
살인범죄를 저지른 사람으로서 살인범죄를 다시 범할 위험성이 있다고 인정되는 사람에 대하여 부착명령을 법원에 청구할 수 있다.	살인범죄로 징역형의 실형 이상의 형을 선고받아 그 집행이 종료 또는 면제된 후 다시 살인범죄를 저지른 경우에는 부착명령을 청구하여야 한다.

	㉣ 강도범죄자(제4항)(임의적 청구) [2024. 9급 보호] 총 3회 기출

다음의 어느 하나에 해당하고 강도범죄를 다시 범할 위험성이 있다고 인정되는 사람에 대하여 부착명령을 법원에 청구할 수 있다.

> **[강도범죄자 전자장치부착명령 청구사유](재범)**
> 1. 강도범죄로 징역형의 실형을 선고받은 사람이 그 집행을 종료한 후 또는 집행이 면제된 후 10년 이내에 다시 강도범죄를 저지른 때
> 2. 강도범죄로 이 법에 따른 전자장치를 부착하였던 전력이 있는 사람이 다시 강도범죄를 저지른 때
> 3. 강도범죄를 2회 이상 범하여(유죄의 확정판결을 받은 경우를 포함한다) 그 습벽이 인정된 때

㉤ 스토킹범죄자(제5항)(임의적 청구) [2024. 9급 보호]

다음 어느 하나에 해당하고 스토킹범죄를 다시 범할 위험성이 있다고 인정되는 사람에 대하여 부착명령을 법원에 청구할 수 있다.

> **[스토킹범죄자 전자장치부착명령 청구사유](재범)**
> 1. 스토킹범죄로 징역형의 실형을 선고받은 사람이 그 집행을 종료한 후 또는 집행이 면제된 후 10년 이내에 다시 스토킹범죄를 저지른 때
> 2. 스토킹범죄로 이 법에 따른 전자장치를 부착하였던 전력이 있는 사람이 다시 스토킹범죄를 저지른 때
> 3. 스토킹범죄를 2회 이상 범하여(유죄의 확정판결을 받은 경우를 포함한다) 그 습벽이 인정된 때 [2024. 9급 보호]

형 집행 종료 후의 전자장치 부착

② 부착명령의 청구시기(제5조 제5항) [2020. 7급] 총 4회 기출

청구시기(항소심 변론종결 시까지): 부착명령의 청구는 공소가 제기된 특정범죄사건의 항소심 변론종결 시까지 하여야 한다(제5항).

③ 청구를 위한 검사의 조사요청(제6조) [2020. 7급] 총 2회 기출
　㉠ 보호관찰소의 장에게 조사요청: 검사는 부착명령을 청구하기 위하여 필요하다고 인정하는 때에는 피의자의 주거지 또는 소속 검찰청(지청을 포함) 소재지를 관할하는 보호관찰소(지소를 포함)의 장에게 범죄의 동기, 피해자와의 관계, 심리상태, 재범의 위험성 등 피의자에 관하여 필요한 사항의 조사를 요청할 수 있다.
　㉡ 요청을 받은 보호관찰소의 장은 조사할 보호관찰관을 지명하여야 한다.
　㉢ 조사보고서 제출: 지명된 보호관찰관은 지체 없이 필요한 사항을 조사한 후 검사에게 조사보고서를 제출하여야 한다.
　㉣ 검사는 ㉠의 요청을 받은 보호관찰소의 장에게 조사진행상황의 보고를 요구할 수 있다.
　㉤ 전문가의 진단결과 참고: 검사는 부착명령을 청구함에 있어서 필요한 경우에는 피의자에 대한 정신감정이나 그 밖에 전문가의 진단 등의 결과를 참고하여야 한다(제6조 제5항).
　㉥ 법원의 청구 요구: 법원은 공소가 제기된 특정범죄사건을 심리한 결과 부착명령을 선고할 필요가 있다고 인정하는 때에는 검사에게 부착명령의 청구를 요구할 수 있다(제6항). [2014. 7급]
　㉦ 청구시효 15년: 특정범죄사건에 대하여 판결의 확정 없이 공소가 제기된 때부터 15년이 경과한 경우에는 부착명령을 청구할 수 없다(제7항).

④ **부착명령의 판결**(제9조)
  ㉠ **부착기간을 정하여 판결** : 법원은 부착명령 청구가 이유 있다고 인정하는 때에는 다음에 따른 기간의 범위 내에서 부착기간을 정하여 판결로 부착명령을 선고하여야 한다.
  ㉡ **부착기간 하한의 2배** : 다만, 19세 미만의 사람에 대하여 특정범죄를 저지른 경우에는 부착기간 하한을 다음에 따른 부착기간 하한의 2배로 한다(제1항). [2023. 7급] 총 2회 기출

법정형의 상한이 사형 또는 무기징역인 특정범죄	10년 (20년)이상 30년 이하
법정형 중 징역형의 하한이 3년 이상의 유기징역인 특정범죄(제1호에 해당하는 특정범죄는 제외한다)	3년 (6년)이상 20년 이하
법정형 중 징역형의 하한이 3년 미만의 유기징역인 특정범죄(제1호 또는 제2호에 해당하는 특정범죄는 제외한다)	1년(2년) 이상 10년 이하

⑤ **부착기간의 가중과 집행**(제9조 제2항, 제3항)
  ㉠ **부착기간의 가중** : 여러 개의 특정범죄에 대하여 동시에 부착명령을 선고할 때에는 법정형이 가장 중한 죄의 부착기간 상한의 2분의 1까지 가중하되, 각 죄의 부착기간의 상한을 합산한 기간을 초과할 수 없다.
  ㉡ 다만, 하나의 행위가 여러 특정범죄에 해당하는 경우에는 가장 중한 죄의 부착기간을 부착기간으로 한다(제2항).
  ㉢ **보호관찰 집행** : 부착명령을 선고받은 사람은 부착기간 동안 「보호관찰 등에 관한 법률」에 따른 보호관찰을 받는다(제3항).

⑥ **부착명령청구 기각 사유**(제4항) [2024. 7급 보호]

  1. 부착명령 청구가 이유 없다고 인정하는 때
  2. 특정범죄사건에 대하여 무죄(심신상실을 이유로 치료감호가 선고된 경우는 제외)·면소·공소기각의 판결 또는 결정을 선고하는 때
  3. 특정범죄사건에 대하여 벌금형을 선고하는 때
  4. 특정범죄사건에 대하여 선고유예 또는 집행유예를 선고하는 때(특정범죄를 범한 자에 대하여 형의 집행을 유예하면서 보호관찰을 받을 것을 명할 때에는 보호관찰기간의 범위 내에서 기간을 정하여 준수사항의 이행여부 확인 등을 위하여 전자장치를 부착할 것을 명할 때를 제외한다)

⑦ **사건판결과 동시 선고 등**(제9조)
  ㉠ 부착명령 청구사건의 판결은 특정범죄사건의 판결과 동시에 선고하여야 한다(제5항).
  ㉡ 부착명령의 선고는 특정범죄사건의 양형에 유리하게 참작되어서는 아니 된다(제7항).

⑧ **부착명령자 준수사항**(제9조의2)
  ㉠ 법원은 부착명령을 선고하는 경우 부착기간의 범위에서 준수기간을 정하여 다음[1. 야간, 아동·청소년의 통학시간 등 특정 시간대의 외출제한(19세 미만에 대한 성폭력범죄자-필요적), 2. 어린이 보호구역 등 특정지역·장소에의 출입금지 및 접근금지, 2의2. 주거지역의 제한, 3. 피해자 등 특정인에의 접근금지(19세 미만에 대한 성폭력범죄자 필요적), 4. 특정범죄 치료 프로그램의 이수(500시간의 범위 내), 5. 마약 등 중독성 있는 물질의 사용금지, 6. 그 밖에 부착명령을 선고받는 사람의 재범방지와 성행교정을 위하여 필요한 사항]의 준수사항 중 하나 이상을 부과할 수 있다. 다만, 특정범죄 치료 프로그램의 이수에 대한 준수사항은 500시간의 범위에서 그 기간을 정하여야 한다(제1항).

형 집행 종료 후의 전자장치 부착

	ⓛ 제1항에도 불구하고 법원은 성폭력범죄를 저지른 사람(19세 미만의 사람을 대상으로 성폭력범죄를 저지른 사람으로 한정) 또는 스토킹범죄를 저지른 사람에 대해서 제9조 제1항에 따라 부착명령을 선고하는 경우에는 다음[1. 19세 미만의 사람을 대상으로 성폭력범죄를 저지른 사람 : 제1항 제1호(야간, 아동·청소년의 통학시간 등 특정 시간대의 외출제한) 및 제3호(피해자 등 특정인에의 접근금지) 준수사항을 포함할 것. 다만, 제1항 제1호의 준수사항을 부과하여서는 아니 될 특별한 사정이 있다고 판단되는 경우에는 해당 준수사항을 포함하지 아니할 수 있다., 2. 스토킹범죄를 저지른 사람 : 제1항제3호(피해자 등 특정인에의 접근금지)의 준수사항을 포함할 것]의 구분에 따라 제1항의 준수사항을 부과하여야 한다(제2항). [2021. 9급] [2024. 7급 보호]
형 집행 종료 후의 전자장치 부착	⑨ 부착명령 관계기관 송부 및 통보(제10조) 　㉠ 3일 이내 보호관찰소장 송부 : 법원은 부착명령을 선고한 때에는 그 판결이 확정된 날부터 3일 이내에 부착명령을 선고받은 자(피부착명령자)의 주거지를 관할하는 보호관찰소의 장에게 판결문의 등본을 송부하여야 한다(제1항). 　㉡ 석방전 5일 전 보호관찰소장 통보 : 교도소, 소년교도소, 구치소, 치료감호소 및 군교도소의 장(교도소장 등)은 피부착명령자가 석방되기 5일 전까지 피부착명령자의 주거지를 관할하는 보호관찰소의 장에게 그 사실을 통보하여야 한다(제2항).
	⑩ 부착명령의 집행지휘(제12조) 　㉠ 부착명령은 검사의 지휘를 받아 보호관찰관이 집행한다(제1항). 　㉡ 집행지휘는 판결문 등본을 첨부한 서면으로 한다.
	⑪ 부착명령의 집행(제13조) 　㉠ 형의 종료 등, 치료감호 종료 등 석방 직전 : 부착명령은 특정범죄사건에 대한 형의 집행이 종료되거나 면제·가석방되는 날 또는 치료감호의 집행이 종료·가종료되는 날 석방 직전에 피부착명령자의 신체에 전자장치를 부착함으로써 집행한다. 다만, 다음의 경우에는 각 호의 구분에 따라 집행한다(제1항). 　㉡ 다른 형이나 치료감호 계속될 경우 그 사유종료되는 날 : 종료 등 : 부착명령의 원인이 된 특정범죄사건이 아닌 다른 범죄사건으로 형이나 치료감호의 집행이 계속될 경우에는 부착명령의 원인이 된 특정범죄사건이 아닌 다른 범죄사건에 대한 형의 집행이 종료되거나 면제·가석방 되는 날 또는 치료감호의 집행이 종료·가종료 되는 날부터 집행한다. 　㉢ 석방상태이고 이미 집행종료인 경우 판결확정일 : 피부착명령자가 부착명령 판결 확정 시 석방된 상태이고 미결구금일수 산입 등의 사유로 이미 형의 집행이 종료된 경우에는 부착명령 판결 확정일부터 부착명령을 집행한다. 　　ⓐ 소환과 구인에 의한 집행 : 보호관찰소의 장은 피부착명령자를 소환할 수 있으며, 피부착명령자가 소환에 따르지 아니하는 때에는 관할 지방검찰청의 검사에게 신청하여 부착명령 집행장을 발부받아 구인할 수 있다(제2항). 　　ⓑ 집행 후 즉시 석방 : 보호관찰소의 장은 피부착명령자를 구인한 경우에는 부착명령의 집행을 마친 즉시 석방하여야 한다(제3항). 　㉣ 신체의 완전성 유지 : 부착명령의 집행은 신체의 완전성을 해하지 아니하는 범위 내에서 이루어져야 한다(제4항). 　㉤ 확정된 순서 : 부착명령이 여러 개인 경우 확정된 순서에 따라 집행한다(제5항).

⑫ **부착명령 집행의 정지 등** [2020. 7급] 총 2회 기출, [2024. 7급 보호]

다음의 어느 하나에 해당하는 때에는 부착명령의 집행이 정지된다(제6항).

부착명령 집행의 정지사유(제6항)	집행이 정지된 부착명령의 잔여기간 집행(제8항)
부착명령의 집행 중 다른 죄를 범하여 구속영장의 집행을 받아 구금된 때	그 구금이 해제되거나 금고 이상의 형의 집행을 받지 아니하게 확정된 때부터 그 잔여기간을 집행한다.
부착명령의 집행 중 다른 죄를 범하여 금고 이상의 형의 집행을 받게 된 때	그 형의 집행이 종료되거나 면제된 후 또는 가석방된 때부터 그 잔여기간을 집행한다.
가석방 또는 가종료된 자에 대하여 전자장치 부착기간 동안 가석방 또는 가종료가 취소되거나 실효된 때	그 형이나 치료감호의 집행이 종료되거나 면제된 후 그 잔여기간을 집행한다.

⑬ **피부착자의 의무**(제14조)

㉠ 전자장치가 부착된 자(피부착자)는 전자장치의 부착기간 중 전자장치를 신체에서 임의로 분리·손상, 전파 방해 또는 수신자료의 변조, 그 밖의 방법으로 그 효용을 해하여서는 아니 된다(제1항).

㉡ 10일 이내 출석, 서면신고 : 피부착자는 특정범죄사건에 대한 형의 집행이 종료되거나 면제·가석방되는 날부터 10일 이내에 주거지를 관할하는 보호관찰소에 출석하여 대통령령으로 정하는 신상정보 등을 서면으로 신고하여야 한다(제2항).

㉢ 주거이전, 7일 이상 국내여행, 출국시 허가 : 피부착자는 주거를 이전하거나 7일 이상의 국내여행을 하거나 출국할 때에는 미리 보호관찰관의 허가를 받아야 한다(제3항). [2023. 7급] 총 5회 기출

형 집행 종료 후의 전자장치 부착

⑭ **부착기간의 연장**(제14조의2)

㉠ 1년 범위에서 법원의 연장결정 : 피부착자가 다음 어느 하나(1. 정당한 사유 없이 「보호관찰 등에 관한 법률」 제32조에 따른 준수사항을 위반한 경우 2. 정당한 사유 없이 제14조 제2항을 위반하여 신고하지 아니한 경우 3. 정당한 사유 없이 제14조 제3항을 위반하여 허가를 받지 아니하고 주거 이전·국내여행 또는 출국을 하거나, 거짓으로 허가를 받은 경우 4. 정당한 사유 없이 제14조 제3항에 따른 출국허가 기간까지 입국하지 아니한 경우)에는 법원은 보호관찰소의 장의 신청에 따른 검사의 청구로 1년의 범위에서 부착기간을 연장하거나 준수사항을 추가 또는 변경하는 결정을 할 수 있다(제1항).

㉡ 법원의 준수사항 추가, 변경, 삭제결정 : ㉠에 규정된 사항 외의 사정변경이 있는 경우에도 법원은 상당한 이유가 있다고 인정되면 보호관찰소의 장의 신청에 따른 검사의 청구로 준수사항을 추가, 변경 또는 삭제하는 결정을 할 수 있다(제2항).

⑮ **수사기관과 보호관찰소장의 피부착자 신상정보 제공**(제16조의2)

㉠ 보호관찰소의 장과 수사기관의 자료제공(임의적)

ⓐ 보호관찰소의 장은 범죄예방 및 수사에 필요하다고 판단하는 경우 피부착자가 신고한 신상정보 및 피부착자에 대한 지도·감독 중 알게 된 사실 등의 자료를 피부착자의 주거지를 관할하는 경찰관서의 장 등 수사기관에 제공할 수 있다(제1항).

ⓑ 수사기관은 범죄예방 및 수사활동 중 인지한 사실이 피부착자 지도·감독에 활용할 만한 자료라고 판단할 경우 이를 보호관찰소의 장에게 제공할 수 있다(제2항).

㉡ 보호관찰소의 장과 수사기관의 통보의무(필요적)

ⓐ 보호관찰소의 장은 피부착자가 범죄를 저질렀거나 저질렀다고 의심할만한 상당한 이유가 있을 때에는 이를 수사기관에 통보하여야 한다(제3항).

ⓑ 수사기관은 체포 또는 구속한 사람이 피부착자임을 알게 된 경우에는 피부착자의 주거지를 관할하는 보호관찰소의 장에게 그 사실을 통보하여야 한다(제4항). [2016. 7급] [2016. 5급 승진]

형 집행 종료 후의 전자장치 부착	⑯ 부착명령의 임시해제 신청(제17조) [2019. 9급] ㉠ 임시해제 신청: 보호관찰소의 장 또는 피부착자 및 그 법정대리인은 해당 보호관찰소를 관할하는 심사위원회에 부착명령의 임시해제를 신청할 수 있다(제1항). ㉡ 부착명령 개시 후 3개월 경과: 부착명령의 임시해제 신청은 부착명령의 집행이 개시된 날부터 3개월이 경과한 후에 하여야 한다. 신청이 기각된 경우에는 기각된 날부터 3개월이 경과한 후에 다시 신청할 수 있다(제2항). ⑰ 부착명령 임시해제의 취소(제19조) ㉠ 임시해제 취소신청: 보호관찰소의 장은 부착명령이 임시해제된 자가 특정범죄를 저지르거나 주거이전 상황 등의 보고에 불응하는 등 재범의 위험성이 있다고 판단되는 때에는 보호관찰심사위원회에 임시해제의 취소를 신청할 수 있다. 이 경우 심사위원회는 임시해제된 자의 재범의 위험성이 현저하다고 인정될 때에는 임시해제를 취소하여야 한다(제1항). ㉡ 임시해제기간 부착기간 불산입: 임시해제가 취소된 자는 잔여 부착명령기간 동안 전자장치를 부착하여야 하고, 부착명령할 때 개시된 보호관찰을 받아야 하며, 부과된 준수사항(준수기간이 종료되지 않은 경우에 한정한다)을 준수하여야 한다. 이 경우 임시해제기간은 부착명령기간에 산입하지 아니한다(제2항). ⑱ 부착명령 집행의 종료 부착명령은 다음의 경우(1. 부착명령기간이 경과한 때, 2. 부착명령과 함께 선고한 형이 사면되어 그 선고의 효력을 상실하게 된 때, 3. 부착명령이 임시해제된 자가 그 임시해제가 취소됨이 없이 잔여 부착명령기간을 경과한 때)에 해당하는 때 그 집행이 종료된다(제20조).
형 집행 종료 후의 보호관찰	① 보호관찰명령의 청구와 판결 ㉠ 검사는 다음 각 호(1. 성폭력범죄를 저지른 사람으로서 성폭력범죄를 다시 범할 위험성이 있다고 인정되는 사람, 2. 미성년자 대상 유괴범죄를 저지른 사람으로서 미성년자 대상 유괴범죄를 다시 범할 위험성이 있다고 인정되는 사람, 3. 살인범죄를 저지른 사람으로서 살인범죄를 다시 범할 위험성이 있다고 인정되는 사람, 4. 강도범죄를 저지른 사람으로서 강도범죄를 다시 범할 위험성이 있다고 인정되는 사람, 5. 스토킹범죄를 저지른 사람으로서 스토킹범죄를 다시 범할 위험성이 있다고 인정되는 사람)에 대하여 형의 집행이 종료된 때부터 「보호관찰 등에 관한 법률」에 따른 보호관찰을 받도록 하는 명령(보호관찰명령)을 법원에 청구할 수 있다(제21조의2). ㉡ 2년 이상 5년 이하의 보호관찰명령: 법원은 ㉠의 어느 하나에 해당하는 사람이 금고 이상의 선고형에 해당하고 보호관찰명령의 청구가 이유 있다고 인정하는 때에는 2년 이상 5년 이하의 범위에서 기간을 정하여 보호관찰명령을 선고하여야 한다(제21조의3 제1항). ㉢ 직권에 의한 보호관찰명령 선고: 법원은 ㉡에도 불구하고 부착명령 청구가 이유 없다고 인정하여(제9조 제4항 제1호) 부착명령 청구를 기각하는 경우로서 ㉠의 어느 하나에 해당하여 보호관찰명령을 선고할 필요가 있다고 인정하는 때에는 직권으로 2년 이상 5년 이하의 범위에서 기간을 정하여 보호관찰명령을 선고할 수 있다(제2항). ② 준수사항(제21조의4) ㉠ 법원은 보호관찰명령을 선고하는 경우 준수사항(제9조의2 제1항) 중 하나 이상을 부과할 수 있다. 다만, 특정범죄 치료 프로그램의 이수에 대한 준수사항은 300시간의 범위에서 그 기간을 정하여야 한다(제1항). ㉡ 성폭력범죄를 저지른 사람(19세 미만의 사람을 대상으로 성폭력범죄를 저지른 사람으로 한정한다) 또는 스토킹범죄를 저지른 사람 대해서는 보호관찰명령을 선고하는 경우 특정인에의 접근금지(제9조의2 제1항 제3호)를 포함하여 준수사항을 부과하여야 한다.(제2항). ③ 보호관찰명령의 집행(제21조의5) 형집행 종료된 날 등: 보호관찰명령은 특정범죄사건에 대한 형의 집행이 종료되거나 면제·가석방되는 날 또는 치료감호 집행이 종료·가종료되는 날부터 집행한다.

형 집행 종료 후의 보호관찰	④ 보호관찰대상자의 의무(제21조의6) 　㉠ 10일 이내 출석, 서면신고 : 보호관찰대상자는 특정범죄사건에 대한 형의 집행이 종료 　　되거나 면제·가석방되는 날부터 10일 이내에 주거지를 관할하는 보호관찰소에 출석 　　하여 서면으로 신고하여야 한다(제1항). 　㉡ 주거이전, 7일이상 국내여행, 출국시 허가 : 보호관찰대상자는 주거를 이전하거나 7일 이 　　상의 국내여행을 하거나 출국할 때에는 미리 보호관찰관의 허가를 받아야 한다(제2항). ⑤ 보호관찰 기간의 연장 및 준수사항의 추가·변경·삭제(제21조의7) 　㉠ 보호관찰대상자가 정당한 사유 없이 준수사항을 위반하거나 의무를 위반한 때에는 법 　　원은 보호관찰소의 장의 신청에 따른 검사의 청구로 (1. 1년의 범위에서 보호관찰 기간 　　의 연장, 2. 제21조의4에 따른 준수사항의 추가 또는 변경)의 결정을 할 수 있다(제1항). 　㉡ ㉠의 처분은 병과할 수 있다(제2항). 　㉢ ㉠에 규정된 사항 외의 사정변경이 있는 경우에도 법원은 상당한 이유가 있다고 인정 　　하면 보호관찰소의 장의 신청에 따른 검사의 청구로 준수사항을 추가, 변경 또는 삭제 　　하는 결정을 할 수 있다(제3항).
가석방 및 가종료 등과 전자장치 부착(=부착 집행)	① 가석방과 전자장치 부착(제22조) ➡ 보호관찰심사위원회에서 부착결정한다. 　㉠ 선고받지 않은 특정범 가석방 : 부착명령 판결을 선고받지 아니한 특정 범죄자로서 형의 　　집행 중 가석방되어 보호관찰을 받게 되는 자는 준수사항 이행 여부 확인 등을 위하여 　　가석방기간 동안 전자장치를 부착하여야 한다(필요적 부착). 다만, 보호관찰심사위원회 　　가 전자장치 부착이 필요하지 아니하다고 결정한 경우에는 그러하지 아니하다(제1항). 　㉡ 특정범 이외자 가석방 : 보호관찰심사위원회는 특정범죄 이외의 범죄로 형의 집행 중 　　가석방되어 보호관찰을 받는 사람의 준수사항 이행 여부 확인 등을 위하여 가석방 예 　　정자의 범죄내용, 개별적 특성 등을 고려하여 가석방 기간의 전부 또는 일부의 기간을 　　정하여 전자장치를 부착하게 할 수 있다(제2항).(임의적 부착) ② 가종료 등과 전자장치 부착(제23조) ➡ 치료감호심의위원회에서 부착결정한다. 　㉠ 선고받지 않은 특정범 가종료 등 : 치료감호심의위원회는 부착명령 판결을 선고받지 　　아니한 특정 범죄자로서 치료감호의 집행 중 가종료 또는 치료위탁되는 피치료감호자나 　　보호감호의 집행 중 가출소되는 피보호감호자(가종료자 등)에 대하여 「치료감호 등에 　　관한 법률」 또는 「사회보호법」에 따른 준수사항 이행 여부 확인 등을 위하여 보호관찰 　　기간의 범위에서 기간을 정하여 전자장치를 부착하게 할 수 있다(임의적 부착)(제1항). 　㉡ 심의위 결정통보 : 치료감호심의위원회는 ㉠에 따라 전자장치 부착을 결정한 경우에는 　　즉시 피부착결정자의 주거지를 관할하는 보호관찰소의 장에게 통보하여야 한다(제2항). 　㉢ 석방 5일 전까지 통보 : 치료감호시설의 장·보호감호시설의 장 또는 교도소의 장은 　　가종료자 등이 가종료 또는 치료위탁되거나 가출소되기 5일 전까지 가종료자 등의 주 　　거지를 관할하는 보호관찰소의 장에게 그 사실을 통보하여야 한다(제3항). ③ 전자장치의 부착(제24조) 　㉠ 전자장치 부착은 보호관찰관이 집행한다(제1항). 　㉡ 전자장치는 다음(1. 가석방되는 날, 2. 가종료 또는 치료위탁되거나 가출소되는 날. 다 　　만, 피치료감호자에게 치료감호와 병과된 형의 잔여 형기가 있거나 치료감호의 원인이 　　된 특정범죄사건이 아닌 다른 범죄사건으로 인하여 집행할 형이 있는 경우에는 해당 　　형의 집행이 종료·면제되거나 가석방되는 날 부착한다.)에 해당하는 때 석방 직전에 　　부착한다(제2항). 　㉢ 전자장치 부착집행 중 보호관찰 준수사항 위반으로 유치허가장의 집행을 받아 유치된 때에 　　는 부착집행이 정지된다. 이 경우 심사위원회가 보호관찰소의 장의 가석방 취소신청을 기 　　각한 날 또는 법무부장관이 심사위원회의 허가신청을 불허한 날부터 그 잔여기간을 집행한 　　다(제3항).

가석방 및 가종료 등과 전자장치 부착(=부착 집행)	④ **부착집행의 종료** 제22조(가석방과 전자장치 부착) 및 제23조(가종료 등과 전자장치 부착)에 따른 전자장치 부착은 다음의 경우(1. 가석방 기간이 경과하거나 가석방이 실효 또는 취소된 때, 2. 가종료자 등의 부착기간이 경과하거나 보호관찰이 종료된 때, 3. 가석방된 형이 사면되어 형의 선고의 효력을 상실하게 된 때)에 해당하는 때 그 집행이 종료된다(제25조).
형의 집행유예와 부착명령	① **형의 집행유예와 부착명령**(제28조) 법원은 특정범죄를 범한 자에 대하여 형의 집행을 유예하면서 보호관찰을 받을 것을 명할 때에는 보호관찰기간의 범위 내에서 기간을 정하여 준수사항의 이행여부 확인 등을 위하여 전자장치를 부착할 것을 명할 수 있다(제1항). ➡ 법원의 판결에 의한 부착명령(임의적) ② **부착명령의 집행**(제29조) ㉠ 부착명령은 전자장치 부착을 명하는 법원의 판결이 확정된 때부터 집행한다(제1항). ㉡ 부착명령의 집행 중 보호관찰 준수사항 위반으로 유치허가장의 집행을 받아 유치된 때에는 부착명령 집행이 정지된다. 이 경우 검사가 보호관찰소의 장의 집행유예 취소 신청을 기각한 날 또는 법원이 검사의 집행유예취소청구를 기각한 날부터 그 잔여기간을 집행한다(제2항). ③ **부착명령의 집행의 종료** 부착명령은 다음의 경우(1. 부착명령기간이 경과한 때, 2. 집행유예가 실효 또는 취소된 때, 3. 집행유예된 형이 사면되어 형의 선고의 효력을 상실하게 된 때)에 해당하는 때 그 집행이 종료된다(제30조).
보석과 전자장치 부착	① **보석과 전자장치 부착**(제31조의2) ㉠ 법원은 「형사소송법」 제98조 제9호(피고인의 출석을 보증하기 위하여 법원이 정하는 적당한 조건을 이행할 것)에 따른 보석조건으로 피고인에게 전자장치 부착을 명할 수 있다(제1항). ➡ 법원의 결정에 의한 부착명령(임의적) ㉡ 법원은 전자장치 부착을 명하기 위하여 필요하다고 인정하면 그 법원의 소재지 또는 피고인의 주거지를 관할하는 보호관찰소의 장에게 피고인의 직업, 경제력, 가족상황, 주거상태, 생활환경 및 피해회복 여부 등 피고인에 관한 사항의 조사를 의뢰할 수 있다(제2항). [2024. 7급 보호] ㉢ 조사의 의뢰를 받은 보호관찰소의 장은 지체 없이 조사하여 서면으로 법원에 통보하여야 하며, 조사를 위하여 필요한 경우에는 피고인이나 그 밖의 관계인을 소환하여 심문하거나 소속 보호관찰관에게 필요한 사항을 조사하게 할 수 있다(제3항). ㉣ 보호관찰소의 장은 조사를 위하여 필요하다고 인정하면 국공립 기관이나 그 밖의 단체에 사실을 알아보거나 관련 자료의 열람 등 협조를 요청할 수 있다(제4항). ② **전자장치 부착의 집행**(제31조의3) ㉠ 법원은 전자장치 부착을 명한 경우 지체 없이 그 결정문의 등본을 피고인의 주거지를 관할하는 보호관찰소의 장에게 송부하여야 한다(제1항). ㉡ 전자장치 부착명령을 받고 석방된 피고인(전자장치 보석피고인)은 법원이 지정한 일시까지 주거지를 관할하는 보호관찰소에 출석하여 신고한 후 보호관찰관의 지시에 따라 전자장치를 부착하여야 한다(제2항). ③ **전자장치 부착의 종료** 보석조건으로 명한 전자장치의 부착은 다음의 경우(1. 구속영장의 효력이 소멸한 경우, 2. 보석이 취소된 경우, 3. 「형사소송법」 제102조에 따라 보석조건이 변경되어 전자장치를 부착할 필요가 없게 되는 경우)에 그 집행이 종료된다(제31조의5).

	① **전자장치 부착의 집행**
	㉠ **법원의 송부**: 법원은 「스토킹범죄의 처벌 등에 관한 법률」 제9조제1항제3호의2에 따른 잠정조치(이하 이 장에서 "잠정조치"라 한다)로 전자장치의 부착을 결정한 경우 그 결정문의 등본을 스토킹행위자의 사건 수사를 관할하는 경찰관서(이하 이 장에서 "관할경찰관서"라 한다)의 장과 스토킹행위자의 주거지를 관할하는 보호관찰소(이하 이 장에서 "보호관찰소"라 한다)의 장에게 지체 없이 송부하여야 한다.
	㉡ **서면 신고**: 잠정조치 결정을 받은 스토킹행위자는 법원이 지정한 일시까지 보호관찰소에 출석하여 대통령령으로 정하는 신상정보 등을 서면으로 신고한 후 보호관찰관의 지시에 따라 전자장치를 부착하여야 한다.
	㉢ **잠정조치 이행 여부 확인**: 보호관찰소의 장은 스토킹행위자가 제2항에 따라 전자장치를 부착하면 관할경찰관서의 장에게 이를 즉시 통지하여야 하고, 관할경찰관서의 장은 「스토킹범죄의 처벌 등에 관한 법률」 제9조제1항 제2호 및 제3호의2에 따른 스토킹행위자의 잠정조치 이행 여부를 확인하기 위하여 피해자에 대한 다음 각 호(1. 성명, 2. 주민등록번호, 3. 주소 및 실제 거주지, 4. 직장 소재지, 5. 전화번호, 6. 그 밖에 대통령령으로 정하는 피해자의 보호를 위하여 필요한 사항)를 보호관찰소의 장에게 즉시 통지하여야 한다.
스토킹행위자에 대한 전자장치 부착	㉣ **스토킹 행위자 의무**: 보호관찰소의 장은 스토킹행위자가 다음의 경우(1. 정당한 사유 없이 제2항에 따라 법원이 지정한 일시까지 보호관찰소에 출석하여 신고하지 아니하거나 전자장치 부착을 거부하는 경우, 2. 잠정조치 기간 중 「스토킹범죄의 처벌 등에 관한 법률」 제9조제1항제2호를 위반하였거나 위반할 우려가 있는 경우, 3. 잠정조치 기간 중 「스토킹범죄의 처벌 등에 관한 법률」 제9조제4항을 위반하였거나 위반하였다고 의심할 상당한 이유가 있는 경우, 4. 그 밖에 잠정조치의 이행 및 피해자의 보호를 위하여 적절한 조치가 필요한 경우로서 대통령령으로 정하는 사유가 있는 경우)에는 그 사실을 관할경찰관서의 장에게 즉시 통지하여야 한다.
	㉤ **필요한 조치**: 관할경찰관서의 장은 제4항에 따른 통지가 있는 경우 즉시 스토킹행위자가 소재한 현장에 출동하는 등의 방법으로 그 사유를 확인하고, 「스토킹범죄의 처벌 등에 관한 법률」 제9조제1항제4호에 따른 유치 신청 등 피해자 보호에 필요한 적절한 조치를 하여야 한다.
	㉥ **효력의 상실**: 관할경찰관서의 장은 「스토킹범죄의 처벌 등에 관한 법률」 제11조제5항에 따라 잠정조치 결정이 효력을 상실하는 때에는 보호관찰소의 장에게 이를 지체 없이 통지하여야 한다.
	㉦ **잠정조치의 연장·변경·취소 결정**: 법원은 잠정조치의 연장·변경·취소 결정을 하는 경우 관할경찰관서의 장과 보호관찰소의 장에게 이를 지체 없이 통지하여야 한다.
	② **전자장치 부착의 종료** 전자장치 부착은 다음 어느 하나(1. 잠정조치의 기간이 경과한 때, 2. 잠정조치가 변경 또는 취소된 때, 3. 잠정조치가 효력을 상실한 때)에 해당하는 때 그 집행이 종료된다.
	③ **스토킹행위자 수신자료의 보존·사용·폐기 등** ㉠ **보존**: 보호관찰소의 장은 제31조의6 제2항에 따라 전자장치를 부착한 스토킹행위자의 전자장치로부터 발신되는 전자파를 수신하여 그 자료(이하 "스토킹행위자 수신자료"라 한다)를 보존하여야 한다. ㉡ **열람·조회·제공 또는 공개**: 스토킹행위자 수신자료는 다음 각 호(1. 「스토킹범죄의 처벌 등에 관한 법률」 제2조제2호에 따른 스토킹범죄 혐의에 대한 수사 또는 재판자료로 사용하는 경우, 2. 「스토킹범죄의 처벌 등에 관한 법률」 제9조제1항제2호 및 제3호의2에 따른 잠정조치 이행 여부를 확인하기 위하여 사용하는 경우, 3. 「스토킹범죄의 처벌 등에 관한 법률」 제11조에 따른 잠정조치의 연장·변경·취소의 청구 또는 그 신청을 위하여 사용하는 경우, 4. 「스토킹범죄의 처벌 등에 관한 법률」 제20조제1항제1호 및 같은 조 제2항에 해당하는 범죄 혐의에 대한 수사를 위하여 사용하는 경우)외에는 열람·조회·제공 또는 공개할 수 없다.

스토킹행위자에 대한 전자장치 부착	ⓒ 수신자료 폐기 : 보호관찰소의 장은 다음 어느 하나(1. 잠정조치가 효력을 상실한 때, 2. 잠정조치의 원인이 되는 스토킹범죄사건에 대해 법원의 무죄, 면소, 공소기각 판결 또는 공소기각 결정이 확정된 때, 3. 잠정조치 집행을 종료한 날부터 5년이 경과한 때)에 해당하면 스토킹행위자 수신자료를 폐기하여야 한다.
기간의 계산과 전담직원 지정 등	전자장치 부착기간의 계산(제32조) ① 부착 기간의 계산 : 전자장치 부착기간은 이를 집행한 날부터 기산하되, 초일은 시간을 계산함이 없이 1일로 산정한다(제1항). [2020. 7급] ② 기간의 산입 : 어느 하나(1. 피부착자가 전자장치를 신체로부터 분리하거나 손상하는 등 그 효용을 해한 기간, 2. 피부착자의 치료, 출국 또는 그 밖의 적법한 사유로 전자장치가 신체로부터 일시적으로 분리된 후 해당 분리사유가 해소된 날부터 정당한 사유 없이 전자장치를 부착하지 아니한 기간)에 해당하는 기간은 전자장치 부착기간에 산입하지 아니한다. 다만, 보호관찰이 부과된 사람의 전자장치 부착기간은 보호관찰기간을 초과할 수 없다(제2항).

<table>
<tr><td colspan="2">제4절   성폭력범죄자의 성충동 약물치료에 관한 법률(약칭 : 성충동약물치료법)</td></tr>
</table>

목적	사람에 대하여 성폭력범죄를 저지른 성도착증 환자로서 성폭력범죄를 다시 범할 위험성이 있다고 인정되는 사람에 대하여 성충동 약물치료를 실시하여 성폭력범죄의 재범을 방지하고 사회복귀를 촉진하는 것을 목적으로 한다(제1조).

약물치료명령의 청구 및 판결	① 검사의 치료명령 청구(제4조)
	  ⊙ 19세 이상 성도착증 환자 : 검사는 사람에 대하여 성폭력범죄를 저지른 성도착증 환자로서 성폭력범죄를 다시 범할 위험성이 있다고 인정되는 19세 이상의 사람에 대하여 약물치료명령(치료명령)을 법원에 청구할 수 있다(제1항). [2018. 5급 승진] 총 2회 기출
	  ⓒ 전문의 진단이나 감정 : 검사는 치료명령 청구대상자(치료명령 피청구자)에 대하여 정신건강의학과 전문의의 진단이나 감정을 받은 후 치료명령을 청구하여야 한다(제2항).
	  ⓒ 항소심 변론종결 시 : 검사의 치료명령의 청구는 공소가 제기되거나 치료감호가 독립청구된 성폭력범죄사건(피고사건)의 항소심 변론종결 시까지 하여야 한다(제3항).
	  ⓔ 법원의 청구요구 : 법원은 피고사건의 심리결과 치료명령을 할 필요가 있다고 인정하는 때에는 검사에게 치료명령의 청구를 요구할 수 있다(제4항).
	  ⓜ 청구시효 15년 : 피고사건에 대하여 판결의 확정 없이 공소가 제기되거나 치료감호가 독립청구된 때부터 15년이 지나면 치료명령을 청구할 수 없다(제5항).
	  ⓗ 위임규정 : 정신건강의학과 전문의의 진단이나 감정에 필요한 사항은 대통령령으로 정한다(제6항).
	② 치료명령 청구사건의 관할(제6조)
	  ⊙ 피고사건 관할 : 치료명령 청구사건의 관할은 치료명령 청구사건과 동시에 심리하는 피고사건의 관할에 따른다(제1항).
	  ⓒ 합의부 관할 : 치료명령 청구사건의 제1심 재판은 지방법원 합의부(지방법원지원 합의부를 포함)의 관할로 한다(제2항).

③ **치료명령의 판결**(제8조)

㉠ **15년 범위의 치료명령** : 법원은 치료명령 청구가 이유 있다고 인정하는 때에는 15년의 범위에서 치료기간을 정하여 판결로 치료명령을 선고하여야 한다(제1항).

㉡ **필요적 보호관찰** : 치료명령을 선고받은 사람(치료명령을 받은 사람)은 치료기간 동안 「보호관찰 등에 관한 법률」에 따른 보호관찰을 받는다(제2항).

㉢ 법원은 다음의 경우[1. 치료명령 청구가 이유 없다고 인정하는 때, 2. 피고사건에 대하여 무죄(심신상실을 이유로 치료감호가 선고된 경우는 제외)·면소·공소기각의 판결 또는 결정을 선고하는 때, 3. 피고사건에 대하여 벌금형을 선고하는 때, 4. 피고사건에 대하여 선고를 유예하거나 집행유예를 선고하는 때]에 판결로 치료명령 청구를 기각하여야 한다(제3항). [2024. 7급]

㉣ **피고사건과 동시 선고** : 치료명령 청구사건의 판결은 피고사건의 판결과 동시에 선고하여야 한다(제4항).

㉤ 치료명령 선고의 판결 이유에는 요건으로 되는 사실, 증거의 요지 및 적용 법조를 명시하여야 한다(제5항).

㉥ 치료명령의 선고는 피고사건의 양형에 유리하게 참작되어서는 아니 된다(제6항).

㉦ **법원의 재진단 또는 감정 명령** : 법원은 정신건강의학과 전문의의 진단 또는 감정의견만으로 치료명령 피청구자의 성도착증 여부를 판단하기 어려울 때에는 다른 정신건강의학과 전문의에게 다시 진단 또는 감정을 명할 수 있다(제9조).

약물치료명령의 청구 및 판결

④ **준수사항**(제10조)

㉠ 치료명령을 받은 사람은 치료기간 동안 「보호관찰 등에 관한 법률」 제32조 제2항 각 호(제4호는 제외)의 준수사항과 다음의 준수사항을 이행하여야 한다(제1항).

> **[보호관찰대상자의 일반준수사항]**(보호관찰법 제32조 제2항)(제4호는 제외)
> 1. 주거지에 상주하고 생업에 종사할 것
> 2. 범죄로 이어지기 쉬운 나쁜 습관을 버리고 선행을 하며 범죄를 저지를 염려가 있는 사람들과 교제하거나 어울리지 말 것
> 3. 보호관찰관의 지도·감독에 따르고 방문하면 응대할 것

> **[치료명령을 받은 사람의 준수사항]**(법 제10조)
> 1. 보호관찰관의 지시에 따라 성실히 약물치료에 응할 것
> 2. 보호관찰관의 지시에 따라 정기적으로 호르몬 수치 검사를 받을 것
> 3. 보호관찰관의 지시에 따라 인지행동 치료 등 심리치료 프로그램을 성실히 이수할 것

㉡ **특별준수사항 임의부과** : 법원은 치료명령을 선고하는 경우 「보호관찰 등에 관한 법률」상의 특별준수사항을 부과할 수 있다(제2항).

㉢ **준수사항 서면교부** : 법원은 치료명령을 선고할 때에 치료명령을 받은 사람에게 치료명령의 취지를 설명하고 준수사항을 적은 서면을 교부하여야 한다(제3항).

⑤ **치료명령 판결 등의 통지**(제11조)

㉠ **법원 판결문 등 3일 이내 보호관찰소장 서면송부** : 법원은 치료명령을 선고한 때에는 그 판결이 확정된 날부터 3일 이내에 치료명령을 받은 사람의 주거지를 관할하는 보호관찰소의 장에게 판결문의 등본과 준수사항을 적은 서면을 송부하여야 한다(제1항).

㉡ **교도소장 등 석방 3개월 전 보호관찰소장 통보** : 교도소, 소년교도소, 구치소 및 치료감호시설의 장은 치료명령을 받은 사람이 석방되기 3개월 전까지 치료명령을 받은 사람의 주거지를 관할하는 보호관찰소의 장에게 그 사실을 통보하여야 한다(제2항).

법원의 치료명령 집행 면제	① 치료명령의 집행 면제 신청(제8조의2) 　㉠ 징역형 병과자 집행면제 신청: 징역형과 함께 치료명령을 받은 사람 및 그 법정대리인 　　은 주거지 또는 현재지를 관할하는 지방법원(지원을 포함)에 치료명령이 집행될 필요 　　가 없을 정도로 개선되어 성폭력범죄를 다시 범할 위험성이 없음을 이유로 치료명령 　　의 집행 면제를 신청할 수 있다(제1항 본문). 　㉡ 치료감호중인 자 제외: 다만, 징역형과 함께 치료명령을 받은 사람이 치료감호의 집행 　　중인 경우에는 치료명령의 집행 면제를 신청할 수 없다(제1항 단서).
	② 신청기간 　㉠ 징역형 집행종료 전 12개월부터 9개월까지: 치료명령의 집행 면제 신청은 치료명령의 　　원인이 된 범죄에 대한 징역형의 집행이 종료되기 전 12개월부터 9개월까지의 기간에 　　하여야 한다. 다만, 치료명령의 원인이 된 범죄가 아닌 다른 범죄를 범하여 징역형의 　　집행이 종료되지 아니한 경우에는 그 징역형의 집행이 종료되기 전 12개월부터 9개월 　　까지의 기간에 하여야 한다(제2항). 　㉡ 징역형 집행종료 3개월 전까지 법원결정: 법원은 치료명령의 집행 면제 신청을 받은 　　경우 징역형의 집행이 종료되기 3개월 전까지 치료명령의 집행 면제 여부를 결정하여 　　야 한다(제4항). [2024. 7급]
	③ 법원의 결정과 항고 　㉠ 보호관찰소장 조사요청: 법원은 치료명령의 집행 면제 여부 결정을 하기 위하여 필요 　　한 경우에는 그 법원의 소재지를 관할하는 보호관찰소의 장에게 치료명령을 받은 사람 　　의 교정성적, 심리상태, 재범의 위험성 등 필요한 사항의 조사를 요청할 수 있다(제5항). 　㉡ 전문의 진단이나 감정: 법원은 치료명령의 집행 면제 여부 결정을 하기 위하여 필요한 　　때에는 치료명령을 받은 사람에 대하여 정신건강의학과 전문의의 진단이나 감정을 받 　　게 할 수 있다(제6항). 　㉢ 합의부 관할: 치료명령 집행 면제 신청사건의 제1심 재판은 지방법원 합의부(지방법 　　원지원 합의부를 포함)의 관할로 한다(제7항). 　㉣ 결정에 대한 항고: 징역형과 함께 치료명령을 받은 사람 및 그 법정대리인은 치료명령 　　의 집행 면제 여부 결정에 대하여 항고를 할 수 있다(제8항).
치료감호심의 위원회의 치료명령 집행 면제	① 대상자(제8조의3) 　㉠ 치료감호의 종료·가종료 또는 치료위탁 결정을 하는 경우: 치료감호심의위원회는 피 　　치료감호자 중 치료명령을 받은 사람에 대하여 치료감호의 종료·가종료 또는 치료위 　　탁 결정을 하는 경우에 치료명령의 집행이 필요하지 아니하다고 인정되면 치료명령의 　　집행을 면제하는 결정을 하여야 한다(제1항). 　㉡ 징역형 병과의 경우 형기가 남아있지 않거나 9개월 미만자: 피치료감호자 중 징역형과 　　함께 치료명령을 받은 사람의 경우 형기가 남아 있지 아니하거나 9개월 미만의 기간이 　　남아 있는 사람에 한정한다. 　㉢ 필요시 전문의 진단이나 감정: 치료감호심의위원회는 치료명령의 집행을 면제하는 결 　　정을 하기 위하여 필요한 경우에는 치료명령을 받은 사람에 대하여 정신건강의학과 　　전문의의 진단이나 감정을 받게 할 수 있다(제2항).
	② 법원 또는 치료감호심의위원회 지체없이 결정문 등본 송부(제8조의4) 법원 또는 치료감호심의위원회는 치료명령의 집행 면제에 관한 결정을 한 때에는 지체 없이 신청인 또는 피치료감호자, 신청인 또는 피치료감호자의 주거지를 관할하는 보호관 찰소의 장, 교도소·구치소 또는 치료감호시설의 장에게 결정문 등본을 송부하여야 한다.
치료명령의 집행	① 검사의 지휘를 받아 보고관찰관 집행(제13조) 　㉠ 치료명령은 검사의 지휘를 받아 보호관찰관이 집행한다(제1항). [2024. 9급 보호] 총 2회 기출 　㉡ 검사의 지휘는 판결문 등본을 첨부한 서면으로 한다(제2항).

치료명령의 집행	② **치료명령의 집행**(제14조) 　⊙ **보호관찰관의 충분한 설명**: 보호관찰관은 치료명령을 받은 사람에게 치료명령을 집행하기 전에 약물치료의 효과, 부작용 및 약물치료의 방법·주기·절차 등에 관하여 충분히 설명하여야 한다(제2항). 　ⓛ **석방 전 2개월 이내 집행**: 치료명령을 받은 사람이 형의 집행이 종료되거나 면제·가석방 또는 치료감호의 집행이 종료·가종료 또는 치료위탁으로 석방되는 경우 보호관찰관은 석방되기 전 2개월 이내에 치료명령을 받은 사람에게 치료명령을 집행하여야 한다(제3항). [2024. 9급 보호] 　ⓒ **치료명령의 집행 정지 사유**(제4항) 　　1. 치료명령의 집행 중 구속영장의 집행을 받아 구금된 때 [2021. 9급] 　　2. 치료명령의 집행 중 금고 이상의 형의 집행을 받게 된 때 　　3. 가석방 또는 가종료·가출소된 자에 대하여 치료기간 동안 가석방 또는 가종료·가출소가 취소되거나 실효된 때 　ⓓ **집행이 정지된 치료명령의 잔여기간에 대한 재집행**(제5항) [2024. 9급 보호] 　　1. 치료명령의 집행 중 구속영장의 집행을 받아 구금된 때의 경우에는 구금이 해제되거나 금고 이상의 형의 집행을 받지 아니하는 것으로 확정된 때부터 그 잔여기간을 집행한다. 　　2. 치료명령의 집행 중 금고 이상의 형의 집행을 받게 된 때의 경우에는 그 형의 집행이 종료되거나 면제된 후 또는 가석방된 때부터 그 잔여기간을 집행한다. 　　3. 가석방 또는 가종료·가출소된 자에 대하여 치료기간 동안 가석방 또는 가종료·가출소가 취소되거나 실효된 때의 경우에는 그 형이나 치료감호 또는 보호감호의 집행이 종료되거나 면제된 후 그 잔여기간을 집행한다. ③ **치료명령을 받은 사람의 의무**(제15조) 　⊙ **상쇄약물투여 금지**: 치료명령을 받은 사람은 치료기간 중 상쇄약물의 투약 등의 방법으로 치료의 효과를 해하여서는 아니 된다(제1항). 　ⓛ **10일 이내 출석, 서면신고**: 치료명령을 받은 사람은 형의 집행이 종료되거나 면제·가석방 또는 치료감호의 집행이 종료·가종료 또는 치료위탁되는 날부터 10일 이내에 주거지를 관할하는 보호관찰소에 출석하여 서면으로 신고하여야 한다(제2항). [2021. 9급] 　ⓒ **주거이전, 7일 이상 국내여행, 출국시 허가**: 치료명령을 받은 사람은 주거 이전 또는 7일 이상의 국내여행을 하거나 출국할 때에는 미리 보호관찰관의 허가를 받아야 한다(제3항). [2024. 9급 보호] 총 3회 기출 ④ **치료기간의 연장**(제16조) 　⊙ **법원의 치료기간 연장 결정**: 치료 경과 등에 비추어 치료명령을 받은 사람에 대한 약물치료를 계속 하여야 할 상당한 이유가 있거나 다음[1. 정당한 사유 없이 「보호관찰 등에 관한 법률」 제32조 제2항(일반준수사항)(제4호는 제외 – 주거를 이전하거나 1개월 이상 국내외 여행을 할 때에는 미리 보호관찰관에게 신고할 것) 또는 제3항(특별준수사항)에 따른 준수사항을 위반한 경우 2. 정당한 사유 없이 제15조 제2항(서면신고의무)을 위반하여 신고하지 아니한 경우 3. 거짓으로 제15조 제3항(여행 시 허가조건)의 허가를 받거나, 정당한 사유 없이 제15조 제3항을 위반하여 허가를 받지 아니하고 주거 이전, 국내여행 또는 출국을 하거나 허가기간 내에 귀국하지 아니한 경우]에 해당하는 사유가 있으면 법원은 보호관찰소의 장의 신청에 따른 검사의 청구로 치료기간을 결정으로 연장할 수 있다(제1항 본문). [2021. 9급] 다만, 종전의 치료기간을 합산하여 15년을 초과할 수 없다(제1항 단서).

치료명령의 집행	ⓒ 연장 사유시 법원의 준수사항 추가 또는 변경 결정: 법원은 치료명령을 받은 사람이 ⊙의 어느 하나에 해당하는 경우에는 보호관찰소의 장의 신청에 따른 검사의 청구로 준수사항을 추가 또는 변경하는 결정을 할 수 있다(제2항). ⓒ 사정변경시 특별준수사항 추가, 변경, 삭제 결정: 연장사항 외의 사정변경이 있는 경우에도 법원은 상당한 이유가 있다고 인정되면 보호관찰소의 장의 신청에 따른 검사의 청구로 특별준수사항을 추가, 변경 또는 삭제하는 결정을 할 수 있다(제3항).
치료명령의 임시해제	치료명령의 임시해제 신청(제17조) ① 보호관찰심사위원회에 신청: 보호관찰소의 장 또는 치료명령을 받은 사람 및 그 법정대리인은 해당 보호관찰소를 관할하는 보호관찰 심사위원회에 치료명령의 임시해제를 신청할 수 있다(제1항). ② 집행 개시 6개월 지난 후 신청: 임시해제 신청은 치료명령의 집행이 개시된 날부터 6개월이 지난 후에 하여야 한다. 신청이 기각된 경우에는 기각된 날부터 6개월이 지난 후에 다시 신청할 수 있다(제2항).
치료명령 집행의 종료와 시효	① 치료명령 집행의 종료 사유(제20조) 　1. 치료기간이 지난 때 　2. 치료명령과 함께 선고한 형이 사면되어 그 선고의 효력을 상실하게 된 때 　3. 치료명령이 임시해제된 사람이 그 임시해제가 취소됨이 없이 잔여 치료기간을 지난 때 ② 치료명령의 시효(제21조) ⊙ 시효완성에 의한 집행면제: 치료명령을 받은 사람은 그 판결이 확정된 후 집행을 받지 아니하고 함께 선고된 피고사건의 형의 시효 또는 치료감호의 시효가 완성되면 그 집행이 면제된다(제1항). ⓒ 체포에 의한 시효중단: 치료명령의 시효는 치료명령을 받은 사람을 체포함으로써 중단된다(제2항).
성폭력 수형자에 대한 법원의 치료명령 결정	① 성폭력 수형자에 대한 치료명령 청구(제22조) ⊙ 치료명령 동의 수형자에 대한 검사의 청구: 검사는 사람에 대하여 성폭력범죄를 저질러 징역형 이상의 형이 확정되었으나 치료명령이 선고되지 아니한 수형자(성폭력 수형자) 중 성도착증 환자로서 성폭력범죄를 다시 범할 위험성이 있다고 인정되고 약물치료를 받는 것을 동의하는 사람에 대하여 그의 주거지 또는 현재지를 관할하는 지방법원에 치료명령을 청구할 수 있다(제1항). ⓒ 수형자에 대한 치료명령의 절차(제2항) **➕ Plus** 　수형자에 대한 치료명령의 절차 ──────────────────────────── 1. **교도소장 등의 확인**: 교도소·구치소(수용시설)의 장은 가석방 요건을 갖춘 성폭력 수형자에 대하여 약물치료의 내용, 방법, 절차, 효과, 부작용, 비용부담 등에 관하여 충분히 설명하고 동의 여부를 확인하여야 한다. [2023. 7급] 2. **동의자에 대한 통보**: 성폭력 수형자가 약물치료에 동의한 경우 수용시설의 장은 지체 없이 수용시설의 소재지를 관할하는 지방검찰청의 검사에게 인적사항과 교정성적 등 필요한 사항을 통보하여야 한다. [2023. 7급] 3. **검사의 보호관찰소장 조사요청**: 검사는 소속 검찰청 소재지 또는 성폭력 수형자의 주소를 관할하는 보호관찰소의 장에게 성폭력 수형자에 대하여 조사를 요청할 수 있다. [2023. 7급]

4. **2개월 이내 조사보고서 제출**: 보호관찰소의 장은 검사의 요청을 접수한 날부터 2개월 이내에 제5조 제3항의 조사보고서를 제출하여야 한다.

5. **검사의 동의확인, 전문의 진단이나 감정을 받아 법원청구**: 검사는 성폭력 수형자에 대하여 약물치료의 내용, 방법, 절차, 효과, 부작용, 비용부담 등에 관하여 설명하고 동의를 확인한 후 정신건강의학과 전문의의 진단이나 감정을 받아 법원에 치료명령을 청구할 수 있다. 이 때 검사는 치료명령 청구서에 제7조 제1항 각 호의 사항 외에 치료명령 피청구자의 동의사실을 기재하여야 한다.

6. **법원의 결정**: 법원은 치료명령 청구가 이유 있다고 인정하는 때에는 결정으로 치료명령을 고지하고 치료명령을 받은 사람에게 준수사항 기재서면을 송부하여야 한다.

ⓒ **치료기간 15년 제한**: 결정에 따른 치료기간은 15년을 초과할 수 없다(제3항). [2018. 7급] 총 2회 기출

ⓔ 검사는 정신건강의학과 전문의의 진단이나 감정을 위하여 필요한 경우 수용시설의 장에게 성폭력수형자를 치료감호시설 등에 이송하도록 할 수 있다(제4항).

② **치료명령에 대한 항고·재항고**

성폭력
수형자에
대한 법원의
치료명령
결정

ⓐ **7일 이내 고등법원 항고**: 치료명령의 결정(제2항 제6호)이 다음 어느 하나(1. 해당 결정에 영향을 미칠 법령위반이 있거나 중대한 사실오인이 있는 경우, 2. 처분이 현저히 부당한 경우)에 해당하면 결정을 고지받은 날부터 7일 이내에 검사, 성폭력 수형자 본인 또는 그 법정대리인은 고등법원에 항고할 수 있다(제5항).

ⓑ **원심법원 3일 이내 항고법원 송부**: 항고를 할 때에는 항고장을 원심법원에 제출하여야 하며, 항고장을 제출받은 법원은 3일 이내에 의견서를 첨부하여 기록을 항고법원에 송부하여야 한다(제6항).

ⓒ **항고기각 결정**: 항고법원은 항고 절차가 법률에 위반되거나 항고가 이유 없다고 인정한 경우에는 결정으로써 항고를 기각하여야 한다(제7항).

ⓓ **원결정 파기 또는 이송**: 항고법원은 항고가 이유 있다고 인정한 경우에는 원결정을 파기하고 스스로 결정을 하거나 다른 관할 법원에 이송하여야 한다(제8항).

ⓔ **법령위반시 대법원 재항고**: 항고법원의 결정에 대하여는 그 결정이 법령에 위반된 때에만 대법원에 재항고를 할 수 있다(제9항).

ⓕ **재항고기간 7일**: 재항고의 제기기간은 항고기각 결정을 고지받은 날부터 7일로 한다(제10항).

ⓖ **집행부정지 원칙**: 항고와 재항고는 결정의 집행을 정지하는 효력이 없다(제11항). [2024. 7급]

③ **치료명령 결정 수형자의 가석방**(제23조)

ⓐ **가석방 적격심사 신청**: 수용시설의 장은 치료명령 결정이 확정된 성폭력 수형자에 대하여 법무부령으로 정하는 바(시행규칙 제26조: 치료명령 결정 사실을 통보받은 수용시설의 장은 통보받은 날부터 1개월 이내에 가석방 적격심사를 신청하여야 한다.)에 따라 가석방심사위원회에 가석방 적격심사를 신청하여야 한다(제1항).

ⓑ **필요적 고려**: 가석방심사위원회는 성폭력 수형자의 가석방 적격심사를 할 때에는 치료명령이 결정된 사실을 고려하여야 한다(제2항). [2018. 7급] 총 3회 기출

④ **치료비용의 자비부담**(제24조)

ⓐ 치료명령의 결정을 받은 사람은 치료기간 동안 치료비용을 부담하여야 한다. 다만, 치료비용을 부담할 경제력이 없는 사람의 경우에는 국가가 비용을 부담할 수 있다(제1항). [2018. 7급] 총 3회 기출

ⓑ 비용부담에 관하여 필요한 사항은 대통령령으로 정한다(제2항).

성폭력 수형자에 대한 법원의 치료명령 결정	⑤ 석방 전 통보 및 시효의 완성 　㉠ 석방 5일 전 통보 : 수용시설의 장은 성폭력 수형자가 석방되기 5일 전까지 그의 주소를 관할하는 보호관찰소의 장에게 그 사실을 통보하여야 한다(제12항). 　㉡ 사면에 따른 집행의 종료 : 고지된 치료명령은 성폭력 수형자에게 선고된 징역형 이상의 형이 사면되어 그 선고의 효력을 상실하게 된 때에 그 집행이 종료된다(제13항). 　㉢ 10년 경과 시 집행면제 : 치료명령을 받은 사람은 치료명령 결정이 확정된 후 집행을 받지 아니하고 10년이 경과하면 시효가 완성되어 집행이 면제된다(제14항).
가종료자 등에 대한 치료감호심의 위원회의 치료명령 결정	① 가종료 등과 치료명령(제25조) 　㉠ 치료감호심의위원회의 부과결정 : 치료감호심의위원회는 성폭력범죄자 중 성도착증 환자로서 치료감호의 집행 중 가종료 또는 치료위탁되는 피치료감호자나 보호감호의 집행 중 가출소되는 피보호감호자(가종료자 등)에 대하여 보호관찰 기간의 범위에서 치료명령을 부과할 수 있다(제1항). 　㉡ 6개월 이내 진단 또는 감정결과 참작 : 치료감호심의위원회는 치료명령을 부과하는 결정을 할 경우에는 결정일 전 6개월 이내에 실시한 정신건강의학과 전문의의 진단 또는 감정 결과를 반드시 참작하여야 한다(제2항). 　㉢ 결정시 관할 보호관찰소장 통보 : 치료감호심의위원회는 치료명령을 부과하는 결정을 한 경우에는 즉시 가종료자 등의 주거지를 관할하는 보호관찰소의 장에게 통보하여야 한다(제3항). 　㉣ 특별 준수사항의 부과 : 치료감호심의위원회는 치료명령을 부과하는 경우 치료기간의 범위에서 준수기간을 정하여 「보호관찰 등에 관한 법률」 제32조 제3항(특별준수사항) 각 호의 준수사항 중 하나 이상을 부과할 수 있다(제26조). ② 치료명령의 집행 등 　㉠ 2개월 이내 치료명령 집행 : 보호관찰관은 가종료자 등이 가종료·치료위탁 또는 가출소 되기 전 2개월 이내에 치료명령을 집행하여야 한다. 다만, 치료감호와 형이 병과된 가종료자의 경우 집행할 잔여 형기가 있는 때에는 그 형의 집행이 종료되거나 면제되어 석방되기 전 2개월 이내에 치료명령을 집행하여야 한다(제27조). 　㉡ 피치료감호자·피보호감호자(가종료자 등)의 치료명령 집행의 종료(제28조) 　　1. 치료기간이 지난 때 　　2. 가출소·가종료·치료위탁으로 인한 보호관찰 기간이 경과 　　3. 보호관찰이 종료된 때 ③ 보칙 　치료기간의 초일 산입계산 : 치료기간은 최초로 성 호르몬 조절약물을 투여한 날 또는 심리치료 프로그램의 실시를 시작한 날부터 기산하되, 초일은 시간을 계산함이 없이 1일로 산정한다(제30조).

제5절 스토킹범죄의 처벌 등에 관한 법률(약칭 : 스토킹처벌법)

목적 **(제1조)**	이 법은 스토킹범죄의 처벌 및 그 절차에 관한 특례와 스토킹범죄 피해자에 대한 보호절차를 규정함으로써 피해자를 보호하고 건강한 사회질서의 확립에 이바지함을 목적으로 한다.
정의 **(제2조)** [2023. 7급 보호]	① "스토킹행위"란 상대방의 의사에 반(反)하여 정당한 이유 없이 다음 각 목의 어느 하나에 해당하는 행위를 하여 상대방에게 불안감 또는 공포심을 일으키는 것을 말한다. 　가. 상대방 또는 그의 동거인, 가족(이하 "상대방등"이라 한다)에게 접근하거나 따라다니거나 진로를 막아서는 행위 　나. 상대방등의 주거, 직장, 학교, 그 밖에 일상적으로 생활하는 장소(이하 "주거등"이라 한다) 또는 그 부근에서 기다리거나 지켜보는 행위 　다. 상대방등에게 우편·전화·팩스 또는「정보통신망 이용촉진 및 정보보호 등에 관한 법률」제2조제1항제1호의 정보통신망(이하 "정보통신망"이라 한다)을 이용하여 물건이나 글·말·부호·음향·그림·영상·화상(이하 "물건등"이라 한다)을 도달하게 하거나 정보통신망을 이용하는 프로그램 또는 전화의 기능에 의하여 글·말·부호·음향·그림·영상·화상이 상대방등에게 나타나게 하는 행위 　라. 상대방등에게 직접 또는 제3자를 통하여 물건등을 도달하게 하거나 주거등 또는 그 부근에 물건등을 두는 행위 　마. 상대방등의 주거등 또는 그 부근에 놓여져 있는 물건등을 훼손하는 행위 　바. 다음의 어느 하나에 해당하는 상대방등의 정보를 정보통신망을 이용하여 제3자에게 제공하거나 배포 또는 게시하는 행위 　　1)「개인정보 보호법」제2조제1호의 개인정보 　　2)「위치정보의 보호 및 이용 등에 관한 법률」제2조제2호의 개인위치정보 　　3) 1) 또는 2)의 정보를 편집·합성 또는 가공한 정보(해당 정보주체를 식별할 수 있는 경우로 한정한다) 　사. 정보통신망을 통하여 상대방등의 이름, 명칭, 사진, 영상 또는 신분에 관한 정보를 이용하여 자신이 상대방등인 것처럼 가장하는 행위 ② "스토킹범죄"란 지속적 또는 반복적으로 스토킹행위를 하는 것을 말한다. ③ "피해자"란 스토킹범죄로 직접적인 피해를 입은 사람을 말한다. ④ "피해자등"이란 피해자 및 스토킹행위의 상대방을 말한다.
잠정조치의 **청구** **(제8조)**	① 검사는 스토킹범죄가 재발될 우려가 있다고 인정하면 직권 또는 사법경찰관의 신청에 따라 법원에 제9조제1항 각 호의 조치를 청구할 수 있다.(제1항) ② 피해자 또는 그 법정대리인은 검사 또는 사법경찰관에게 제1항에 따른 조치의 청구 또는 그 신청을 요청하거나, 이에 관하여 의견을 진술할 수 있다.(제2항) ③ 사법경찰관은 제2항에 따른 신청 요청을 받고도 제1항에 따른 신청을 하지 아니하는 경우에는 검사에게 그 사유를 보고하여야 하고, 피해자 또는 그 법정대리인에게 그 사실을 지체 없이 알려야 한다.(제3항) ④ 검사는 제2항에 따른 청구 요청을 받고도 제1항에 따른 청구를 하지 아니하는 경우에는 피해자 또는 그 법정대리인에게 그 사실을 지체 없이 알려야 한다.(제4항)
스토킹행위자 **에 대한** **잠정조치** **(제9조)**	① 법원은 스토킹범죄의 원활한 조사·심리 또는 피해자 보호를 위하여 필요하다고 인정하는 경우에는 결정으로 스토킹행위자에게 다음[1. 피해자에 대한 스토킹범죄 중단에 관한 서면 경고, 2. 피해자 또는 그의 동거인, 가족이나 그 주거등으로부터 100미터 이내의 접근 금지, 3. 피해자 또는 그의 동거인, 가족에 대한 「전기통신기본법」제2조제1호의 전기통신을 이용한 접근 금지, 3의2.「전자장치 부착 등에 관한 법률」제2조제4호의 위치추적 전자장치(이하 "전자장치"라 한다)의 부착, 4. 국가경찰서의 유치장 또는 구치소에의 유치]에 해당하는 조치(이하 "잠정조치"라 한다)를 할 수 있다.(제1항) [2024. 보호 9급]

스토킹행위자 에 대한 잠정조치 (제9조)	② 제1항 각 호의 잠정조치는 병과(倂科)할 수 있다.(제2항) ③ 법원은 제1항제3호의2 또는 제4호의 조치에 관한 결정을 하기 전 잠정조치의 사유를 판단하기 위하여 필요하다고 인정하는 때에는 검사, 스토킹행위자, 피해자, 기타 참고인으로부터 의견을 들을 수 있다. 의견을 듣는 방법과 절차, 그 밖에 필요한 사항은 대법원규칙으로 정한다.(제3항) ④ 제1항제3호의2에 따라 전자장치가 부착된 사람은 잠정조치기간 중 전자장치의 효용을 해치는 다음 각 호(1. 전자장치를 신체에서 임의로 분리하거나 손상하는 행위, 2. 전자장치의 전파(電波)를 방해하거나 수신자료를 변조(變造)하는 행위, 3. 제1호 및 제2호에서 정한 행위 외에 전자장치의 효용을 해치는 행위)를 하여서는 아니 된다.(제4항) ⑤ 법원은 잠정조치를 결정한 경우에는 검사와 피해자 또는 그의 동거인, 가족, 그 법정대리인에게 통지하여야 한다.(제5항) ⑥ 법원은 제1항제4호에 따른 잠정조치를 한 경우에는 스토킹행위자에게 변호인을 선임할 수 있다는 것과 제12조에 따라 항고할 수 있다는 것을 고지하고, 다음 해당하는 사람(1. 스토킹행위자에게 변호인이 있는 경우: 변호인, 2. 스토킹행위자에게 변호인이 없는 경우: 법정대리인 또는 스토킹행위자가 지정하는 사람)에게 해당 잠정조치를 한 사실을 통지하여야 한다.(제6항) ⑦ 제1항제2호·제3호 및 제3호의2[2. 피해자 또는 그의 동거인, 가족이나 그 주거등으로부터 100미터 이내의 접근 금지, 3. 피해자 또는 그의 동거인, 가족에 대한「전기통신기본법」제2조제1호의 전기통신을 이용한 접근 금지, 3의2.「전자장치 부착 등에 관한 법률」제2조제4호의 위치추적 전자장치(이하 "전자장치"라 한다)의 부착]에 따른 잠정조치기간은 3개월, 같은 항 제4호(4. 국가경찰관서의 유치장 또는 구치소에의 유치]에 따른 잠정조치기간은 1개월을 초과할 수 없다. 다만, 법원은 피해자의 보호를 위하여 그 기간을 연장할 필요가 있다고 인정하는 경우에는 결정으로 제1항제2호·제3호 및 제3호의2에 따른 잠정조치에 대하여 두 차례에 한정하여 각 3개월의 범위에서 연장할 수 있다.(제7항)
잠정조치의 집행 등 (제10조)	① 법원은 잠정조치 결정을 한 경우에는 법원공무원, 사법경찰관리, 구치소 소속 교정직공무원 또는 보호관찰관으로 하여금 집행하게 할 수 있다.(제1항) ② 제1항에 따라 잠정조치 결정을 집행하는 사람은 스토킹행위자에게 잠정조치의 내용, 불복방법 등을 고지하여야 한다.(제2항) ③ 피해자 또는 그의 동거인, 가족, 그 법정대리인은 제9조제1항제2호의 잠정조치 결정이 있은 후 피해자 또는 그의 동거인, 가족이 주거등을 옮긴 경우에는 법원에 잠정조치 결정의 변경을 신청할 수 있다.(제3항)
잠정조치의 변경 등 (제11조)	① 스토킹행위자나 그 법정대리인은 잠정조치 결정의 취소 또는 그 종류의 변경을 법원에 신청할 수 있다.(제1항) ② 검사는 수사 또는 공판과정에서 잠정조치가 계속 필요하다고 인정하는 경우에는 직권이나 사법경찰관의 신청에 따라 법원에 해당 잠정조치기간의 연장 또는 그 종류의 변경을 청구할 수 있고, 잠정조치가 필요하지 아니하다고 인정하는 경우에는 직권이나 사법경찰관의 신청에 따라 법원에 해당 잠정조치의 취소를 청구할 수 있다.(제2항) ③ 법원은 정당한 이유가 있다고 인정하는 경우에는 직권 또는 제1항의 신청이나 제2항의 청구에 의하여 결정으로 해당 잠정조치의 취소, 기간의 연장 또는 그 종류의 변경을 할 수 있다.(제3항) ④ 법원은 제3항에 따라 잠정조치의 취소, 기간의 연장 또는 그 종류의 변경을 하였을 때에는 검사와 피해자 및 스토킹행위자 등에게 다음 각 호(1. 검사, 피해자 또는 그의 동거인, 가족, 그 법정대리인: 취소, 연장 또는 변경의 취지 통지, 2. 스토킹행위자: 취소, 연장 또는 변경된 조치의 내용 및 불복방법 등 고지, 3. 제9조제6항 각 호의 구분에 따른 사람: 제9조제1항제4호에 따른 잠정조치를 한 사실)에 따라 통지 또는 고지하여야 한다.(제4항) ⑤ 잠정조치 결정(제3항에 따라 잠정조치기간을 연장하거나 그 종류를 변경하는 결정을 포함한다. 이하 제12조 및 제14조에서 같다)은 스토킹행위자에 대해 검사가 불기소처분을 한 때 또는 사법경찰관이 불송치결정을 한 때에 그 효력을 상실한다.(제5항)

항고 (제12조)	① 검사, 스토킹행위자 또는 그 법정대리인은 긴급응급조치 또는 잠정조치에 대한 결정이 다음 각 호(1. 해당 결정에 영향을 미친 법령의 위반이 있거나 중대한 사실의 오인이 있는 경우, 2. 해당 결정이 현저히 부당한 경우)에 해당하는 때에는 항고할 수 있다.(제1항) ② 제1항에 따른 항고는 그 결정을 고지받은 날부터 7일 이내에 하여야 한다.(제2항)
항고장의 제출 (제13조)	① 제12조에 따른 항고를 할 때에는 원심법원에 항고장을 제출하여야 한다.(제1항) ② 항고장을 받은 법원은 3일 이내에 의견서를 첨부하여 기록을 항고법원에 보내야 한다.(제2항)
항고의 재판 (제14조)	① 항고법원은 항고의 절차가 법률에 위반되거나 항고가 이유 없다고 인정하는 경우에는 결정으로 항고를 기각(棄却)하여야 한다.(제1항) ② 항고법원은 항고가 이유 있다고 인정하는 경우에는 원결정(原決定)을 취소하고 사건을 원심법원에 환송하거나 다른 관할법원에 이송하여야 한다. 다만, 환송 또는 이송하기에 급박하거나 그 밖에 필요하다고 인정할 때에는 원결정을 파기하고 스스로 적절한 잠정조치 결정을 할 수 있다.(제2항)
재항고 (제15조)	항고의 기각 결정에 대해서는 그 결정이 법령에 위반된 경우에만 대법원에 재항고를 할 수 있다.(제1항)
형벌과 수강명령 등의 병과 (제19조)	**형벌과 수강명령 등의 병과** ① 법원은 스토킹범죄를 저지른 사람에 대하여 유죄판결(선고유예는 제외한다)을 선고하거나 약식명령을 고지하는 경우에는 200시간의 범위에서 다음(1. 수강명령 : 형의 집행을 유예할 경우에 그 집행유예기간 내에서 병과, 2. 이수명령 : 벌금형 또는 징역형의 실형을 선고하거나 약식명령을 고지할 경우에 병과)의 구분에 따라 재범 예방에 필요한 수강명령(「보호관찰 등에 관한 법률」에 따른 수강명령을 말한다. 이하 같다) 또는 스토킹 치료프로그램의 이수명령(이하 "이수명령"이라 한다)을 병과할 수 있다.(제1항) [2023. 보호 7급] ② 법원은 스토킹범죄를 저지른 사람에 대하여 형의 집행을 유예하는 경우에는 제1항에 따른 수강명령 외에 그 집행유예기간 내에서 보호관찰 또는 사회봉사 중 하나 이상의 처분을 병과할 수 있다.(제2항) ③ 제1항에 따른 수강명령 또는 이수명령의 내용은 다음(1. 스토킹 행동의 진단·상담, 2. 건전한 사회질서와 인권에 관한 교육, 3. 그 밖에 스토킹범죄를 저지른 사람의 재범 예방을 위하여 필요한 사항)과 같다.(제3항) ④ 제1항에 따른 수강명령 또는 이수명령은 다음 경우(1. 형의 집행을 유예할 경우: 그 집행유예기간 내, 2. 벌금형을 선고하거나 약식명령을 고지할 경우: 형 확정일부터 6개월 이내, 3. 징역형의 실형을 선고할 경우: 형기 내)에 따라 집행한다.(제4항) ⑤ 제1항에 따른 수강명령 또는 이수명령이 벌금형 또는 형의 집행유예와 병과된 경우에는 보호관찰소의 장이 집행하고, 징역형의 실형과 병과된 경우에는 교정시설의 장이 집행한다. 다만, 징역형의 실형과 병과된 이수명령을 모두 이행하기 전에 석방 또는 가석방되거나 미결구금일수 산입 등의 사유로 형을 집행할 수 없게 된 경우에는 보호관찰소의 장이 남은 이수명령을 집행한다.(제5항)
벌칙 (제20조)	**스토킹범죄** ① 스토킹범죄를 저지른 사람은 3년 이하의 징역 또는 3천만원 이하의 벌금에 처한다.(제1항) ② 흉기 또는 그 밖의 위험한 물건을 휴대하거나 이용하여 스토킹범죄를 저지른 사람은 5년 이하의 징역 또는 5천만원 이하의 벌금에 처한다.(제2항)

이준 마법형사정책
요약 필독서

05

소년사법 정책론

제1장 소년사법론

소년사법 정책론

제1장) 소년사법론

제1절 소년사법 정책론 개관

1 의의

소년은 아직 인격이 미완성 상태에 있기 때문에 범죄나 일탈에 쉽게 빠지기 쉬운 특성을 가지고 있는 반면, 개선 가능성 또한 크기 때문에 소년에 대해서는 일반범죄자의 처리과정과는 다른 특별한 보호를 요하는 보호주의의 특징을 가지고 있다.

2 소년사법의 발전배경

1. **영미법계** : 국친사상에 기초한 형평법(Equity)이론

   (1) 소년사법의 대상이 범죄소년에 국한하지 않고 널리 보호를 요하는 아동까지 포함하며, 대상 소년을 형사정책의 대상이라기보다는 국가나 법원이 소년을 부모된 입장에서 보호와 후견의 대상으로 보는 입장이다.

   (2) 미국의 소년법원운동은 로마법에서 유래한 가부장적 사상에 기원을 둔 국친사상에 바탕을 둔 형평법이론을 기초로 발전했다. 이는 일찍이 발달한 영국의 보통법(Common Law)에 대한 보충 내지 추가를 의미한 것이다.

2. **대륙법계** : 교육형사상에 기초한 형사정책이론

   (1) 교육형주의라는 형사정책적 사상에 입각하여 소년의 개선·교화에 중점을 두고 소년심판의 사법적 기능을 중시하면서 소년사법 대상을 점차 넓혀 복지이념과 후견사상을 도입하였다.

   (2) 이는 보호관점을 강조한 것으로 일반예방이나 사회방위 및 처우개념을 강조한 것은 아니다.

3 소년보호를 위한 입법 [2014. 7급]

법규	명칭	적용범위	목적
형법	형사미성년자	14세 미만	형사책임 무능력자
	아동	16세 미만	아동혹사죄의 객체
소년법	소년	19세 미만	반사회성이 있는 소년의 환경 조정과 품행 교정을 위한 보호처분 등의 필요한 조치, 소년보호를 위한 기본법
보호관찰 등에 관한 법률			보호관찰, 사회봉사·수강명령의 체계적 실시
청소년보호법	청소년	19세 미만	청소년에 대한 보호
청소년기본법	청소년	9세 이상 24세 이하	청소년의 권리 및 책임과 청소년정책에 관한 기본적인 사항을 규정
아동·청소년의 성보호에 관한 법률	아동·청소년	19세 미만	성범죄에서의 아동·청소년의 성 보호
아동복지법	아동	18세 미만	요보호 아동의 보호육성

4 소년법원

1. 개요

(1) 국친사상을 기초로 대상소년에 대한 처벌보다 보호와 육성을 목적으로 한다.

(2) 초기의 소년법원은 비행소년뿐 아니라 방치되거나 혼자 살 수 없는 소년의 경우까지를 대상으로 하였다.

2. 소년법원이 일반법원과 다른 특성 [2021. 9급]

(1) 비행소년을 형사법원에서 재판할 때 생기는 부작용인 부정적 낙인으로부터 아동을 보호하기 위한 것이다.

(2) 처벌과 억제지향에 반대되는 교화개선과 재활의 철학을 지향하고 있다.

(3) 관할대상이 범죄소년만을 대상으로 하지 않는다. 비행소년은 물론이고, 지위비행자와 방치된 소년뿐만 아니라 다양한 유형의 가정문제까지도 대상으로 하고 있다.

(4) 소년법원의 절차가 일반법원에 비해 훨씬 비공식적이고 융통성이 있다는 점이 있는 반면, 적법절차에 대한 관심은 적다.

(5) 감별 또는 분류심사 기능과 절차 및 과정이 비교적 잘 조직되어 있다.

(6) 일반법원이 선택할 수 있는 형의 종류에 비해 소년법원에서 결정할 수 있는 처분의 종류가 더 다양하다.

5 소년범죄의 특징과 경향

1. 소년범죄의 특징

(1) **비계획적**: 범죄동기가 자기중심적이고 행동이 충동적이어서 범죄수단이 비계획적이다.

(2) **조포범(粗暴犯)**: 범행은 주로 조포범이 많고 재산범 특히 절도범이 많으며 일반적으로 단독범보다는 공범의 형태가 현저한 집단적 범죄에 주로 가담한다(조포범: 때려 부수는 범죄).

(3) **지위비행**: 가출, 음주, 흡연, 무단결석, 거짓말, 도박, 음란물 관람 등 청소년이라는 신분에 의한 신분범죄(지위비행)가 많다.

2. 소년범죄의 경향

(1) 청소년 범죄의 격증

(2) 약물범죄의 증가

(3) 성범죄의 증가

(4) 집단비행의 증가

(5) 저연령화

(6) 이유 없는 비행의 증가

(7) 스피드·스릴 등을 추구하는 자동차 절도 증가

(8) 학생범죄의 증가

제2절 소년사법의 현대적 동향과 처우모델

1 소년법제의 새로운 경향

1. 범죄통제모델의 등장

1960년대 재사회모델에 대한 비판이 제기되면서 1970년대에는 소년도 응보로써 처우해야 한다는 청소년범죄의 성인 사법화 경향이 대두되었다.

2. 비범죄화와 전환(Diversion)

형법의 탈도덕화 경향과 낙인이론의 영향을 받아 비행소년을 형사절차에 개입시키지 않으려는 정책으로 낙인화, 상습범화, 높은 재범률을 회피하기 위한 목적에서 논의된다.

3D이론	비범죄화(Decriminalization), 비형벌화(Depenalization), 비시설수용화(Deins-Titutionalization)
4D이론	비범죄화, 비형벌화, 비시설수용화, 전환(Diversion)
5D이론	비범죄화, 비형벌화, 비시설수용화, 전환, 적법절차(Due Process)

🔍 **선도조건부 기소유예**: 검찰단계의 전환의 주요한 예에 해당한다.

3. 청년사건의 형사사건화 및 처벌의 이원화 경향

(1) 청년사건의 형사사건화는 18~20세는 소년이 아닌 성인으로 보고 일반형사사건으로 처리하여 범죄에 강력히 대응하자는 경향이다. 소년은 단순한 보호의 대상이 아니라 책임과 권리의 주체로서 자기의 범죄에 대하여 책임을 져야 한다는데 기초한 것이다.

(2) 처벌의 이원화는 중한 범죄자에게는 실형 등 형사처분을, 경한 범죄자에 대해서는 전환이나 보호처분을 선택하는 경향을 말한다.

4. 적법절차의 보장

(1) 소년법제의 복지적·후견적 기능을 반성·수정하는 경향으로 사법적 기능과의 조화를 모색하여 적법절차를 강조하고 있으며, 소년법 제10조의 진술거부권은 이러한 취지의 반영이다.

(2) 갈트 판결: 국친사상에 의한 소년보호절차도 적법절차에 의한 제한을 받는다.

2 소년교정모형(바톨라스와 밀러. Bartollas & Miller) [2019. 9급] 총 2회 기출

모형	내용
의료모형(Medical Model)	① 국친사상의 철학 및 실증주의 범죄학과 결정론을 결합시킨 것이다. ② 교정은 질병치료라고 보고, 소년원에 있어 교정교육기법의 기저가 되었다. ③ 비행소년은 자신이 통제할 수 없는 요인에 의해서 범죄자로 결정되었으며, 이들은 사회적으로 약탈된 사회적 병질자이기 때문에 처벌의 대상이 아니라 치료의 대상이다.
적응(개선, 조정)모형 (Adjustment Model) [2017. 9급]	① 실증주의와 국친사상 등 의료모형의 가정과 재통합의 철학을 결합시킨 것이다. ② 비행소년은 치료의 대상으로 과학적 전문가의 치료를 필요로 하지만, 환자가 아닌 스스로 책임 있는 선택과 합리적 결정을 할 수 있다. ③ 처우기법으로는 현실요법, 환경요법, 집단지도 상호작용, 교류분석, 긍정적 동료문화 등이 있으며, 이를 통해 범죄소년의 사회재통합을 강조한다.
범죄통제모형 (Crime Control Model)	① 청소년 범죄자에 대한 강경대응정책 모형으로, 범죄에 상응한 처벌이 범죄행동을 통제할 것이라고 보았다. ② 청소년도 자신의 행동에 대해서 책임을 져야 하므로, 청소년 범죄자에 대한 처벌을 강화하는 것만이 청소년범죄를 줄일 수 있다. ③ 폭력범죄자에 대해서는 범죄통제모형이 적용되고 있다.
최소제한(제약)모형 (Least-Restrictive Model)	① 청소년 범죄자에 대한 개입을 최소화하자는 것이다. ② 낙인이론에 근거하여 시설수용의 폐단을 지적하며 처벌 및 처우개념을 모두 부정한다. ③ 비행소년에 대해서 소년사법이 개입하게 되면, 이들 청소년들이 지속적으로 법을 위반할 가능성이 증대될 것이다. ④ 지위나 신분비행자에 대해서는 비시설수용을 중심으로 하는 최소제한모형이 적용되고 있다.

❸ 스트리트의 조직과 행정모형 [2016. 7급]

1. 의의

스트리트(David Street) 등은 「처우조직」(1966)에서 처우-구금-처우의 연속선상에서 처우 조직을 복종/동조, 재교육/발전, 그리고 처우의 세 가지 유형으로 분류하였다.

2. 처우조직의 모형

구금적 시설 (복종/동조 모형)	① 대규모 보안직원과 적은 수의 처우요원을 고용하고, 규율이 엄격하다. ② 수형자는 강제된 동조성을 강요당하는 준군대식 형태로 조직되었다. ③ 습관, 동조성훈련, 권위에 대한 복종, 조절(conditioning)이 강조된다. ④ 청소년은 외부통제에 즉각적으로 동조하도록 요구 받는다. ⑤ 구금을 강조하는 대부분의 소년교정시설을 대표한다.
재교육과 개선을 강조하는 시설 (재교육/발전 모형)	① 엄격한 규율과 제재가 적용되었으나 복종보다는 교육을 강조한다. ② 직원들은 대부분 교사로서 기술습득과 가족과 같은 분위기 창출에 관심이 크다. ③ 훈련을 통한 청소년의 변화를 강조한다. ④ 복종/동조 모형에 비해 청소년과 직원의 밀접한 관계를 강조한다. ⑤ 청소년의 태도와 행동의 변화, 기술의 습득, 개인적 자원의 개발에 중점을 둔다.
처우를 중시하는 조직 (처우 모형)	① 가능한 많은 처우요원을 고용하고 있어서 조직구조가 가장 복잡하다. ② 처우요원과 보안요원의 협조와 청소년 각자의 이해를 강조한다. ③ 처우모형은 청소년의 인성변화, 심리적 재편에 초점을 강조한다. ④ 처벌은 자주 이용되지 않으며 엄하지 않게 집행된다. ⑤ 다양한 활동과 성취감, 자기 존중심의 개발과 자기 성찰을 강조한다. ⑥ 개인적 통제와 사회적 통제를 동시에 강조하기 때문에 청소년의 개인적 문제해결에 도움을 주며 지역사회생활에의 준비도 강조된다.

3. 워렌(Warren)의 비행소년 분류

(1) 워렌은 비행소년을 6가지 유형으로 대별하고, 각 유형별 비행소년의 특성을 기술하고, 유형별 비행의 원인과 적정한 처우기법을 소개하고 있다. [2019. 5급 승진] 총 2회 기출

(2) 비행소년 분류

유형	특징	원인	처우기법
비사회적	자신을 비행소년으로 보지 않고, 비합리적이고 적대적이며 혼란스러운 세계의 피해자로 간주함	극단적인 감정적 박탈, 부모의 거부, 신체적 잔인성이나 방치	환자부모대체, 사회를 향한 지지적 선회, 심리요법보다 교육을 통한 거부감과 방치의 해소
동조자	권력, 구조, 사회적 용인, 규율에의 관심, 자기 존중심의 저하	가족무력감이나 무관심, 비일관적 구조와 훈육, 적정한 성인모형의 부재	사회적 인식감 증대를 위한 집단처우, 비비행을 지향한 동료집단 압력, 생활기술교육
반사회적 약취자	관습적 규범의 비내재화, 죄의식 없음, 권력지향, 비신뢰적·극단적 적개	믿지 못하고 화난 가족, 좌절감, 거부감	사회적 인식도와 응집력 증대를 위한 집단처우를 통한 사회적으로 수용 가능한 응용기술개발, 합법적 기회증대와 기술개발 또는 장기적 개별처우를 통한 아동기 문제의 해소와 약취욕구의 해소

신경증적 범죄자	위협적, 혼란스러운, 과다하게 억제된, 불안한, 우울한, 위축됨	부모불안 또는 신경증적 갈등의 피해자, 남성다움 동일시 추구	가족집단요법, 소년에 대한 집단·개별심리요법 [2017. 9급]
부문화 동일시자	강한 동료집단 지향, 권위 비신뢰, 비행자 낙인에 대한 만족, 자기 만족적, 내적보다 외적 문제	내재화된 일탈하위문화 가치 체계	① 억제통한 비행중지 ② 친사회적 동일시 모형과의 관계개발, 집단 내 자기 개념 확대
상황적	정신신경증이나 정신착란을 가진 증상	사고적 또는 특정한 상황	없음

제3절 소년사법 관계법령

1 소년법의 특징

1. 보호사건과 형사사건으로 구성

(1) 보호처분과 형사처분의 구별

보호처분(일반법적 성격)	형사처분(특별법적 성격)
반사회적 행위(범죄소년, 촉법소년)를 하거나 위험성이 있는 소년(우범소년)에 대한 교육적·복지적 성격(탄력성과 융통성)의 처분으로서 사법적 판단(형식의 엄격성)에 따른 징벌적·강제적 성격을 갖는 비자의적인 조치	형법에 의한 제재를 과할 목적으로 14세 이상 19세 미만의 소년에게 부과하는 형사처분으로 형벌에 의한 제재라는 점에서 일반 형사처분과 그 기반은 같으나 그 대상이 소년이라는 점에서 절차상·심판상·행형상의 특칙 적용

(2) 보호사건과 일반형사사건의 비교

구분	보호처분	일반형사처분
연령	10세 이상 19세 미만	14세 이상
심리대상	요보호성·범죄행위	범죄행위
법적 제재	보호처분	형벌
제1심법원	가정법원·지방법원 소년부	형사지방법원
심리구조	직권주의	당사자주의
검사의 재판관여	없음	관여
재판공개	비공개	공개
적용법률	소년법	형법, 형사소송법, 소년법
진술거부권	인정	인정

(3) 소년원과 소년교도소의 비교

구분	소년원	소년교도소
처분청	가정법원·지방법원 소년부	형사법원
적용법률	보호소년 등의 처우에 관한 법률	형집행법
처분의 종류	보호처분(8·9·10호처분)	형벌(징역, 금고)
시설	소년원	소년교도소
수용대상	범죄소년, 촉법소년, 우범소년	범죄소년
수용기간	교육훈련기간(부정기, 22세까지)	선고에 의한 자유형의 집행기간
사회복귀	퇴원	만기석방
	임시퇴원	가석방

2. 소년보호의 대상

범죄소년	① 죄를 범한 14세 이상 19세 미만의 소년 ② 보호처분이나 형사처분 모두 가능
촉법소년	① 형벌법령에 저촉된 행위를 한 10세 이상 14세 미만의 소년 ② 형사책임능력이 없으므로 형사처벌은 불가능하고 보호처분만 가능
우범소년	① 성격 또는 환경에 비추어 장래에 형법에 저촉되는 행위를 할 우려가 있는 10세 이상의 소년으로 다음에 열거하는 사유가 있는 자 　㉠ 집단적으로 몰려다니며 주위 사람들에게 불안감을 조성하는 성벽이 있는 것 　㉡ 정당한 이유 없이 가출하는 것 　㉢ 술을 마시고 소란을 피우거나 유해환경에 접하는 성벽이 있는 것 ② 형사처벌은 불가능하고 보호처분만 가능

3. 법원선의주의와 검사선의주의

(1) 의의: 소년사법에 있어서 보호처분으로 할 것인가 혹은 형사처분으로 할 것인가에 대하여 누가 선결권을 갖는 것이 적절한가에 대한 논의이다. 일반적으로 보호처분우선주의에서는 법원선의주의가, 형사처분우선주의에서는 검사선의주의가 지배하고 있다. 우리나라는 검사선의주의를 채택하고 있다.

(2) 검사선의주의 : 검사가 우선적으로 선의권을 갖는 경우

장점	단점
① 형사정책적 필요에 따라 형벌과 보호처분을 효과적으로 조화시킬 수 있다. ② 전국적으로 일관된 기준을 정립하는 데 있어서 법원보다 용이하다. ③ 검사가 절차의 초기단계에서 사법처리여부, 처리절차의 종류 등을 결정하는 것이 소년비행 당사자의 불안감을 완화하고 법원의 업무부담을 경감할 수 있다. ④ 검사가 행정부 소속이라는 점을 살려 소년복지를 위한 다른 행정적 조치를 강구하기에 유리하다.	① 검사의 처벌우선 경향으로 소년보호이념에 적합한 선의권 행사를 기대하기 어렵다. ② 검사가 선의권을 행사한다 하더라도 이에 대해 사법권인 법원이 통제를 할 수밖에 없어 사실상 절차중복이나 처리지연이라는 문제가 발생한다. ③ 형사법원에서 소년법원에 송치하는 경우에는 미결구금의 연장을 초래하는 경우로 이어진다.

(3) 개선 논의 : 검사는 기소유예만 허용하고 나머지는 법원에서 선의권을 행사하도록 하자는 것과 검사의 불기소 외에 구 약식적 방법으로 처리하는 사건까지는 법원의 선의권에서 제외하는 방안이 거론되고 있다.

2 소년법의 실체법과 절차법적 성격

1. 실체법적 성격

보호주의 교육주의 규범주의 목적주의	① 소년법은 보호적·복지적 측면과 형사법적 측면이 결합하여 조화를 이룬다. ② 소년법 제1조 "반사회성이 있는 소년의 환경 조정과 품행 교정을 위한 보호처분 등의 필요한 조치를 하고, 형사처분에 관한 특별조치를 함으로써 소년이 건전하게 성장하도록 돕는 것을 목적으로 한다."고 명시하여 이러한 이념을 반영하고 있다. [2013. 7급] 총 2회 기출
인격주의	① 소년을 보호하기 위해서는 소년의 행위·태도에서 나타난 개성과 환경을 중시해야 한다. [2013. 7급] [2024. 9급 보호] ② 소년보호절차는 교육기능 및 사법기능을 동시에 수행하기 때문에 객관적 비행사실과 함께 소년의 인격과 관련된 개인적 특성도 함께 고려되어야 한다. ③ 소년법 제1조 "반사회성이 있는 소년의 … 품행 교정을 위한 보호처분 등의 필요한 조치를 하고 … 건전하게 성장하도록 돕는 것을 목적으로 한다."는 규정과 소년에 대한 사법의 개별화를 선언하고 있는 소년법 제9조는 인격주의를 표현한 것이다.
예방주의	① 범행한 소년의 처벌이 목적이 아니라, 범죄소년의 재범방지와 장래 죄를 범할 우려가 있는 우범소년이 범죄에 빠지지 않도록 범죄예방에 비중을 두는 것이다. [2018. 7급] ② 소년법 제4조 제1항 제3호(집단적으로 몰려다니며 주위 사람들에게 불안감을 조성하는 성벽이 있는 것, 정당한 이유 없이 가출하는 것, 술을 마시고 소란을 피우거나 유해환경에 접하는 성벽이 있는 것)의 우범소년에 관한 규정은 예방주의를 표현한 것이다. [2013. 7급] 총 3회 기출

2. 절차법적 성격

개별주의	① 처우의 개별화 원리에 따라 개성을 중시한 구체적인 인격에 대한 처우를 강구한다. [2012. 7급] [2024. 9급 보호] ② 법 제9조 "조사는 의학·심리학·교육학·사회학이나 그 밖의 전문적인 지식을 활용하여 소년과 보호자 또는 참고인의 품행, 경력, 가정 상황, 그 밖의 환경 등을 밝히도록 노력하여야 한다."는 규정은 개별주의를 표현한 것이다. [2013. 7급] 총 2회 기출 예 분리수용, 심리절차 및 집행의 분리 등
직권주의 심문주의	① 심리가 쟁송의 성격이 아닌 소년의 후견적 입장에서 적극적·지도적으로 이루어져야 하고, ② 소년은 심판의 대상이 아닌 심리의 객체로서 대립되는 당사자 소송방식보다는 심문의 방식을 취하여야 한다.
과학주의	① 예방주의와 개별주의를 위해 소년의 범죄환경에 대한 연구와 소년 범죄자에게 어떤 종류의 형벌을 어느 정도 부과하는 것이 적당한가에 대한 연구·검토가 필요하다. [2024. 9급 보호] ② 법 제12조 "소년부는 조사 또는 심리를 할 때에 정신건강의학과 의사·심리학자·사회사업가·교육자나 그 밖의 전문가의 진단, 소년 분류심사원의 분류심사 결과와 의견, 보호관찰소의 조사결과와 의견 등을 고려하여야 한다."는 규정은 과학주의를 표현한 것이다. [2010. 9급]
협력주의	① 효율적 소년보호를 위해 국가는 물론이고 소년의 보호자를 비롯한 민간단체 등이 서로 협력해야 한다는 것을 말한다. [2018. 7급] 총 2회 기출, [2024. 9급 보호] ② 소년보호를 위해 행정기관·학교·병원 기타 공사단체에 필요한 협력 요구, 조사관의 조사 시 공무소나 공사단체에 조회나 서류송부의 요청 등 소년보호에 관계되는 사회자원의 총동원을 의미한다.
밀행주의	① 보호소년을 개선하여 사회생활에 적응시키고 건전하게 육성하기 위해서는 문제소년을 가급적이면 노출시키지 않아야 한다는 것을 의미한다. [2018. 7급] 총 2회 기출 ② 법 제68조 제1항에서 "이 법에 따라 조사 또는 심리 중에 있는 보호사건이나 형사사건에 대하여는 성명·연령·직업·용모 등으로 비추어 볼 때 그 자가 당해 사건의 당사자라고 미루어 짐작할 수 있는 정도의 사실이나 사진을 신문이나 그 밖의 출판물에 싣거나 방송할 수 없다."고 규정하고 있는 것은 밀행주의의 표현이라고 할 수 있다. 예 ㉠ 비공개 재판-보호사건, ㉡ 보도금지-형사사건, 보호사건, ㉢ 조회응답금지-보호사건
통고주의	① 공중소추(민간소추)적 성격으로 보호자 또는 학교와 사회복지시설의 장도 범죄소년을 관할 소년부에 통고할 수 있는 주의이다. ② 법 제4조 제3항에서 "범죄소년, 촉법소년, 우범소년에 해당하는 소년을 발견한 보호자 또는 학교와 사회복지시설의 장 및 보호관찰소의 장은 이를 관할소년부에 통고할 수 있다."고 규정하고 있는 것은 통고주의 표현이다.

3 소년법

목적 (제1조)	이 법은 반사회성이 있는 소년의 환경 조정과 품행 교정을 위한 보호처분 등의 필요한 조치를 하고, 형사처분에 관한 특별조치를 함으로써 소년이 건전하게 성장하도록 돕는 것을 목적으로 한다.
정의 (제2조)	이 법에서 소년이란 19세 미만인 자를 말하며, 보호자란 법률상 감호교육을 할 의무가 있는 자 또는 현재 감호하는 자를 말한다.

보호사건	
관할(제3조) [2017. 5급 승진] 5회	① **행위지 · 거주지 · 현재지**: 소년 보호사건의 관할은 소년의 행위지, 거주지 또는 현재지로 한다(제1항). ② **소년부**: 소년 보호사건은 가정법원 소년부 또는 지방법원 소년부에 속한다(제2항). ③ **단독판사**: 소년 보호사건의 심리와 처분 결정은 소년부 단독판사가 한다(제3항).

대상(제4조 제1항) [2013. 9급] 총 3회 기출, [2022. 7급 보호]	**구분**	**보호사건의 대상**	**대상 나이**
	범죄소년	죄를 범한 소년	14세 이상 19세 미만인 소년
	촉법소년	형벌 법령에 저촉되는 행위를 한 소년	10세 이상 14세 미만인 소년
	우범소년	다음에 해당하는 사유가 있고 그의 성격이나 환경에 비추어 앞으로 형벌 법령에 저촉되는 행위를 할 우려가 있는 소년(예방주의) 1. 집단적으로 몰려다니며 주위 사람들에게 불안감을 조성하는 성벽이 있는 것 2. 정당한 이유 없이 가출하는 것 3. 술을 마시고 소란을 피우거나 유해환경에 접하는 성벽이 있는 것	10세 이상 19세 미만인 소년

보호사건의 송치 · 통고 · 이송 등	① 촉법 · 우범소년이 있을 때에는 경찰서장은 직접 관할 소년부에 송치하여야 한다(제4조 제2항).(의무규정) [2023. 7급 보호] 총 5회 기출 ② 범죄 · 촉법 · 우범소년을 발견한 보호자 또는 학교 · 사회복리시설 · 보호관찰소(보호관찰지소를 포함)의 장은 이를 관할 소년부에 통고할 수 있다(제4조 제3항).(재량규정)(통고주의) [2023. 7급 보호] 총 5회 기출 ③ 이송(제6조) 　㉠ 보호사건을 송치받은 소년부는 보호의 적정을 기하기 위하여 필요하다고 인정하면 결정으로써 사건을 다른 관할 소년부에 이송할 수 있다(제1항). [2021. 9급] 　㉡ 소년부는 사건이 그 관할에 속하지 아니한다고 인정하면 결정으로써 그 사건을 관할 소년부에 이송하여야 한다(제2항). [2023. 7급 보호] 총 5회 기출 ④ 형사처분 등을 위한 관할 검찰청으로의 송치(제7조) 　㉠ 소년부는 조사 또는 심리한 결과 금고 이상의 형에 해당하는 범죄 사실이 발견된 경우 그 동기와 죄질이 형사처분을 할 필요가 있다고 인정하면 결정으로써 사건을 관할 지방법원에 대응한 검찰청 검사에게 송치하여야 한다(제1항). [2018. 5급 승진] 총 4회 기출 　㉡ 소년부는 조사 또는 심리한 결과 사건의 본인이 19세 이상인 것으로 밝혀진 경우에는 결정으로써 사건을 관할 지방법원에 대응하는 검찰청 검사에게 송치하여야 한다. 다만, 제51조에 따라 법원에 이송하여야 할 경우(법원에서 송치되어 왔으나 19세 이상인 자)에는 그러하지 아니하다(제2항).

조사방법 및 절차	① **진술거부권의 고지**: 소년부 또는 조사관이 범죄 사실에 관하여 소년을 조사할 때에는 미리 소년에게 불리한 진술을 거부할 수 있음을 알려야 한다(제10조). [2023. 7급] 총 4회 기출, [2024. 7급 보호] ② 조사명령(제11조) 　㉠ 소년부 판사는 조사관에게 사건 본인, 보호자 또는 참고인의 심문이나 그 밖에 필요한 사항을 조사하도록 명할 수 있다(제1항). [2024. 7급 보호] 　㉡ 소년부는 보호자 또는 학교 · 사회복리시설 · 보호관찰소의 장이 통고한 소년을 심리할 필요가 있다고 인정하면 그 사건을 조사하여야 한다(제2항). ③ **전문가의 진단, 의견고려**: 소년부는 조사 또는 심리를 할 때에 정신건강의학과 의사 · 심리학자 · 사회사업가 · 교육자나 그 밖의 전문가의 진단, 소년 분류심사원의 분류심사 결과와 의견, 보호관찰소의 조사결과와 의견 등을 고려하여야 한다(제12조).(과학주의) [2023. 9급] 총 2회 기출

소환 및 동행 [2023. 교정 9급] 총 14회 기출	① 조사·심리 필요시 본인, 보호자, 참고인 소환: 소년부 판사는 사건의 조사 또는 심리에 필요하다고 인정하면 기일을 지정하여 사건 본인이나 보호자 또는 참고인을 소환할 수 있다(제13조 제1항). [2024. 7급 보호] ② 소환불응시 본인이나 보호자 동행영장 발부: 사건 본인이나 보호자가 정당한 이유 없이 소환에 응하지 아니하면 소년부 판사는 동행영장을 발부할 수 있다(제13조 제2항). [2023. 7급] 　🔍 참고인은 소환 대상이나(제13조 제1항), 소환에 불응 시 동행영장을 발부할 수는 없다(제13조 제2항). ③ 본인 보호위해 긴급 시 소환 없는 동행영장 발부: 소년부 판사는 사건 본인을 보호하기 위하여 긴급조치가 필요하다고 인정하면 소환 없이 동행영장을 발부할 수 있다(제14조). ④ 동행영장의 집행(제16조) 　㉠ 조사관 집행: 동행영장은 조사관이 집행한다(제1항). 　㉡ 소년부 판사는 소년부 법원서기관·법원사무관·법원주사·법원주사보나 보호관찰관 또는 사법경찰관리에게 동행영장을 집행하게 할 수 있다(제2항). [2023. 9급]
보조인	① 보조인 선임(제17조) 　㉠ 보조인 허가: 사건 본인이나 보호자는 소년부 판사의 허가를 받아 보조인을 선임할 수 있다(제1항). [2024. 7급 보호] 총 2회 기출 　㉡ 보호자나 변호사를 보조인으로 선임하는 경우에는 소년부 판사의 허가를 받지 아니하여도 된다(제2항). [2024. 7급 보호] 총 3회 기출 　㉢ 보조인을 선임함에 있어서는 보조인과 연명날인한 서면을 제출하여야 한다. 이 경우 변호사가 아닌 사람을 보조인으로 선임할 경우에는 위 서면에 소년과 보조인과의 관계를 기재하여야 한다(제3항). 　㉣ 소년부 판사는 보조인이 심리절차를 고의로 지연시키는 등 심리진행을 방해하거나 소년의 이익에 반하는 행위를 할 우려가 있다고 판단하는 경우에는 보조인 선임의 허가를 취소할 수 있다(제4항). [2024. 9급 보호][2024. 7급 보호] 　㉤ 보조인의 선임은 심급마다 하여야 한다(제5항). 　㉥ 「형사소송법」 중 변호인의 권리의무에 관한 규정은 소년 보호사건의 성질에 위배되지 아니하는 한 보조인에 대하여 준용한다(제6항). ② 국선보조인(제17조의2) [2024.9급] 총 10회 기출 　㉠ 소년이 소년분류심사원에 위탁된 경우 보조인이 없을 때에는 법원은 변호사 등 적정한 자를 보조인으로 선정하여야 한다(제1항). 　㉡ 소년이 소년분류심사원에 위탁되지 아니하였을 때에도 다음의 경우(1. 소년에게 신체적·정신적 장애가 의심되는 경우, 2. 빈곤이나 그 밖의 사유로 보조인을 선임할 수 없는 경우, 3. 그 밖에 소년부 판사가 보조인이 필요하다고 인정하는 경우) 법원은 직권에 의하거나 소년 또는 보호자의 신청에 따라 보조인을 선정할 수 있다(제2항). [2024. 7급 보호]
임시조치(제18조)	① 소년부 판사는 사건을 조사 또는 심리하는 데에 필요하다고 인정하면 소년의 감호에 관하여 결정으로써 다음[1. 보호자, 소년을 보호할 수 있는 적당한 자 또는 시설에 위탁: 3개월(+3), 2. 병원이나 그 밖의 요양소에 위탁: 3개월(+3), 3. 소년분류심사원에 위탁: 1개월(+1)]에 해당하는 조치를 할 수 있다(제1항). [2023. 교정 7급] 총 9회 기출, [2024. 7급 보호] ② 24시간 이내 임시조치: 동행된 소년 또는 제52조 제1항(소년부 송치 시의 신병처리)에 따라 인도된 소년에 대하여는 도착한 때로부터 24시간 이내에 소년부 판사는 임시조치를 하여야 한다(제2항). ③ 임시조치는 언제든지 결정으로써 취소하거나 변경할 수 있다. [2013. 7급] 총 2회 기출

보호사건의 심리	① **심리 불개시의 결정**(제19조) 　㉠ 소년부 판사는 송치서와 조사관의 조사보고에 따라 사건의 심리를 개시할 수 없거나 개시할 필요가 없다고 인정하면 심리를 개시하지 아니한다는 결정을 하여야 한다. 이 결정은 사건 본인과 보호자에게 알려야 한다(제1항). ^[2016. 7급] 총 2회 기출 　㉡ 소년부 판사는 사안이 가볍다는 이유로 심리를 개시하지 아니한다는 결정을 할 때에는 소년에게 훈계하거나 보호자에게 소년을 엄격히 관리하거나 교육하도록 고지할 수 있다(제2항). ^[2024. 9급] 총 3회 기출 ② **심리 개시의 결정**(제20조) 　㉠ 소년부 판사는 송치서와 조사관의 조사보고에 따라 사건을 심리할 필요가 있다고 인정하면 심리 개시 결정을 하여야 한다(제1항). 　㉡ 심리 개시의 결정은 사건 본인과 보호자에게 알려야 한다. 이 경우 심리 개시 사유의 요지와 보조인을 선임할 수 있다는 취지를 아울러 알려야 한다(제2항). ③ **심리 기일** 　㉠ **본인과 보호자소환** : 소년부 판사는 심리 기일을 지정하고 본인과 보호자를 소환하여야 한다. 다만, 필요가 없다고 인정한 경우에는 보호자는 소환하지 아니할 수 있다(제21조 제1항). ^[2024. 9급] 　㉡ 보조인이 선정된 경우에는 보조인에게 심리 기일을 알려야 한다(제21조 제2항). 　㉢ 소년부 판사는 직권에 의하거나 사건 본인, 보호자 또는 보조인의 청구에 의하여 심리 기일을 변경할 수 있다. 기일을 변경한 경우에는 이를 사건 본인, 보호자 또는 보조인에게 알려야 한다(제22조). 　㉣ 심리 기일에는 소년부 판사와 서기가 참석하여야 하며 조사관, 보호자 및 보조인은 심리 기일에 출석할 수 있다(제23조). 　㉤ **친절하고 온화** : 심리는 친절하고 온화하게 하여야 한다(제24조 제1항). ^[2011. 7급] 총 3회 기출 　㉥ **심리비공개** : 심리는 공개하지 아니한다. 다만, 소년부 판사는 적당하다고 인정하는 자에게 참석을 허가할 수 있다(제24조 제2항). ^[2017. 5급 승진] 총 2회 기출 ④ **의견의 진술 및 화해권고** 　㉠ **의견진술, 퇴장명령** : 조사관, 보호자 및 보조인은 심리에 관하여 의견을 진술할 수 있으며 소년부 판사는 필요하다고 인정하면 사건 본인의 퇴장을 명할 수 있다(제25조). 　㉡ 소년부 판사는 피해자 또는 그 법정대리인·변호인·배우자·직계친족·형제자매(대리인 등)가 의견진술을 신청할 때에는 피해자나 그 대리인 등에게 심리 기일에 의견을 진술할 기회를 주어야 한다. 다만, 다음의 경우(1. 신청인이 이미 심리절차에서 충분히 진술하여 다시 진술할 필요가 없다고 인정되는 경우, 2. 신청인의 진술로 심리절차가 현저히 지연될 우려가 있는 경우)에는 그러하지 아니하다(제25조의2). ^[2015. 9급] 총 2회 기출, ^[2024. 7급 보호] 　㉢ **화해권고** : 소년부 판사는 소년의 품행을 교정하고 피해자를 보호하기 위하여 필요하다고 인정하면 소년에게 피해 변상 등 피해자와의 화해를 권고할 수 있다(제25조의3 제1항). ^[2014. 7급] 총 5회 기출, ^[2024. 7급 보호] 　㉣ **화해를 위한 소환** : 소년부 판사는 화해를 위하여 필요하다고 인정하면 기일을 지정하여 소년, 보호자 또는 참고인을 소환할 수 있다(제25조의3 제2항). 　㉤ **화해의 효력** : 소년부 판사는 소년이 권고에 따라 피해자와 화해하였을 경우에는 보호처분을 결정할 때 이를 고려할 수 있다(제25조의3 제3항). ^[2024. 7급 보호]

PART **05**

보호사건의 심리	⑤ **불처분 결정**: 소년부 판사는 심리 결과 보호처분을 할 수 없거나 할 필요가 없다고 인정하면 그 취지의 결정을 하고, 이를 사건 본인과 보호자에게 알려야 한다 (제29조 제1항). [2021. 9급] 총 2회 기출 ⑥ **기록의 열람·등사의 판사허가**: 소년 보호사건의 기록과 증거물은 소년부 판사의 허가를 받은 경우에만 열람하거나 등사할 수 있다. 다만, 보조인이 심리 개시 결정 후에 소년 보호사건의 기록과 증거물을 열람하는 경우에는 소년부 판사의 허가를 받지 아니하여도 된다(제30조의2).

보호처분의 결정(제32조) [2023. 7급] 총 30회 기출 [2024. 7급 보호] [2024. 7급]			
	10호 : 장기 소년원(12세 이상)	2년 초과 ×	[병합가능] 1, 2, 3, 4
	9호 : 단기 소년원	6개월 초과 ×	1, 2, 3, 5 4, 6 5, 6 5, 8
	8호 : 1개월 이내 소년원	1개월 이내	
	7호 : 병원, 요양소, 의료재활 소년원 등 위탁	6개월+6개월	
	6호 : 아동복지시설, 소년보호 시설 감호 위탁	6개월+6개월	※ 7,9,10 (친구집)병합불가
	5호 : 장기 보호관찰	2년+1년 이내	1. 3개월 이내, 보호소년법에 따른 대안교육 등 명령 가능
	4호 : 단기 보호관찰	1 (연장 ×)	2. 1년 이내, 야간 등 특정시간대 외출제한 명령 가능 3. 보호자 소년보호 특별교육명령 가능
	3호 : 사회봉사명령(14세 이상)	200시간 이내	
	2호 : 수강명령(12세 이상)	100시간 이내	
	1호 : 보호자 등 감호위탁	6개월+6개월	

보호관찰처분에 따른 부가처분	① **3개월 이내 대안교육 등**: 보호관찰관의 단기보호관찰 또는 장기보호관찰의 처분을 할 때에 3개월 이내의 기간을 정하여 「보호소년 등의 처우에 관한 법률」에 따른 대안교육 또는 소년의 상담·선도·교화와 관련된 단체나 시설에서의 상담·교육을 받을 것을 동시에 명할 수 있다(제1항). [2023. 7급 보호] 총 3회 기출 ② **1년 이내 야간 등 특정시간대 외출제한**: 보호관찰관의 단기 보호관찰 또는 장기 보호관찰의 처분을 할 때에 1년 이내의 기간을 정하여(해당 보호관찰기간 동안 ×) 야간 등 특정 시간대의 외출을 제한하는 명령을 보호관찰대상자의 준수 사항으로 부과할 수 있다(제2항). [2024. 9급 보호] 총 7회 기출 ③ **보호자 특별교육 명령**: 소년부 판사는 가정상황 등을 고려하여 필요하다고 판단되면 보호자에게 소년원·소년분류심사원 또는 보호관찰소 등에서 실시하는 소년의 보호를 위한 특별교육을 받을 것을 명할 수 있다(제3항). [2020. 7급] 총 6회 기출

보호처분의 변경·취소·경합 등	① **보호처분의 변경**(제37조) ㉠ **신청에 의한 변경**: 소년부 판사는 위탁받은 자나 보호처분을 집행하는 자의 신청에 따라 결정으로써 보호처분과 부가처분을 변경할 수 있다(제1항 본문). ㉡ **신청 또는 직권 변경**: 다만, 보호자 등에게 감호 위탁(제1호), 아동복지시설이나 그 밖의 소년보호시설에 감호 위탁(제6호), 병원·요양소 또는 의료재활소년원에 위탁의 보호처분(제7호)과 보호관찰 처분 시 대안교육 또는 상담·교육 처분(제32조의2 제1항)은 직권으로 변경할 수 있다(제1항 단서). [2023. 7급 보호] 총 2회 기출 ㉢ 보호처분과 부가처분의 변경 결정은 지체 없이 사건 본인과 보호자에게 알리고 그 취지를 위탁받은 자나 보호처분을 집행하는 자에게 알려야 한다(제3항).

보호처분의 변경·취소·경합 등	② 보호처분의 취소(제38조) 　㉠ **19세 이상인 자 보호처분 취소**: 보호처분이 계속 중일 때에 사건 본인이 처분 당시 19 세 이상인 것으로 밝혀진 경우에는 소년부 판사는 결정으로써 그 보호처분을 취소하고 [1. 검사·경찰서장의 송치 또는 보호자, 학교·사회복리시설·보호관찰소의 장의 통고(제4조 제3항)에 의한 사건인 경우에는 관할 지방법원에 대응하는 검찰청 검사에게 송치한다. 2. 제50조(법원의 송치)에 따라 법원이 송치한 사건인 경우에는 송치한 법원에 이송한다.]구분에 따라 처리하여야 한다(제1항). ^{[2024. 9급 보호]총 3회 기출} 　㉡ **행위 당시 10세 미만의 범죄·촉법소년 보호처분 취소**: 범죄·촉법소년에 대한 보호처분이 계속 중일 때에 사건 본인이 행위 당시 10세 미만으로 밝혀진 경우 소년부 판사는 결정으로써 그 보호처분을 취소하여야 한다(제2항 전반부). 　㉢ **처분 당시 10세 미만의 우범소년 보호처분 취소**: 우범소년에 대한 보호처분이 계속 중일 때에 사건 본인이 처분 당시 10세 미만으로 밝혀진 경우에는 소년부 판사는 결정으로써 그 보호처분을 취소하여야 한다(제2항 후반부). ③ **보호처분 계속 중 유죄판결 확정 시 보호처분 취소가능**: 보호처분이 계속 중일 때에 사건 본인에 대하여 유죄판결이 확정된 경우에 보호처분을 한 소년부 판사는 그 처분을 존속할 필요가 없다고 인정하면 결정으로써 보호처분을 취소할 수 있다(제39조). ^{[2024. 9급 보호]총 5회 기출} ④ **보호처분 계속 중 새로운 보호처분 시 어느 하나의 보호처분 취소**: 보호처분이 계속 중일 때에 사건 본인에 대하여 새로운 보호처분이 있었을 때에는 그 처분을 한 소년부 판사는 이전의 보호처분을 한 소년부에 조회하여 어느 하나의 보호처분을 취소하여야 한다(제40조). ^{[2024. 9급 보호]총 8회 기출}
보호처분에 대한 항고·재항고	① **합의부에 항고**: 보호처분의 결정 및 부가처분 등의 결정 또는 보호처분·부가처분 변경 결정이 다음(1. 해당 결정에 영향을 미칠 법령 위반이 있거나 중대한 사실 오인이 있는 경우, 2. 처분이 현저히 부당한 경우)에 해당하면 사건 본인·보호자·보조인 또는 그 법정대리인은 관할 가정법원 또는 지방법원 본원 합의부에 항고할 수 있다(제43조 제1항). ^{[2020. 7급]총 6회 기출} ② 항고를 제기할 수 있는 기간은 7일로 한다(제43조 제2항). ^{[2020. 7급]총 3회 기출} ③ 항고를 할 때에는 항고장을 원심 소년부에 제출하여야 하며 항고장을 받은 소년부는 3일 이내에 의견서를 첨부하여 항고법원에 송부하여야 한다(제44조). ^{[2018. 7급]총 2회 기출} ④ **항고의 재판**(제45조) 　㉠ 항고법원은 항고 절차가 법률에 위반되거나 항고가 이유 없다고 인정한 경우에는 결정으로써 항고를 기각하여야 한다(제1항). ^[2015. 5급 승진] 　㉡ 항고법원은 항고가 이유가 있다고 인정한 경우에는 원결정을 취소하고 사건을 원소년부에 환송하거나 다른 소년부에 이송하여야 한다. 다만, 환송 또는 이송할 여유가 없이 급하거나 그 밖에 필요하다고 인정한 경우에는 원결정을 파기하고 불처분 또는 보호처분의 결정을 할 수 있다(제2항). ^{[2020. 7급]총 2회 기출} 　㉢ 항고가 이유가 있다고 인정되어 보호처분의 결정을 다시 하는 경우에는 원결정에 따른 보호처분의 집행 기간은 그 전부를 항고에 따른 보호처분의 집행 기간에 산입[제32조 제1항 제8호(1개월 이내의 소년원 송치)·제9호(단기 소년원 송치)·제10호(장기 소년원 송치) 처분 상호 간에만 해당한다.]한다(제3항). ☞ 즉 제3항은 소년원 송치처분 상호 간에만 적용됨 ⑤ 항고는 결정의 집행을 정지시키는 효력이 없다(제46조). ^{[2018. 7급]총 2회 기출} ⑥ **재항고**(제47조) 　㉠ 항고를 기각하는 결정에 대하여는 그 결정이 법령에 위반되는 경우에만 대법원에 재항고를 할 수 있다(제1항). ^{[2020. 7급]총 2회 기출} 　㉡ 재항고에 관하여는 제43조 제2항(항고를 제기할 수 있는 기간: 7일) 및 제45조 제3항(집행 기간의 산입)을 준용한다(제2항). ^[2015. 5급 승진]

형사사건		
검사의 송치 등	① 검사의 송치(제49조) 　⑦ 검사는 소년에 대한 피의사건을 수사한 결과 보호처분에 해당하는 사유가 있다고 인정한 경우에는 사건을 관할 소년부에 송치하여야 한다(제1항). [2018. 5급 승진]총 7회 기출 　ⓛ 소년부는 송치된 사건을 조사 또는 심리한 결과 그 동기와 죄질이 금고 이상의 형사처분을 할 필요가 있다고 인정할 때에는 결정으로써 해당 검찰청 검사에게 송치할 수 있다(제2항). [2018. 5급 승진]총 7회 기출 　ⓒ ⓛ에 따라 송치한 사건은 다시 소년부에 송치할 수 없다(제3항). [2015. 5급 승진]총 3회 기출, [2024. 7급 보호] ② 검사의 결정 전 조사(제49조의2): 검사는 소년 피의사건에 대하여 소년부 송치, 공소제기, 기소유예 등의 처분을 결정하기 위하여 필요하다고 인정하면 피의자의 주거지 또는 검찰청 소재지를 관할하는 보호관찰소의 장, 소년분류심사원장 또는 소년원장(보호관찰소장 등)에게 피의자의 품행, 경력, 생활환경이나 그 밖에 필요한 사항에 관한 조사를 요구할 수 있다(제1항). [2020. 7급]총 6회 기출 ③ 소년과 법정대리인의 동의에 의한 선도조건부 기소유예: 검사는 피의자에 대하여 다음의 경우(1. 범죄예방자원봉사위원의 선도, 2. 소년의 선도·교육과 관련된 단체·시설에서의 상담·교육·활동 등)에 해당하는 선도 등을 받게 하고, 피의사건에 대한 공소를 제기하지 아니할 수 있다. 이 경우 소년과 소년의 친권자·후견인 등 법정대리인의 동의를 받아야 한다(제49조의3). [2018. 7급]총 10회 기출
법원의 송치 등	① 법원의 소년부 송치: 법원은 소년에 대한 피고사건을 심리한 결과 보호처분에 해당할 사유가 있다고 인정하면 결정으로써 사건을 관할 소년부에 송치하여야 한다(제50조). [2018. 5급 승진]총 4회 기출 ② 19세 이상인 자 법원 재이송: 소년부는 법원으로부터 송치받은 사건을 조사 또는 심리한 결과 사건의 본인이 19세 이상인 것으로 밝혀지면 결정으로써 송치한 법원에 사건을 다시 이송하여야 한다(제51조). [2023. 7급 보호]총 5회 기출 ③ 소년부 송치 시의 신병 처리(제52조) 　⑦ 24시간 또는 48시간 이내 인도: 제49조 제1항(검사의 소년부 송치)이나 제50조(법원의 소년부 송치)에 따른 소년부 송치결정이 있는 경우에는 소년을 구금하고 있는 시설의 장은 검사의 이송 지휘를 받은 때로부터 법원 소년부가 있는 시·군에서는 24시간 이내에, 그 밖의 시·군에서는 48시간 이내에 소년을 소년부에 인도하여야 한다. 이 경우 구속영장의 효력은 소년부 판사가 제18조 제1항에 따른 소년의 감호에 관한 결정을 한 때에 상실한다(제1항). [2019. 9급] 　ⓛ 인도와 결정은 구속영장의 효력기간 내에 이루어져야 한다(제2항).
보호처분과 형사사건과의 관계	**구속영장의 제한**(제55조) ① 소년에 대한 구속영장은 부득이한 경우가 아니면 발부하지 못한다(제1항). [2024. 7급 보호] ② 소년을 구속하는 경우에는 특별한 사정이 없으면 다른 피의자나 피고인과 분리하여 수용하여야 한다(제2항).

	① **조사·심리상의 배려** 　㉠ **조사의 위촉**: 법원은 소년에 대한 형사사건에 관하여 필요한 사항을 조사하도록 조사관에게 위촉할 수 있다(제56조). [※ 형사사건－조사의 위촉, 보호사건－조사명령(제11조)] 　㉡ **심리의 분리**: 소년에 대한 형사사건의 심리는 다른 피의사건과 관련된 경우에도 심리에 지장이 없으면 그 절차를 분리하여야 한다(제57조). [2018. 9급] 총 4회 기출
	② **사형 및 무기형의 완화** 　㉠ **18세 미만 사형, 무기 시 15년 유기징역**: 죄를 범할 당시(행위시·범죄시) 18세 미만인 소년에 대하여 사형 또는 무기형으로 처할 경우(처단형 ○, 법정형 ×)에는 15년의 유기징역으로 한다(제59조). [2024. 7급 보호] 총 14회 기출 　㉡ **18세 미만 특강범 사형, 무기 시 20년 유기징역**: 특정강력범죄(살인, 존속살해, 미성년약취유인, 2일 이상 합동강간, 강도 등)를 범한 당시 18세 미만인 소년을 사형 또는 무기형에 처하여야 할 때에는 소년법 제59조에도 불구하고 그 형을 20년의 유기징역으로 한다(특정강력범죄의 처벌에 관한 특례법 제4조 제1항). [2024. 9급 보호] 총 2회 기출
소년범의 형사사건에 있어서의 특칙	③ **부정기형**(제60조) 　㉠ **부정기형**: 소년이 법정형으로 장기 2년 이상의 유기형에 해당하는 죄를 범한 경우에는 그 형의 범위에서 장기와 단기를 정하여 선고한다. 다만, 장기는 10년, 단기는 5년을 초과하지 못한다(제1항). [2024. 9급 보호] 총 9회 기출 　㉡ **특강범 부정기형**: 특정강력범죄를 범한 소년에 대하여 부정기형을 선고할 때에는 소년법 제60조 제1항 단서에도 불구하고 장기는 15년, 단기는 7년을 초과하지 못한다(특정강력범죄의 처벌에 관한 특례법 제4조 제2항). 　㉢ 소년의 특성에 비추어 상당하다고 인정되는 때에는 그 형을 감경할 수 있다(제2항). [2016. 5급 승진] 　㉣ 형의 집행유예나 선고유예를 선고할 때에는 부정기형을 선고하지 못한다(제3항). [2018. 9급] 총 4회 기출 　㉤ **단기경과자 검사지휘로 형집행종료**: 소년에 대한 부정기형을 집행하는 기관의 장은 형의 단기가 지난 소년범의 행형 성적이 양호하고 교정의 목적을 달성하였다고 인정되는 경우에는 관할 검찰청 검사의 지휘에 따라 그 형의 집행을 종료시킬 수 있다(제4항). [2023. 교정 7급] 총 2회 기출 　㉥ **부정기형의 사실심 기준**: 부정기형의 기준은 재판시, 즉 사실심 판결선고시이다. 그러므로 범죄시에 소년이었다고 하더라도 사실심(제1심·제2심) 판결선고시에 성년이 되었다면 법원은 부정기형을 선고할 수 없고 정기형를 선고하여야 한다.
	④ **소년분류심사원 위탁기간 미결구금일수 산입**: 소년보호사건에 대한 임시조치로서 소년분류심사원에 위탁되었을 때에는 그 위탁기간은 판결선고 전 구금일수로 본다(제61조). [2012. 7급] 총 2회 기출
	⑤ **18세 미만자 환형처분의 금지**: (처분시)18세 미만인 소년에게는 형법 제70조에 따른 노역장유치 선고(환형유치선고)를 하지 못한다. 다만, 판결선고 전 구속되었거나 소년분류심사원에 위탁되었을 때에는 그 구속 또는 위탁의 기간에 해당하는 기간은 노역장에 유치된 것으로 보아 판결선고 전 구금일수에 산입할 수 있다(제62조). [2020. 7급] 총 9회 기출

	⑥ **형 집행시 분리주의**
	㉠ **징역·금고의 집행**: 징역 또는 금고를 선고받은 소년에 대하여는 특별히 설치된 교도소 또는 일반 교도소 안에 특별히 분리된 장소에서 그 형을 집행한다. 다만, 소년이 형의 집행 중에 23세가 되면 일반 교도소에서 집행할 수 있다(제63조). [2024. 7급 보호] 총 9회 기출
	㉡ **형 먼저 집행**: 보호처분이 계속 중일 때에 징역, 금고 또는 구류를 선고받은 소년에 대하여는 먼저 그 형을 집행한다(제64조). [2016. 5급 승진] 총 12회 기출
소년범의 형사사건에 있어서의 특칙	⑦ **가석방 조건의 완화**
	㉠ **가석방의 완화**: 징역 또는 금고를 선고받은 소년에 대하여는 (1. 무기형의 경우에는 5년, 2. 15년 유기형의 경우에는 3년, 3. 부정기형의 경우에는 단기의 3분의 1)지나면 가석방을 허가할 수 있다(제65조). [2023. 교정 7급] 총 16회 기출
	㉡ **가석방전 집행기간과 같은 기간 경과 시 형집행종료**: 징역 또는 금고를 선고받은 소년이 가석방된 후 그 처분이 취소되지 아니하고 가석방 전에 집행을 받은 기간과 같은 기간이 지난 경우에는 형의 집행을 종료한 것으로 한다(제66조 본문).
	㉢ **15년 또는 장기 지난 경우 형집행 종료**: 다만, 제59조의 형기(죄를 범할 당시 18세 미만인 소년에 대하여 사형 또는 무기형으로 처할 경우에는 15년의 유기징역) 또는 제60조 제1항에 따른 장기(소년이 장기 2년 이상의 유기형에 해당하는 죄를 범한 경우에 선고된 부정기형의 장기)의 기간이 먼저 지난 경우에는 그 때에 형의 집행을 종료한 것으로 한다.
	⑧ **자격에 관한 법령의 적용**(제67조) [2015. 5급 승진] 총 3회 기출
	㉠ 소년이었을 때 범한 죄에 의하여 형의 선고 등을 받은 자에 대하여 다음(1. 형을 선고받은 자가 그 집행을 종료하거나 면제받은 경우, 2. 형의 선고유예나 집행유예를 선고받은 경우)과 같은 자격에 관한 법령을 적용할 때 장래에 향하여 형의 선고를 받지 아니한 것으로 본다(제1항).
	㉡ ㉠에도 불구하고 형의 선고유예가 실효되거나 집행유예가 실효·취소된 때에는 그 때에 형을 선고받은 것으로 본다(제2항).

제4절   보호소년 등의 처우에 관한 법률(약칭 : 보호소년법)

<table>
<tr>
<td>목적</td>
<td colspan="2">보호소년 등의 처우 및 교정교육과 소년원과 소년분류심사원의 조직, 기능 및 운영에 관하여 필요한 사항을 규정함을 목적으로 한다(제1조).</td>
</tr>
<tr>
<td rowspan="5">정의</td>
<td colspan="2">이 법에서 사용하는 용어의 뜻은 다음과 같다(제1조의2).</td>
</tr>
<tr>
<td>보호소년</td>
<td>「소년법」 제32조 제1항 제7호(병원, 요양소 또는 의료재활소년원에 위탁), 제8호(1개월 이내의 소년원 송치), 제9호(단기 소년원 송치), 제10호(장기 소년원 송치)의 규정에 따라 가정법원소년부 또는 지방법원소년부(법원소년부)로부터 위탁되거나 송치된 소년을 말한다.</td>
</tr>
<tr>
<td>위탁소년</td>
<td>「소년법」 제18조 제1항 제3호(임시조치 – 소년분류심사원에 위탁)에 따라 법원소년부로부터 위탁된 소년을 말한다.</td>
</tr>
<tr>
<td>유치소년</td>
<td>「보호관찰 등에 관한 법률」 제42조(유치) 제1항에 따라 유치된 소년을 말한다.</td>
</tr>
<tr>
<td>보호소년 등</td>
<td>보호소년, 위탁소년 또는 유치소년을 말한다.</td>
</tr>
<tr>
<td>소년원 등의 규모 등
(제6조)</td>
<td colspan="2">① 150명 이내 : 신설하는 소년원 및 소년분류심사원은 수용정원이 150명 이내의 규모가 되도록 하여야 한다. 다만, 소년원 및 소년분류심사원의 기능·위치나 그 밖의 사정을 고려하여 그 규모를 증대할 수 있다(제1항). [2021. 7급]
② 보호소년 등의 개별적 특성에 맞는 처우를 위하여 소년원 및 소년분류심사원에 두는 생활실은 대통령령으로 정하는 바에 따라 소규모로 구성하여야 한다(제2항).
③ 생활실 4명 이하 : 소년원 또는 소년분류심사원(소년원 등)에 두는 생활실의 수용정원은 4명 이하로 한다. 다만, 소년원 등의 기능·위치나 그 밖의 사정을 고려하여 수용인원을 증대할 수 있다(시행령 제5조의2).
④ 소년원 및 소년분류심사원의 생활실이나 그 밖의 수용생활을 위한 설비는 그 목적과 기능에 맞도록 설치되어야 한다(제3항).
⑤ 소년원 및 소년분류심사원의 생활실은 보호소년 등의 건강한 생활과 성장을 위하여 적정한 수준의 공간과 채광·통풍·난방을 위한 시설이 갖추어져야 한다(제4항).</td>
</tr>
<tr>
<td>수용절차(제7조)
[2020. 7급] 총 2회 기출</td>
<td colspan="2">① 보호소년 등을 소년원이나 소년분류심사원에 수용할 때에는 법원소년부의 결정서, 법무부장관의 이송허가서 또는 지방법원 판사의 유치허가장에 의하여야 한다(제1항).
② 원장은 새로 수용된 보호소년 등에 대하여 지체 없이 건강진단과 위생에 필요한 조치를 하여야 한다(제2항).
③ 원장은 새로 수용된 보호소년 등의 보호자나 보호소년 등이 지정하는 자(이하 "보호자 등")에게 지체 없이 수용 사실을 알려야 한다(제3항).</td>
</tr>
<tr>
<td>분류처우(제8조)</td>
<td colspan="2">① 원장은 보호소년 등의 정신적·신체적 상황 등 개별적 특성을 고려하여 생활실을 구분하는 등 적합한 처우를 하여야 한다(제1항).
② 소년원장은 분류처우를 할 때에는 분류심사 결과와 법원 소년부로부터 송부된 자료를 고려하여야 한다(시행령 제9조 제1항).
③ 보호소년 등은 다음 기준(1. 남성과 여성, 2. 보호소년, 위탁소년 및 유치소년)에 따라 분리 수용한다(제2항). [2022. 9급]
④ 원장은 보호소년 등을 분리수용하는 경우 비행, 공범관계, 처우과정 등을 고려하여 법무부령으로 정하는 바에 따라 생활실을 구분할 수 있다(시행령 제9조 제2항).</td>
</tr>
</table>

PART
05

분류처우 **(제8조)**	⑤ 소년법 제32조 제1항 제7호(병원, 요양소 또는 의료재활소년원에 위탁)의 처분을 받은 보호소년은 의료재활소년원에 해당하는 소년원에 수용하여야 한다(제3항). ⑥ 원장은 보호소년 등이 희망하거나 특별히 보호소년 등의 개별적 특성에 맞는 처우가 필요한 경우 보호소년 등을 혼자 생활하게 할 수 있다(제4항). ⑦ 소년원장은 분류처우 대상 보호소년에 대하여 보호소년 등 처우·징계위원회의 심사를 거쳐 개별처우계획을 수립해야 한다(시행령 제10조 제1항).
보호처분의 변경 등 **(제9조)**	① 소년원장은 보호소년이 다음에 해당하는 경우[1. 중환자로 판명되어 수용하기 위험하거나 장기간 치료가 필요하여 교정교육의 실효를 거두기가 어렵다고 판단되는 경우, 2. 심신의 장애가 현저하거나 임신 또는 출산(유산·사산한 경우를 포함한다), 그 밖의 사유로 특별한 보호가 필요한 경우, 3. 시설의 안전과 수용질서를 현저히 문란하게 하는 보호소년에 대한 교정교육을 위하여 보호기간을 연장할 필요가 있는 경우]에는 소년원 소재지를 관할하는 법원소년부에 보호처분의 변경을 신청할 수 있다(제1항). ② 보호처분의 변경을 할 경우 보호소년이 19세 이상인 경우에도 보호사건 규정을 적용한다(제5항). ③ 소년분류심사원장의 의견 제시 ㉠ 소년분류심사원장은 위탁소년이 ①의 어느 하나에 해당하는 경우에는 위탁 결정을 한 법원소년부에 임시조치의 취소, 변경 또는 연장에 관한 의견을 제시할 수 있다(제2항). [2021. 7급] ㉡ 소년분류심사원장은 유치소년이 ①의 1. 또는 2.에 해당하는 경우에는 유치 허가를 한 지방법원 판사 또는 소년분류심사원 소재지를 관할하는 법원소년부에 유치 허가의 취소에 관한 의견을 제시할 수 있다(제3항). ㉢ ㉡에 따른 의견 제시 후 지방법원 판사 또는 법원소년부 판사의 유치 허가 취소 결정이 있으면 소년분류심사원장은 그 유치소년을 관할하는 보호관찰소장에게 이를 즉시 통보하여야 한다(제4항).
이송(제12조)	① 법무부장관의 허가: 소년원장은 분류수용, 교정교육상의 필요, 그 밖의 이유로 보호소년을 다른 소년원으로 이송하는 것이 적당하다고 인정하면 법무부장관의 허가를 받아 이송할 수 있다(제1항). [2023. 보호 7급] 총 2회 기출 ② 「소년법」 제32조 제1항 제7호(병원, 요양소 또는 의료재활소년원에 위탁)의 처분을 받은 보호소년은 의료재활소년원에 해당하지 아니하는 소년원으로 이송할 수 없다(제2항). ③ 법무부장관은 분류수용이나 교육훈련을 위하여 수용인원을 조절할 필요가 있다고 인정되면 소년원장에게 보호소년을 다른 소년원으로 이송할 것을 지시할 수 있다(시행령 제14조). ④ 소년원장은 보호소년 또는 그 보호자 등이 다른 소년원으로 이송해 줄 것을 청원한 경우에는 법무부장관의 허가를 받아 보호소년을 그 소년원으로 이송할 수 있다(시행령 제15조). ⑤ 소년원장은 다음(1. 외부 의료기관에 입원 또는 통원치료 중인 사람으로서 이송하는 것이 부적절하다고 판단되는 사람, 2. 항고하여 재판에 계류 중인 사람. 다만, 재항고한 사람은 제외한다., 3. 징계를 받고 있는 사람)에 해당하는 보호소년을 다른 소년원으로 이송해서는 안 된다(시행령 제16조 제2항).
비상사태 등의 **대비(제13조)**	① 원장은 천재지변이나 그 밖의 재난 또는 비상사태에 대비하여 계획을 수립하고 보호소년 등에게 대피훈련 등 필요한 훈련을 실시하여야 한다(제1항). ② 원장은 천재지변이나 그 밖의 재난 또는 비상사태가 발생한 경우에 그 시설 내에서는 안전한 대피방법이 없다고 인정될 때에는 보호소년 등을 일시적으로 적당한 장소로 긴급 이송할 수 있다(제2항).

면회	① 원장은 비행집단과 교제하고 있다고 의심할 만한 상당한 이유가 있는 경우 등 보호소년 등의 보호 및 교정교육에 지장이 있다고 인정되는 경우 외에는 보호소년 등의 면회를 허가하여야 한다. 다만, 제15조 제1항 제7호(20일 이내의 기간 동안 지정된 실 안에서 근신)의 징계를 받은 보호소년 등에 대한 면회는 그 상대방이 변호인이나 보조인(이하 "변호인 등") 또는 보호자인 경우에 한정하여 허가할 수 있다(법 제18조 제1항). [2024. 7급 보호] ② 1일 1회 40분 이내: 보호소년 등의 면회는 평일[원장이 필요하다고 인정하는 경우에는 토요일(공휴일은 제외)을 포함]에 교육 등 일과 진행에 지장이 없는 범위에서 1일 1회 40분 이내로 한다. 다만, 특별한 사유가 있을 때에는 그렇지 않다(시행령 제36조 제1항). ③ 원장은 보호소년 등을 면회하려는 사람이 다음 각 호(1. 비행집단과 교제하고 있거나 특정 비행집단에 소속되어 있다고 의심할 만한 상당한 이유가 있는 경우, 2. 보호소년 등과 소년원 등에서 함께 수용된 적이 있는 사람으로서 그와 교류하는 것이 보호소년 등의 교육에 지장을 줄 수 있다고 판단되는 경우, 3. 보호소년 등의 보호자 등 없이 단독으로 면회하려는 경우. 다만, 학교 교사, 소년보호위원 또는 자원봉사자 등 교정교육에 도움이 된다고 인정되거나 보호소년 등과 사실혼 관계에 있다고 인정되는 경우는 제외한다., 4. 그 밖에 보호소년 등과의 관계가 불명확하거나 음주·폭언·폭행 등으로 보호소년 등의 교육에 해가 될 수 있다고 판단되는 경우)에 해당한다고 인정되면 면회를 허가하지 않을 수 있다(시행령 제38조). ④ 보호소년 등이 면회를 할 때에는 소속 공무원이 참석하여 보호소년 등의 보호 및 교정교육에 지장이 없도록 지도할 수 있다. 이 경우 소속 공무원은 보호소년 등의 보호 및 교정교육에 지장이 있다고 인정되는 경우에는 면회를 중지할 수 있다(법 제18조 제2항). [2019. 5급 승진] ⑤ 면회에 참석하는 직원은 보호소년 등이 규율을 위반하거나 면회인이 보호소년 등에게 나쁜 영향을 준다고 인정되는 때에는 면회를 중지시킬 수 있다(시행령 제37조). ⑥ 보호소년 등이 변호인이나 보조인과 면회를 할 때에는 소속 공무원이 참석하지 아니한다. 다만, 보이는 거리에서 보호소년 등을 지켜볼 수 있다(법 제18조 제3항). [2019. 5급 승진] 총 2회 기출
편지	① 원장은 공동으로 비행을 저지른 관계에 있는 사람의 편지인 경우 등 보호소년 등의 보호 및 교정교육에 지장이 있다고 인정되는 경우에는 보호소년 등의 편지 왕래를 제한할 수 있으며, 편지의 내용을 검사할 수 있다(법 제18조 제4항). [2019. 9급] 총 2회 기출 ② 원장은 편지를 검사한 결과 다음 각 호(1. 공동으로 비행을 저지른 관계에 있는 사람의 편지인 경우, 2. 편지 내용이 보호소년 등의 교육에 해가 되거나 보호소년 등이 그 내용을 알아서는 아니 되는 사유가 있는 경우)에 해당하는 경우에는 편지의 왕래를 제한할 수 있다(시행령 제39조 제1항). ③ 보호소년 등이 변호인 등과 주고받는 편지는 제한하거나 검사할 수 없다. 다만, 상대방이 변호인 등임을 확인할 수 없는 때에는 예외로 한다(법 제18조 제5항). [2019. 5급 승진] [2024. 7급 보호]

전화통화	① 원장은 공범 등 교정교육에 해가 된다고 인정되는 사람과의 전화통화를 제한하는 등 보호소년 등의 보호 및 교정교육에 지장을 주지 아니하는 범위에서 가족 등과 전화통화를 허가할 수 있다(법 제18조 제6항). [2016. 9급]
	② 원장은 전화통화 허가를 신청한 보호소년 등에게 다음에 해당하는 경우(1. 공동으로 비행을 저지르는 등 교정교육에 해가 된다고 인정되는 사람과 전화통화를 하려는 경우, 2. 지속적인 규율 위반으로 교정성적이 현저하게 낮은 경우, 3. 그 밖에 보호소년 등의 교정교육 또는 수용질서에 부정적 영향을 끼칠 우려가 있는 경우)에는 전화통화를 허가하지 않을 수 있다(시행령 제39조의2 제1항).
	③ 전화통화는 평일 근무시간에 한정한다. 다만, 원장은 특별히 필요하다고 인정하는 경우에는 야간 및 휴일에도 전화통화를 허가할 수 있다(시행규칙 제36조의2 제2항). [2019. 5급 승진]
	④ 원장은 다음 경우[1. 허가받지 아니한 사람(가족은 제외)과 통화하는 경우, 2. 전화통화 중 반복·지속적으로 욕설을 하거나 허용되지 아니한 물품의 반입을 요구하는 등 교정교육 또는 수용질서 유지에 바람직하지 아니하다고 판단되는 경우]에는 보호소년 등의 전화통화를 중지시킬 수 있다(시행령 제39조의2 제2항).
	⑤ 보호소년 등의 전화통화를 중지시키려면 미리 보호소년 등에게 경고하여야 하며, 전화통화를 중지시킬 경우 통화상대방에게도 그 사유를 알려야 한다(시행령 제39조의2 제3항).
	⑥ 전화통화를 위하여 소년원 및 소년분류심사원에 설치하는 전화기의 운영에 필요한 사항은 법무부장관이 정한다(법 제18조 제8항).
	⑦ 면회 허가의 제한과 면회 중지, 편지 왕래의 제한 및 전화통화의 제한 사유에 관한 구체적인 범위는 대통령령으로 정한다(법 제18조 제7항).
외출 [2016. 9급]	① 소년원장은 보호소년에게 다음에 해당하는 경우(1. 직계존속이 위독하거나 사망하였을 때, 2. 직계존속의 회갑 또는 형제자매의 혼례가 있을 때, 3. 천재지변이나 그 밖의 사유로 가정에 인명 또는 재산상의 중대한 피해가 발생하였을 때, 4. 병역, 학업, 질병 등의 사유로 외출이 필요할 때, 5. 그 밖에 교정교육상 특히 필요하다고 인정할 때)에는 본인이나 보호자 등의 신청에 따라 또는 직권으로 외출을 허가할 수 있다(제19조).
	② 외출 기간은 7일(공휴일과 토요일을 포함한다) 이내로 한다. 다만, 특별한 사유가 있을 때에는 그 기간을 연장할 수 있다(시행령 제40조).
	③ 소년원장은 외출허가를 받은 보호소년에게 지켜야 할 사항을 부과하여야 하며 보호소년이 준수사항을 위반하면 지체 없이 외출허가를 취소하고 복귀에 필요한 조치를 하여야 한다(시행령 제41조).
의료	**환자의 치료**(제20조)
	① 원장은 보호소년 등이 질병에 걸리면 지체 없이 적정한 치료를 받도록 하여야 한다(제1항).
	② 원장은 소년원이나 소년분류심사원에서 치료를 하는 것이 곤란하다고 인정되면 외부 의료기관에서 치료를 받게 할 수 있다(제2항).
	③ 원장은 보호소년 등을 외부 의료기관에 입원시킨 경우에는 지체 없이 법무부장관에게 보고하여야 한다(시행령 제43조 제2항).
	④ 원장은 보호소년 등이나 그 보호자 등이 자비로 치료받기를 원할 때에는 이를 허가할 수 있다(제3항).
	⑤ 소년원 및 소년분류심사원에 근무하는 간호사는 「의료법」 제27조에도 불구하고 야간 또는 공휴일 등 의사가 진료할 수 없는 경우 대통령령으로 정하는 경미한 의료행위를 할 수 있다. [2024. 7급 보호]

보호장비의 사용 (제14조의2)	① 보호장비의 종류는 다음과 같다(제1항). [2023. 7급 보호] 총 4회 기출 **[보호장비의 종류]** 1. 수갑 2. 포승 3. 가스총 4. 전자충격기 5. 머리보호장비 6. 보호대 ② 원장은 다음의 어느 하나에 해당하는 경우에는 소속 공무원으로 하여금 보호소년 등에 대하여 수갑, 포승 또는 보호대를 사용하게 할 수 있다(제2항). **[수갑 · 포승 · 보호대 사용 요건]** [2023. 9급] 총 3회 기출 1. 이탈 · 난동 · 폭행 · 자해 · 자살을 방지하기 위하여 필요한 경우 2. 법원 또는 검찰의 조사 · 심리, 이송, 그 밖의 사유로 호송하는 경우 3. 그 밖에 소년원 · 소년분류심사원의 안전이나 질서를 해칠 우려가 현저한 경우 ③ 원장은 다음의 어느 하나에 해당하는 경우에는 소속 공무원으로 하여금 보호소년 등에 대하여 수갑, 포승 또는 보호대 외에 가스총이나 전자충격기를 사용하게 할 수 있다(제3항). **[가스총 · 전자충격기 사용 요건]** [2020. 5급 승진] 총 3회 기출 1. 이탈, 자살, 자해하거나 이탈, 자살, 자해하려고 하는 때 2. 다른 사람에게 위해를 가하거나 가하려고 하는 때 3. 위력으로 소속 공무원의 정당한 직무집행을 방해하는 때 4. 소년원 · 소년분류심사원의 설비 · 기구 등을 손괴하거나 손괴하려고 하는 때 5. 그 밖에 시설의 안전 또는 질서를 크게 해치는 행위를 하거나 하려고 하는 때 ④ 가스총이나 전자충격기를 사용하려면 사전에 상대방에게 이를 경고하여야 한다. 다만, 상황이 급박하여 경고할 시간적인 여유가 없는 때에는 그러하지 아니하다(제4항). [2023. 9급] ⑤ 원장은 보호소년 등이 자해할 우려가 큰 경우에는 소속 공무원으로 하여금 보호소년 등에게 머리보호장비를 사용하게 할 수 있다(제5항). [2023. 9급] ⑥ 보호장비는 필요한 최소한의 범위에서 사용하여야 하며, 보호장비를 사용할 필요가 없게 되었을 때에는 지체 없이 사용을 중지하여야 한다(제6항). [2023. 9급] ⑦ 보호장비는 징벌의 수단으로 사용되어서는 아니 된다(제7항). [2020. 7급] 총 3회 기출 ⑧ 보호장비의 사용방법 및 관리에 관하여 필요한 사항은 법무부령으로 정한다(제8항).
전자장비의 설치 · 운영 (제14조의3)	① 소년원 및 소년분류심사원에는 보호소년 등의 이탈 · 난동 · 폭행 · 자해 · 자살, 그 밖에 보호소년 등의 생명 · 신체를 해치거나 시설의 안전 또는 질서를 해치는 행위(이하 "자해 등")를 방지하기 위하여 필요한 최소한의 범위에서 전자장비를 설치하여 운영할 수 있다(제1항). ② 보호소년 등이 사용하는 목욕탕, 세면실 및 화장실에 전자영상장비를 설치하여 운영하는 것은 자해 등의 우려가 큰 때에만 할 수 있다. 이 경우 전자영상장비로 보호소년 등을 감호할 때에는 여성인 보호소년 등에 대해서는 여성인 소속 공무원만, 남성인 보호소년 등에 대해서는 남성인 소속 공무원만이 참여하여야 한다(제2항). [2020. 7급] 총 4회 기출, [2024. 7급 보호] ③ 전자장비를 설치 · 운영할 때에는 보호소년 등의 인권이 침해되지 아니하도록 하여야 한다(제3항). ④ 전자장비의 종류 · 설치장소 · 사용방법 및 녹화기록물의 관리 등에 필요한 사항은 법무부령으로 정한다(제4항).

PART
05

징계(제15조)	① 원장은 보호소년 등이 규율 위반 행위(제14조의4)를 하면 보호소년 등 처우·징계위원회의 의결에 따라 다음의 어느 하나에 해당하는 징계를 할 수 있다(제1항). **[징계의 종류]** 1. 훈계 2. 원내 봉사활동 3. 서면 사과 4. 20일 이내의 텔레비전 시청 제한 5. 20일 이내의 단체 체육활동 정지 6. 20일 이내의 공동행사 참가 정지 7. 20일 이내의 기간 동안 지정된 실(室) 안에서 근신하게 하는 것 ② 3.부터 6.(3. 서면 사과, 4. 20일 이내의 텔레비전 시청 제한, 5. 20일 이내의 단체 체육활동 정지, 6. 20일 이내의 공동행사 참가 정지)까지의 처분은 함께 부과할 수 있다(제2항). ③ 20일 이내의 근신 처분은 14세 미만의 보호소년 등에게는 부과하지 못한다(제3항). [2023. 7급 보호] 총 3회 기출 ④ 원장은 20일 이내의 근신 처분을 받은 보호소년 등에게 개별적인 체육활동 시간을 보장하여야 한다. 이 경우 매주 1회 이상 실외운동을 할 수 있도록 하여야 한다(제4항). ⑤ 20일 이내의 근신 처분을 받은 보호소년 등에게는 그 기간 중 ①의 4.부터 6.까지(4. 20일 이내의 텔레비전 시청 제한, 5. 20일 이내의 단체 체육활동 정지, 6. 20일 이내의 공동행사 참가 정지)의 처우 제한이 함께 부과된다. 다만, 원장은 보호소년 등의 교화 또는 건전한 사회복귀를 위하여 특히 필요하다고 인정하면 텔레비전 시청, 단체 체육활동 또는 공동행사 참가를 허가할 수 있다(제5항). [2022. 9급] ⑥ 원장은 보호소년 등을 징계할 때에는 다음(1. 행위자의 연령·지능·성격 및 건강상태, 2. 행위의 동기·수단 및 결과, 3. 교정성적 및 생활태도, 4. 규율위반 행위가 타인에게 미치는 영향, 5. 행위 후의 자수·반성·합의 여부)사항을 고려하여야 한다(시행령 제24조 제1항). ⑦ 원장은 보호소년 등을 징계할 때에는 증거에 의하여 징계 정도를 공정하게 정하고 교육적 효과를 고려하여야 한다(시행령 제24조 제2항). ⑧ 소년원장은 보호소년이 징계를 받은 경우에는 법무부령으로 정하는 기준에 따라 교정성적 점수를 빼야 한다(제6항). ⑨ 징계는 당사자의 심신상황을 고려하여 교육적으로 하여야 한다(제7항). ⑩ 원장은 보호소년 등에게 징계를 한 경우에는 지체 없이 그 사실을 보호자에게 통지하여야 하며(제8항), 징계를 받은 보호소년 등의 보호자와 상담을 할 수 있다(제9항). ⑪ 원장은 징계 중인 보호소년 등을 매주 1회 이상 면접하고 개별지도를 하여야 하며(시행령 제27조 제2항), 징계 중인 보호소년 등의 처우를 제한하는 경우에는 그 사실을 그 보호소년 등의 가족이나 친지에게 알려야 한다(시행령 제27조 제3항). ⑫ 원장은 징계 중인 보호소년 등에 대하여는 의사 및 간호사에게 수시로 건강진단을 하도록 하여야 한다(시행령 제27조 제4항). ⑬ 원장은 징계처분을 받은 보호소년 등에 대하여 징계기간 중 교육활동의 일부를 제한할 수 있다(시행령 제29조). ⑭ **징계집행의 유예·정지·면제:** 원장은 정상을 특별히 참작할 사유가 있거나 환자인 경우에는 징계 집행을 면제하거나 사유가 없어질 때까지 징계 집행을 유예하거나 정지할 수 있다(시행령 제30조).

징계(제15조)	⑮ **징계대상행위의 조사**(시행령 제24조의2)
	  ㉠ **조사기간** : 보호소년 등의 징계대상행위에 대한 조사기간(조사를 시작한 날부터 조사를 완료하여 처우·징계위원회 개최 통보를 한 날까지를 말한다)은 7일 이내로 한다. 다만, 원장은 특별히 필요하다고 인정하는 경우에는 3일을 초과하지 아니하는 범위에서 한 차례만 그 기간을 연장할 수 있다(제1항).
	  ㉡ **분리수용** : 원장은 규율을 위반하여 징계가 필요하다고 의심할 만한 상당한 이유가 있는 보호소년 등이 다음 각 호(1. 증거를 없앨 우려가 있을 때, 2. 다른 보호소년 등에게 위해를 끼칠 우려가 있거나 다른 보호소년 등의 위해로부터 보호할 필요가 있을 때)에 해당하면 조사기간 중 분리하여 수용할 수 있다(제2항).
	  ㉢ 분리수용기간은 징계기간에 포함한다(제3항).
	  ㉣ 원장은 조사대상자의 질병이나 그 밖의 특별한 사정으로 조사를 계속하기 어려운 경우에는 그 사유가 없어질 때까지 조사를 일시적으로 정지할 수 있다. 이 경우 조사가 정지된 다음 날부터 정지사유가 소멸한 전날까지의 기간은 조사기간에 포함하지 아니한다(제4항).
	  ㉤ 징계대상행위 조사에 관한 세부 사항은 법무부령으로 정한다(제5항).

포상(제16조)	① 원장은 교정성적이 우수하거나 품행이 타인의 모범이 되는 보호소년 등에게 포상을 할 수 있다(제1항). [2023. 7급 보호] ② 원장은 포상을 받은 보호소년 등에게는 특별한 처우를 할 수 있다(제2항). [2023. 7급 보호]
권리구제 및 친권·후견	① 원장은 보호소년 등으로부터 처우나 일신상의 사정에 관한 의견을 듣기 위하여 수시로 보호소년 등과 면접을 하여야 한다(제10조). ② 보호소년 등은 그 처우에 대하여 불복할 때에는 법무부장관에게 문서로 청원할 수 있다(제11조). [2021. 7급]총 2회 기출 ③ 원장은 청원서를 접수하면 지체 없이 이를 법무부장관에게 보내야 하며, 청원을 할 수 있다는 안내문을 보기 쉬운 곳에 게시하는 등 청원의 편의를 제공하여야 한다(시행령 제13조 제1항·제2항). ④ 원장은 보호소년 등이 청원을 못하게 하거나 청원을 하였다는 이유로 불이익한 처우를 하여서는 아니 된다(시행령 제13조 제3항). ⑤ 원장은 미성년자인 보호소년 등이 친권자나 후견인이 없거나 있어도 그 권리를 행사할 수 없을 때에는 법원의 허가를 받아 그 보호소년 등을 위하여 친권자나 후견인의 직무를 행사할 수 있다(제23조). [2023. 7급 보호]총 2회 기출
퇴원·임시퇴원	① 소년원장은 보호소년이 22세가 되면 퇴원시켜야 한다(제43조 제1항). [2020. 7급] ② 소년원장은 「소년법」 제32조 제1항 제8호(1개월 이내의 소년원 송치) 또는 제33조 제1항(보호자 또는 보호자를 대신하여 소년을 보호할 수 있는 자에게 감호 위탁, 아동복지시설이나 그 밖의 소년보호시설에 감호 위탁, 병원·요양소 또는 의료재활소년원에 위탁 : 6개월. 6개월 연장 가능)·제5항(단기 소년원 송치 : 6개월)·제6항(장기 소년원 송치 : 2년)에 따라 수용상한기간에 도달한 보호소년은 즉시 퇴원시켜야 한다(제43조 제2항). ③ 소년원장은 교정성적이 양호하며 교정의 목적을 이루었다고 인정되는 보호소년[「소년법」 제32조 제1항 제8호(1개월 이내의 소년원 송치)에 따라 송치된 보호소년은 제외한다]에 대하여는 보호관찰심사위원회에 퇴원을 신청하여야 한다(제43조 제3항). [2022. 7급 보호]

퇴원 · 임시퇴원	④ 위탁소년 또는 유치소년의 소년분류심사원 퇴원은 법원소년부의 결정서에 의하여야 한다(제43조 제4항). [2023. 7급 보호] ⑤ 소년원장은 교정성적이 양호한 자 중 보호관찰의 필요성이 있다고 인정되는 보호소년[「소년법」제32조 제1항 제8호(1개월 이내의 소년원 송치)에 따라 송치된 보호소년은 제외한다]에 대하여는 보호관찰심사위원회에 임시퇴원을 신청하여야 한다(제44조).
퇴원자 또는 임시퇴원자의 계속 수용 (제46조)	① 퇴원 또는 임시퇴원이 허가된 보호소년이 질병에 걸리거나 본인의 편익을 위하여 필요하면 본인의 신청에 의하여 계속 수용할 수 있다. [2016. 9급] 총 2회 기출 ② 소년원장은 계속 수용의 사유가 소멸되면 지체 없이 보호소년을 보호자 등에게 인도하여야 한다. ③ 소년원장은 임시퇴원이 허가된 보호소년을 계속 수용할 때에는 그 사실을 보호관찰소장에게 통지하여야 한다.
사회정착지원 (제45조의2)	① 원장은 출원하는 보호소년 등의 성공적인 사회정착을 위하여 장학·원호·취업알선 등 필요한 지원을 할 수 있다. ② 사회정착지원의 기간은 6개월 이내로 하되, 6개월 이내의 범위에서 한 번에 한하여 그 기간을 연장할 수 있다. [2021. 7급] 총 2회 기출 ③ 원장은 소년보호협회 및 소년보호위원에게 사회정착지원에 관한 협조를 요청할 수 있다. ④ 사회정착지원의 절차와 방법 등에 관하여 필요한 사항은 법무부령으로 정한다.

이준

박문각 종로고시학원, 박문각 공무원학원, 백석문화대학교 공무원학부를 비롯한 다양한 분야에서 교정학 전문강사로 활동해왔다. 교정학 강의를 매개로 한 교정공무원들과의 소중한 만남을 통해 교정사랑의 깊이를 더하면서 대학원에서 '교정시설에서 수용자 한글 표준어 사용'에 관한 연구과제로 교정이해의 폭을 넓혀가고 있다.
현재 박문각 공무원학원 교정직 · 보호직 대표강사로 활동하고 있다.

저서   마법교정학 · 형사정책 연도별 기출문제집(박문각)
마법교정학 · 형사정책 압축 암기장(박문각)
마법교정학 · 형사정책 교정관계법령집(박문각)
마법교정학 · 형사정책 기출지문 익힘장(박문각)
마법교정학 요약 필독서(박문각)
마법형사정책 요약 필독서(박문각)

이준 마법형사정책 요약 필독서

초판 인쇄 | 2025. 1. 2.　　**초판 발행** | 2025. 1. 6.　　**편저자** | 이준
발행인 | 박 용　　**발행처** | (주)박문각출판　　**등록** | 2015년 4월 29일 제2019-000137호
주소 | 06654 서울시 서초구 효령로 283 서경 B/D 4층　　**팩스** | (02)584-2927
전화 | 교재 문의 (02)6466-7202

저자와의
협의하에
인지생략

정가 15,000원
ISBN 979-11-7262-460-6